Die Reihe „Weltwirtschaft und internationale
Zusammenarbeit" wird herausgegeben von

Prof. Dr. Hartmut Sangmeister, Universität Heidelberg
Prof. Dr. Oskar Gans, Universität Heidelberg
Prof. Dr. Detlef Nolte, GIGA Institut für Lateinamerika-
Studien Hamburg

Band 11

Rainer Öhlschläger | Hartmut Sangmeister [Hrsg.]

Neue Formen und Instrumente der Entwicklungszusammenarbeit

Die Deutsche Nationalbibliothek verzeichnet diese Publikation in
der Deutschen Nationalbibliografie; detaillierte bibliografische
Daten sind im Internet über http://dnb.d-nb.de abrufbar.

ISBN 978-3-8329-6948-6

1. Auflage 2012
© Nomos Verlagsgesellschaft, Baden-Baden 2012. Printed in Germany. Alle Rechte, auch
die des Nachdrucks von Auszügen, der photomechanischen Wiedergabe und der Über-
setzung, vorbehalten. Gedruckt auf alterungsbeständigem Papier.

Inhaltsverzeichnis

Abkürzungsverzeichnis 7
Vorwort 13

Hartmut Sangmeister
Von der Entwicklungszusammenarbeit zur Internationalen
Zusammenarbeit: alter Wein in neuen Schläuchen? 15

Michael Krempin
Globale Entwicklungen im 21. Jahrhundert und ihre Auswirkungen
auf die deutsche Technische Zusammenarbeit 27

Hans-Jürgen Kasselmann
Civil-Military Cooperation – eine militärische Notwendigkeit und
Fähigkeit zur Lösung von komplexen Krisenlagen 41

Bernd Lämmlin
Saubere Energie durch *Public Private Partnerships* in der
Entwicklungszusammenarbeit? 55

Stefan Wilhelmy
Die neue Rolle der Kommunen in der Entwicklungszusammenarbeit:
das Beispiel kommunaler Klimapartnerschaften 71

Katja Hilser
Inklusives Wirtschaftswachstum durch soziale Sicherungssysteme –
ein Instrument der Armutsbekämpfung! 85

Stefan Leiderer
Wirksamere Entwicklungszusammenarbeit durch Budgethilfe?
Theorie und Praxis eines umstrittenen Instruments 97

Alexa Schönstedt
Just do it! Neue Formen der Zusammenarbeit im Bildungssektor 111

Erika Günther
Satt und sicher in die Zukunft – Lösungsansätze für die Ernährungssicherung
in Entwicklungsländern 127

Julia Rückert
Wasser für alle? Das Integrierte Wasserressourcen-Management 143

Silke Weinlich
Die Entwicklungszusammenarbeit der Vereinten Nationen:
Reformbedarf und aktuelle Reformansätze					157

Hartmut Sangmeister
Pekinger *Package Deals*: die Entwicklungszusammenarbeit
der Volksrepublik China					171

Verzeichnis der Autorinnen und Autoren					187

Abkürzungsverzeichnis

AA	Auswärtiges Amt
AFI	Alliance for Financial Inclusion
AgenZ	Agentur für marktorientierte Konzepte
AIDS	Acquired Immune Deficiency Syndrome
AKP	Afrika, Karibik, Pazifik
BIP	Bruttoinlandsprodukt
BIP p. c.	Bruttoinlandsprodukt per capita
BLA EZ	Bund-Länder-Ausschuss für Entwicklungszusammenarbeit
BMU	Bundesministerium für Umwelt, Naturschutz und Reaktorsicherheit
BMVg	Bundesministerium der Verteidigung
BMWi	Bundesministerium für Wirtschaft und Technologie
BMZ	Bundesministerium für wirtschaftliche Zusammenarbeit und Entwicklung
BNE	Bruttonationaleinkommen
bzw.	beziehungsweise
ca.	circa
CAAP	Comprehensive Approach Action Plan
CCOE	CIMIC Centre of Excellence
CDB	China Development Bank
CDM	Clean Development Mechanism
CDP	Capacity Development for Partnerships with the Private Sector
CDU	Christlich-Demokratische Union
CEMR	Council of European Municipalities and Regions
CMI	Civil-Military Interaction
CIMIC	Civil-Military Cooperation
CSR	Corporate Social Responsibility
CSU	Christlich-Soziale Union
DAC	Development Assistance Committee
DCF	Development Cooperation Forum
DCI	Development Cooperation Instrument
DED	Deutscher Entwicklungsdienst
DEG	Deutsche Investitions- und Entwicklungsgesellschaft

DESA	Department of Economic and Social Affairs
DfID	Department for International Development
d. h.	das heißt
DIE	Deutsches Institut für Entwicklungspolitik
DNWE	Deutsches Netzwerk Wirtschaftsethik
DO	Durchführungsorganisation
ECOSOC	United Nations Economic and Social Council
EEF	Europäischer Entwicklungsfonds
EF	Entwicklungspolitisches Forum
EFA	Education for all
EL	Entwicklungsland
EnBW	Energie Baden-Württemberg
etc.	et cetera
EU	Europäische Union
EXIM-Bank	Export-Import-Bank of China
EZ	Entwicklungszusammenarbeit
FAO	Food and Agriculture Organization of the United Nations
FDP	Freie Demokratische Partei
FZ	Finanzielle Zusammenarbeit
GFATM	Global Fund to Fight AIDS, Tuberculosis and Malaria
ggf.	gegebenenfalls
GIGA	siehe Beitrag Sangmeister S.
GIZ	Deutsche Gesellschaft für Internationale Zusammenarbeit
GTZ	Deutsche Gesellschaft für Technische Zusammenarbeit
GWP	Global Water Partnership
HIPC	Heavily Indebted Poor Country
HIV	Human Immunodeficiency Virus
HLF	High-Level Forum
Hrsg.	Herausgeber
IAEA	International Atomic Energy Agency
IASC	Inter-Agency Standing Committee
IBRD	International Bank for Reconstruction and Development
ICAO	International Civil Aviation Organization
ICWE	International Conference on Water and the Environment

IDA	International Development Association
IDD	International Development Department
i. d. R.	in der Regel
IDS	Institute of Development Studies
IFAD	International Fund for Agricultural Development
IFFE	International Facility for Education
IFFIm	Internationale Finanzfazilität für Impfprogramme
IKLU	Initiative für Klima und Umweltschutz
IL	Industrieland
ILO	International Labour Organization
IMF	International Monetary Fund
IMO	International Maritime Organization
InWEnt	Internationale Weiterbildung und Entwicklung gGmbH
IPCC	Intergovernmental Panel on Climate Change
IWF	Internationaler Währungsfonds
IWRM	Integriertes Wasserressourcen-Management
IZ	Internationale Zusammenarbeit
Jhdt.	Jahrhundert
KAS	Konrad-Adenauer-Stiftung
KfW	Kreditanstalt für Wiederaufbau
KMU	kleine und mittlere Unternehmen
KZE	Kurzzeitfachkraft
LAG 21 NRW	Landesarbeitsgemeinschaft Agenda 21 Nordrhein-Westfalen
LDC	Least Developed Country
MDBS	Multi-Donor Budget Support
MDG	Millennium Development Goal
MFA	Ministry of Foreign Affairs
MIC	Middle Income Country
Mio.	Million
MOF	Ministry of Finance
MOFCOM	Ministry of Commerce
MoU	Memorandum of Understanding
Mrd.	Milliarde
NAM	Non-Aligned Movement

NATO	North Atlantic Treaty Organization
NGO	Non-Governmental Organization
NRO	Nicht-Regierungsorganisation
NRT	Nettoressourcentransfer
ODA	Official Development Assistance
ODF	Official Development Finance
ODI	Overseas Development Institute
OECD	Organisation for Economic Co-operation and Development
o. J.	ohne Jahr
PAF	Performance Assessment Framework
PBA	Program-Based Approach
PBC	United Nations Peacebuilding Commission
p. c.	per capita
PFM	Public Financial Management
PGF	Programmorientierte Gemeinschaftsfinanzierung
PKE	Pro-Kopf-Einkommen
PPP	Public Private Partnership
PRSP	Poverty Reduction Strategy Paper
PZ	Personelle Zusammenarbeit
QUANGO	Quasi Non-Governmental Organizations
RWE	Rheinisch-Westfälisches Elektrizitätswerk
SKBE	Servicestelle für kommunales und bürgerschaftliches Engagement
SKEW	Servicestelle Kommunen in der Einen Welt
sog.	sogenant
SWA	Sector-wide Approach
TCDC	Technical Cooperation Among Developing Countries
THG	Treibhausgase
TZ	Technische Zusammenarbeit
u. a.	unter anderem

UCLG	United Cities and Local Governments
UN	United Nations
UNCED	United Nations Conference on Environment and Development
UNDG	United Nations Development Group
UNDP	United Nations Development Programme
UN-DPKO	United Nations Department of Peacekeeping Operations
UNEP	United Nations Environment Programme
UNESCO	United Nations Educational, Scientific and Cultural Organization
UNFPA	United Nations Fund for Population Activities
UN-Habitat	United Nations Human Settlements Programme
UNHCR	United Nations High Commissioner for Refugees
UNHRC	United Nations Human Rights Council
UNICEF	United Nations International Children's Emergency Fund
UNIDO	United Nations Industrial Development Organization
UN-Women	United Nations Entity for Gender Equality and the Empowerment of Women
UNWTO	World Tourism Organization
USA	United States of America
US$	US-Dollar
VAE	Vereinigte Arabische Emirate
VENRO	Verband Entwicklungspolitik Deutscher Nichtregierungsorganisationen
V-Flex	Vulnerability Support Mechanism for Short Term Fluctuations in Export Earnings
vgl.	vergleiche
VN	Vereinte Nationen
VR China	Volksrepublik China
WBGU	Wissenschaftlicher Beirat der Bundesregierung Globale Umweltveränderungen
WFP	United Nations World Food Programme
WHO	World Health Organization
WMO	World Meteorological Organization
z. B.	zum Beispiel
ZIF	Zentrum für internationale Friedenseinsätze

Vorwort

Die internationale Entwicklungszusammenarbeit steht im 21. Jahrhundert mit ihren Institutionen und Instrumenten vor Herausforderungen, für die sie in den fünfziger und sechziger Jahren des 20. Jahrhunderts weder institutionell noch instrumentell konzipiert wurde. Die Frage, welche Anforderungen sich der Entwicklungszusammenarbeit im 21. Jahrhundert stellen, stand im Juni 2010 im Mittelpunkt eines Seminars der Akademie der Diözese Rottenburg-Stuttgart in Zusammenarbeit mit der Arbeitsgruppe Entwicklungspolitik des Alfred-Weber-Instituts für Wirtschaftswissenschaften der Universität Heidelberg im Tagungshaus Weingarten. Dabei kam die Anregung, ein Forum für die Diskussion aktueller Fragen der internationalen Zusammenarbeit aus der Perspektive der Wissenschaft und der entwicklungspolitischen Praxis zu schaffen, um das wechselseitige Verständnis für die unterschiedliche Herangehensweise an entwicklungspolitische Herausforderungen zu fördern. Mit einer jährlichen Tagung zur „Entwicklungszusammenarbeit im 21. Jahrhundert: Wissenschaft und Praxis im Dialog" kommen wir der Anregung gerne nach.

Der Dialog zwischen Wissenschaft und Praxis ist nicht immer einfach – und in Deutschland (anders als etwa in Großbritannien) nicht sehr ausgeprägt. Es gibt in Deutschland unabhängige wissenschaftliche Forschung, deren Ergebnisse die Gestaltung und Wirkung der Entwicklungspolitik verbessern könnten – vorausgesetzt, Politik nimmt wissenschaftliche Erkenntnisse und theoriegestützte empirische Evidenz wahr. Leider vermag die akademische Forschung ihre Ergebnisse häufig nicht verständlich zu transportieren und wird folglich von der Politik auch nicht wahrgenommen. Tatsächlich basieren entwicklungspolitische Strategieentscheidungen eher selten auf Ergebnissen der Entwicklungs(länder)forschung. Dies mag auch dem Zeitdruck geschuldet sein, unter dem Entscheidungsträger agieren müssen, die zudem mit mehreren verschiedenen Vorhaben gleichzeitig beschäftigt sind und die durch früher getroffene Entscheidungen zumindest befristet gebunden sind. Diese Rahmenbedingungen müssen Wissenschaftler berücksichtigen, die auf die Entwicklungspolitik einwirken wollen. Sie müssen die Resultate ihrer Forschung so kommunizieren, dass sie von den Praktikern der Entwicklungszusammenarbeit und von der interessierten Öffentlichkeit als relevant verstanden werden.

Die internationale Entwicklungszusammenarbeit hat sich in den zurückliegenden Jahren konzeptionell und strukturell weitreichend verändert. In einer zunehmend dynamischeren und heterogeneren Akteurskonstellation eröffnen sich zusätzliche Gestaltungsmöglichkeiten, aber es sind auch veränderte Herausforderungen zu bewältigen. Neue Geberländer wie China und Brasilien verfolgen mit ihren Kooperationsangeboten an Staaten in Afrika, Asien und Lateinamerika teilweise andere Zielsetzungen als die „traditionellen" Geberländer, die im *Development Assistance Committee* (DAC) der *Organisation for Economic Co-operation and Development* (OECD) zusammengeschlossen sind. Grundsätze wie Eigenverantwortung, Partnerausrichtung, Harmonisierung, ergebnisorientiertes Management und gegenseitige Rechenschaftspflicht, die seit der Pariser Erklärung von 2005 als Vorgaben für die Entwicklungszusammenarbeit der OECD-DAC-Geberländer gelten, werden von den *emerging donors* nicht ohne weiteres als verbindlich betrachtet. Als neue Akteure in der internationalen Entwicklungszusammenarbeit sind auch finanzkräftige private Stiftungen aktiv, wie beispielsweise die *Bill & Linda-Gates Foundation*, für die – im Unterschied zu den staatlichen Akteuren der Entwicklungszusammenarbeit – beispielsweise Fragen der Rechenschaftslegung gegenüber Parlamenten und Zivilgesellschaft eher von nachgeordneter Bedeutung sind.

Der internationalen Staatengemeinschaft ist mit den *Millennium Development Goals* ein klarer entwicklungspolitischer Zielkatalog vorgegeben, in dem die Armutsbekämpfung zu Recht an erster Stelle steht. Aber die internationale Entwicklungszusammenarbeit sieht sich auch mit ganz anderen Problemen konfrontiert wie Terrorismus, zerfallende Staaten, grenzüberschreitende Migrationsströme, Klimawandel. Für Beiträge zur Lösung dieser Probleme sind neue Strategien, Formen und Instrumente der internationalen Zusammenarbeit erforderlich. Die Entwicklungszusammenarbeit, wie sie vor mehr als fünf Dekaden als „Entwicklungshilfe" konzeptionell, instrumentell und organisatorisch gestaltet worden war, gibt es schon lange nicht mehr, auch wenn in Medien häufig noch immer von „Entwicklungshilfe" die Rede ist. In einer sich wandelnden Welt, in der frühere Entwicklungsländer zu wichtigen Akteuren in Politik und Wirtschaft geworden sind, muss sich auch die Entwicklungszusammenarbeit verändern; sie muss sich an veränderte weltpolitische und weltwirtschaftliche Konstellationen anpassen, sie muss mit neuen Konzepten, mit neuen Instrumenten und neuen Formen der Zusammenarbeit auf veränderte Herausforderungen reagieren und zur Lösung neuer Probleme beitragen.

Vor diesem Hintergrund stand das Weingartener Seminar 2011 unter dem Thema „Neue Formen und Instrumente der Entwicklungszusammenarbeit". Mit der vorliegenden Publikation wollen wir einer breiteren, entwicklungspolitisch interessierten Öffentlichkeit einen Ausschnitt aus den Überlegungen, Erkenntnissen und Diskussionen vermitteln. Unser Dank gilt den Referentinnen und Referenten, die ihre Beiträge auf den vorgegebenen, knappen Seitenumfang zu begrenzen hatten, so dass gegebenenfalls auf die Darstellung weiterführender Analysen und inhaltliche Querverweise verzichtet werden musste. Besonderen Dank schulden wir *Alexa Schönstedt*, *Katja Hilser* und *Julia Rückert* von der Arbeitsgruppe Entwicklungspolitik des Alfred-Weber-Instituts für Wirtschaftswissenschaften der Universität Heidelberg, die mit großer Geduld, Ausdauer und Sorgfalt dazu beigetragen haben, dass die vorliegenden Texte auch für Praktiker lesbar wurden. Herzlichen Dank an Frau Christa Wassermann für ihre sorgfältigen Korrekturen und an Frau Corinna Schneider, die den Band für den Verlag druckfertig bearbeitet hat.

Weingarten und Heidelberg, Februar 2012

R. Öhlschläger und *H. Sangmeister*

Hartmut Sangmeister

Von der Entwicklungszusammenarbeit zur Internationalen Zusammenarbeit: alter Wein in neuen Schläuchen?

Die Reform der deutschen Entwicklungspolitik, die nach der Bundestagswahl im Herbst 2009 von der neuen Bundesregierung angekündigt worden war, bietet Anlass, sich nicht nur mit neuen Institutionen, sondern auch mit neuen Formen und Instrumenten der Entwicklungszusammenarbeit (EZ) zu beschäftigen. In dem Koalitionsvertrag zwischen CDU, CSU und FDP heißt es dazu in Kapitel V mit der Überschrift „Sicherer Frieden durch Partnerschaft und Verantwortung in Europa und der Welt" unter Punkt 8 „Entwicklungszusammenarbeit" (CDU 2009: 129):

> „Wir wollen die Schlagkraft der deutschen Entwicklungspolitik erhöhen, um die Wirksamkeit und Zielgenauigkeit des Mitteleinsatzes zu verbessern, insbesondere durch Auflösung von Doppelstrukturen in Regierung und Durchführung. Die Reform der Durchführungsstrukturen soll mit der Zusammenführung der Organisationen der Technischen Zusammenarbeit (TZ) beginnen und mit Mechanismen zur besseren Verknüpfung von technischer und finanzieller Zusammenarbeit verbunden werden. Die Entscheidung über die Strukturen der TZ wollen wir [...] innerhalb des ersten Jahres der Legislaturperiode treffen. Zur Verbesserung der Steuerungsfähigkeit der deutschen Entwicklungspolitik werden wir die Organisationsstrukturen reformieren, die durch Abbau von Doppelstrukturen entstehenden Synergien dazu nutzen, externes Personal durch Dienstkräfte zu ersetzen, sowie die Außenstruktur des für die Entwicklungspolitik zuständigen Ressorts und die Präsenz in multilateralen und europäischen Strukturen verbessern."

Die in dem Koalitionsvertrag angekündigte organisatorische Reform der Technischen Zusammenarbeit haben Bundesregierung und das zuständige Bundesministerium für wirtschaftliche Zusammenarbeit und Entwicklung (BMZ) tatsächlich durchgeführt. Seit dem 1. Januar 2011 ist aus der bisherigen Technischen und Personellen Zusammenarbeit die Internationale Zusammenarbeit geworden; aus der Deutschen Gesellschaft für Technische Zusammenarbeit (GTZ) ist durch Zusammenlegung mit der Gesellschaft für Internationale Weiterbildung und Entwicklung (InWEnt) und dem Deutschen Entwicklungsdienst (DED) die Deutsche Gesellschaft für Internationale Zusammenarbeit (GIZ) entstanden. Als Bundesunternehmen soll die GIZ die Bundesregierung dabei unterstützen, ihre Ziele in der Internationalen Zusammenarbeit für nachhaltige Entwicklung zu erreichen..

Nun bedeuten ein neuer Namen und eine neue Institution nicht notwendigerweise auch neue Inhalte und ein neues Selbstverständnis der EZ. Immerhin erhebt das für die deutsche Entwicklungspolitik zuständige Ressort der Bundesregierung jetzt den institutionalisierten Anspruch auf Internationale Zusammenarbeit anstelle der bisherigen „Technischen und Personellen Zusammenarbeit". Es bleibt abzuwarten, ob der mit der Umbenennung verbundene Anspruch auch eingelöst werden kann. Die politische Leitung des zuständigen Bundesministeriums betont, dass der Name des BMZ so zu interpretieren sei, wie er von Anfang an gemeint war: „wirtschaftliche Zusammenarbeit, nicht wiederholte Zuzahlung" (BMZ 2011a). Was aber unterscheidet dann die „neue" Internationale Zusammenarbeit von der „alten" EZ? Oder ist mit dieser Umbenennung vielleicht doch nur alter Wein in neue Schläuche gefüllt worden? Auf diese durchaus provokativ formulierte Frage lassen sich mit drei Thesen indirekt mögliche Antworten geben:

1. These: Entwicklungszusammenarbeit muss nicht von jeder neuen Regierung neu erfunden werden.

Gegen die These, EZ müsse nicht von jeder neuen Regierung neu erfunden werden, ist zunächst einzuwenden, dass es demokratischen Prinzipien entspricht, wenn nach einem Regierungswechsel neue Grundsätze und Leitlinien für die verschiedenen Politikbereiche formuliert werden, mithin also auch für die Entwicklungspolitik. In den fünfzig Jahren, die das BMZ jetzt besteht, gab es in Deutschland wechselnde Regierungen mit wechselnden Parteimehrheiten – und dennoch lässt sich eine bemerkenswerte Konstanz der entwicklungspolitischen Grundausrichtung feststellen. Mehr oder minder konstant geblieben ist beispielsweise die Unterfinanzierung der deutschen EZ, gemessen an der Zielvorgabe der Vereinten Nationen, jährlich 0,7 Prozent des Bruttonationaleinkommens (BNE) für *Official Development Assistance* (ODA) zur Verfügung zu stellen (Abbildung 1). Dieser Zielvorgabe hatte die Bundesrepublik Deutschland bereits 1970 in der 25. Generalversammlung der Vereinten Nationen zugestimmt und sie zwischenzeitlich offiziell immer wieder als verbindlich für die öffentliche EZ bestätigt; auch mit dem Stufenplan der Europäischen Union (EU) hat sich Deutschland verpflichtet, die ODA-Leistungen bis 2015 auf 0,7 Prozent des BNE zu steigern. Jedoch werden in dem jüngsten Bericht des *Development Assistance Committee* (DAC) der *Organisation of Economic Co-operation and Development* (OECD) zur deutschen EZ ernsthafte Zweifel an dem Willen der Bundesregierung geäußert, bis zum Jahr 2015 eine ODA-Quote von 0,7 % des BNE erreichen zu wollen. Nach Ansicht der DAC-Experten ist dieses Ziel ohnehin nicht zu erreichen, wenn die ODA-Mittel wie geplant ab 2012 gekürzt werden (DAC 2010). Allerdings sind auch die meisten anderen Geberländer des DAC von dem 0,7-Prozent-Ziel der Vereinten Nationen weit entfernt (Abbildung 2). Zwar stellten die DAC-Geberländer 2010 insgesamt ODA-Mittel in Höhe von 129 Milliarden US-Dollar bereit, so viel wie nie zuvor, aber gemessen an dem aggregierten BNE der DAC-Mitglieder machte diese Summe lediglich 0,32 Prozent aus (DAC 2011).

Würde sich die Bundesregierung – dem Status quo entsprechend – auch offiziell von dem 0,7-Prozent-Ziel der Vereinten Nationen verabschieden, müsste dies nicht zwangsläufig ein Weniger an Wirkung der deutschen EZ in den Partnerländern bedeuten. Denn es kommt gar nicht so sehr darauf an, wie viele finanzielle Mittel für EZ zur Verfügung stehen, sondern darauf, wofür und wie wirkungsvoll diese Mittel eingesetzt werden. Nicht der finanzielle *Input* ist entscheidend, sondern es sind die *Outcomes*, die Wirkungen, die durch EZ erreicht werden. Idealerweise besteht EZ darin, einem Land *zusätzliche* Ressourcen bereitzustellen, das heißt Ressourcen, die über diejenigen hinausgehen, die es sich selbst beschaffen kann, sei es im eigenen Lande, sei es durch kommerzielle außenwirtschaftliche Transaktionen; und diese zusätzlichen Ressourcen tragen dazu bei, bestehende Entwicklungsprobleme zu lösen.

Abbildung 1:
Der deutsche ODA-Anteil am Bruttonationaleinkommen 2000–2010 (in Prozent)

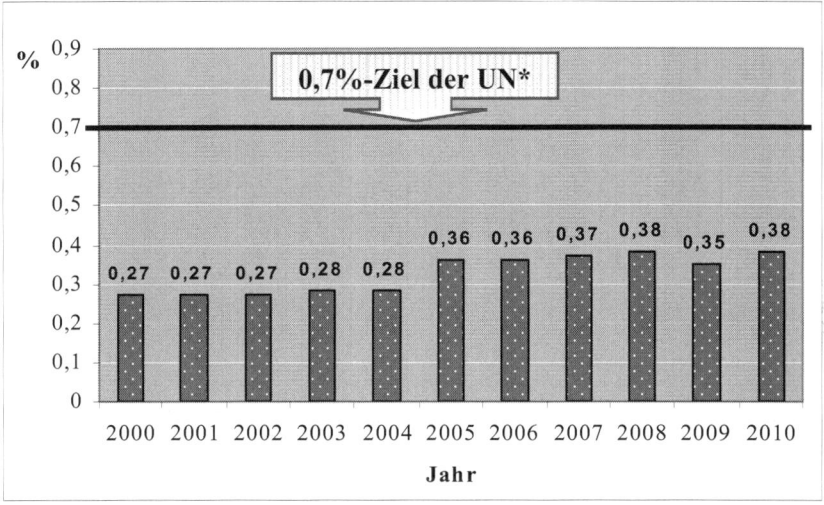

* Beschluss der 25. Generalversammlung der Vereinten Nationen 1970

Quelle: http://www.bmz.de/de/ministerium/zahlen_fakten/Entwicklung_der_deutschen_ODA-Quote_1969-2010.pdf (Zugriff: 21.12.2011).

Finanzierungsfragen gehören zu dem harten Kernbereich der Politik. Die Finanzierung eines Politikbereichs sagt mehr über dessen verbindliche Ausgestaltung und strategische Reichweite aus als rhetorische Manifeste und Regierungserklärungen; denn die Finanzierung eines Politikbereichs reflektiert unmittelbar und direkt die gesellschaftlichen Prioritäten, Interessenlagen und Machtkonstellationen, die ihr zugrunde liegen; das gilt auch für die Entwicklungspolitik. Immerhin standen dem BMZ 2010 mit rund 6,1 Milliarden Euro knapp doppelt so viele Haushaltsmittel zur Verfügung wie beispielsweise dem Auswärtigen Amt (3,2 Milliarden Euro) und sogar das fast Vierfache der Haushaltsmittel des Bundesministeriums für Umwelt, Naturschutz und Reaktorsicherheit (1,7 Milliarden Euro).

Bemerkenswerter als die relative Konstanz ihrer Unterfinanzierung ist für die deutsche Entwicklungspolitik die relative Konstanz ihrer Grundsätze und Leitlinien während der zurückliegenden Dekaden, trotz mehrfacher Regierungswechsel. Es sind Grundsätze wie Bekämpfung der weltweiten Armut, Sicherung des Friedens, Förderung der Demokratie, Achtung der Menschenrechte. Wenn das BMZ medienwirksam verkünden lässt, dass die Orientierung an den Menschenrechten künftig Voraussetzung der EZ mit Regierungen sei, dann ist das begrüßenswert – aber es ist nicht neu. So galten bereits in den 1990er Jahren für die entwicklungspolitische Vergabepraxis die sogenannten „Spranger-Kriterien", wie Achtung der Menschenrechte, rechtsstaatliche Strukturen, Entwicklungsorientierung staatlichen Handelns usw. An der sehr flexiblen Anwendung dieser Kriterien auf der operativen Ebene der EZ wird sich voraussichtlich nichts ändern, auch wenn das BMZ im Juni 2011 bekanntgab, eine Art „Menschenrechts-TÜV" einführen zu wollen, um mehr Druck auf Partnerländer auszuüben (Deutscher Bundestag 2011). In dem Positionspapier zur neuen deutschen Entwicklungspolitik wird ebenfalls ausdrücklich betont, dass Menschenrechte nicht zur Disposition stehen und zukunftsfähige Entwicklung Menschenrechte braucht – bürgerliche, politische, wirtschaftliche, soziale und kulturelle sowie Frauen- und Kinderrechte (BMZ 2011b: 11).

Abbildung 2:
Die ODA-Leistungen der DAC-Länder 2010 (in % des Bruttonationaleinkommens)

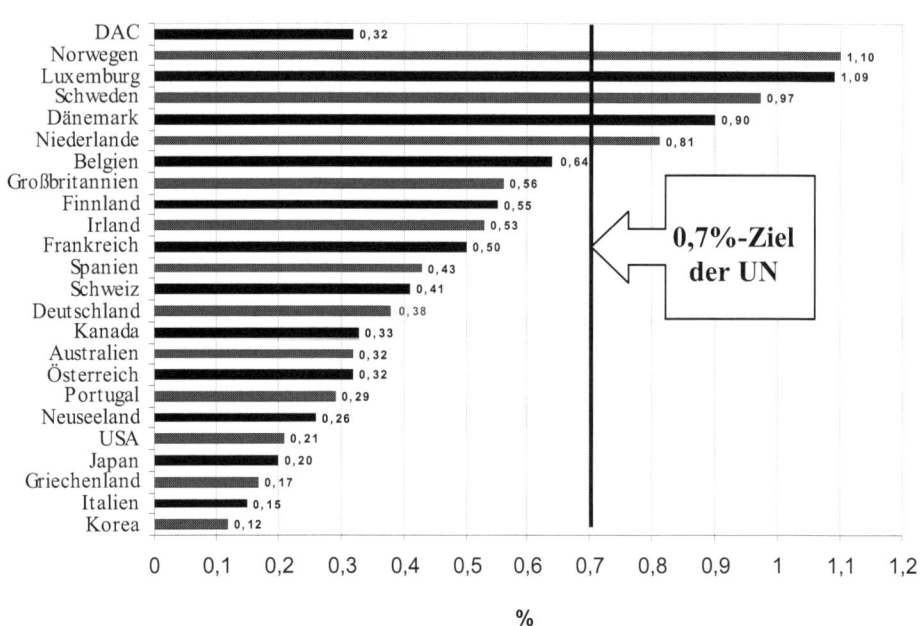

Quelle: http://www.bmz.de/de/ministerium/zahlen_fakten/Geber_im_Vergleich_2010.pdf (Zugriff: 21.12.2011)

Eine inhaltlich weitgehend konstante Werte- und Interessenorientierung hat die deutsche EZ in den zurückliegenden Dekaden geprägt, und insofern ist die EZ auch nicht von jeder neuen Regierung neu erfunden worden. Neue Grundsätze und Richtlinien nach jedem Regierungswechsel wären sogar kontraproduktiv, denn die deutsche EZ bleibt auch nach einem Regierungswechsel eingebunden in die international vereinbarten Grundsätze und Richtlinien der Gebergemeinschaft des DAC der OECD. Immerhin kann die staatliche EZ für sich in Anspruch nehmen, der einzige Politikbereich in Deutschland zu sein, der einer permanenten systematischen Evaluierung und Erfolgsbewertung unterzogen wird. Es wäre beispielsweise durchaus interessant zu wissen, wie viele Maßnahmen der deutschen Finanzpolitik oder der europäischen Agrarpolitik von unabhängigen Evaluatoren als erfolgreich oder nicht erfolgreich bewertet würden.

Der staatlichen (und auch der nicht-staatlichen) EZ lässt sich bescheinigen, dass sie überwiegend hoch professionell betrieben wird; für *do-gooders* und romantische Weltverbesserer ist sie kein Tummelplatz (mehr). Die Akteure der EZ sind realistischer in der Einschätzung ihrer Möglichkeiten und ihrer Grenzen geworden. Bei aller berechtigten Kritik an der EZ und ihren bisweilen recht dürftigen oder fragwürdigen Ergebnissen muss man anerkennen, dass sie tausendfach wirksame humanitäre Hilfe gebracht hat, dass sie punktuelle Unterstützung zur Verbesserung der Lebensbedingungen armer Menschen in vielen Ländern gegeben hat und dass auch erkennbare Beiträge zur nachhaltigen Überwindung gravierender Entwicklungshemmnisse eines Landes geleistet werden konnten. Trotz der unbestreitbaren Aktivposten in der bisherigen Bilanz der EZ muss sie sich aber in gewisser Weise immer wieder neu erfinden, will sie auf veränderte Herausforderungen in einer zunehmend dynamischeren und heterogeneren Akteurskonstellation angemessen reagieren. Natürlich lässt sich die EZ nicht beständig gänzlich neu erschaffen. Aber sie muss immer wieder institutionell reformiert sowie konzeptionell und instrumentell restrukturiert werden, um sie an neue Wirklichkeiten veränderter weltpolitischer Konstellationen und weltwirtschaftlicher Gewichtungen anzupassen.

Die politische Leitung des BMZ hat mit der Reform der Durchführungsstrukturen auf den von den DAC-Experten immer wieder monierten Mangel an Kohärenz, Koordination und Effizienz der staatlichen EZ in Deutschland reagiert. Aber die Entscheidungsträger der deutschen Entwicklungspolitik dürfen ihren Gestaltungsspielraum nicht überschätzen, sie müssen realistischerweise akzeptieren, dass ihre *bargaining power* viel zu gering ist, um die Forderung nach Kohärenz in dem Geflecht widersprüchlicher, aber machtvoller Interessen der Wirtschafts-, Finanz-, Außen- und Innenpolitik in Geber- und Empfängerländern durchsetzen zu können. Bleibt also im „neuen Schlauch" IZ doch der „alte Wein" EZ?

2. These: Eine zur Internationalen Zusammenarbeit geadelte Entwicklungszusammenarbeit kann nicht der Reparaturbetrieb einer immer komplexeren Weltgesellschaft sein.

Tatsächlich sieht sich die EZ mit neuen Herausforderungen wie Terrorismus, Bürgerkriegen, Piraterie und zerfallenden Staaten konfrontiert, und von ihr wird aus unterschiedlichsten Interessen gefordert, Beiträge zur Lösung vielfältiger globaler Probleme zu leisten, wie Klimawandel, Umweltverschmutzung, Drogenhandel und Armutsmigration. Mit einem bloßen *up-grading* der bisherigen Technischen Zusammenarbeit zur Internationalen Zusammenarbeit ist jedoch keine Garantie damit verbunden, all diese neuen Herausforderungen erfolgreich bewältigen zu können. Im Gegenteil: Es gilt, die Internationale Zusammenarbeit davor zu bewahren, sie mit illusionären Ansprüchen zu überfrachten und von ihr Beiträge zur Lösung aller Probleme dieser Welt zu erwarten (Abbildung 3). Damit würde die zur Internationalen Zusammenarbeit aufgewertete EZ Gefahr laufen, in eine „Vergeblichkeitsfalle" zu geraten, die für ihre Legitimierung durch die Öffentlichkeit verhängnisvoll wäre.

Abbildung 3:
Entwicklungspolitik und die Herausforderungen des 21. Jahrhunderts

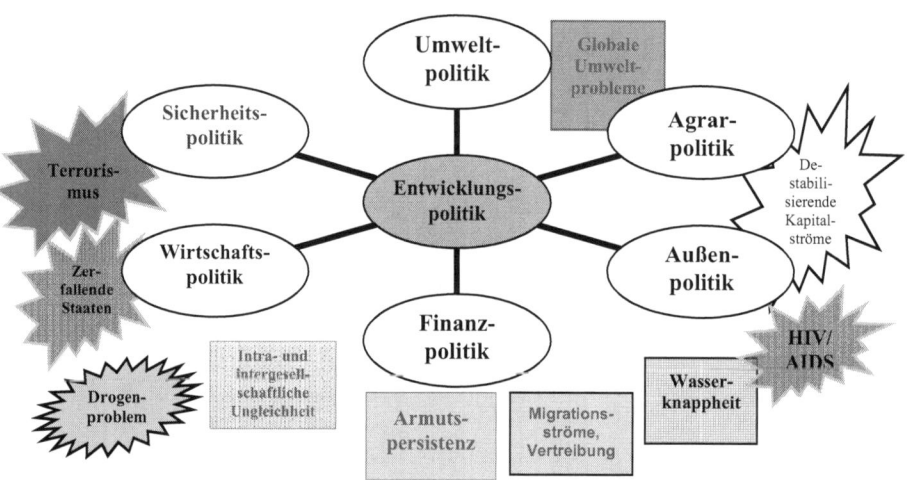

EZ als Internationale Zusammenarbeit kann Unterstützung bei der Suche nach Problemlösungs- und Veränderungsstrategien anbieten, sie kann in überschaubaren Zusammenhängen die Motivation und die Kompetenz von Menschen fördern, ihre Lebensbedingungen zu verändern. Das ist ein realistischer Auftrag, und auf diese Kernkompetenz sollte sich EZ als Internationale Zusammenarbeit auf der operativen Ebene konzentrieren. Oder in der Sprache der modernen Unternehmensstrategie: Die Durchführungsorganisationen der EZ sollten es vermeiden, als „Gemischtwarenkonzerne" zu agieren, die für jeden Kunden etwas im Angebot haben. Durchführungsorganisationen der deutschen EZ sollten in dem Bereich der entwicklungsstrategischen Wertschöpfungskette tätig werden, in dem sie mit den verfügbaren Instrumenten nachweisbare Wirkungen erzielen könnte. Werden die intendierten positiven Wirkungen nachweislich erreicht, dann war die EZ erfolgreich – und macht sich letztlich überflüssig.

3. These: Wirksame Entwicklungszusammenarbeit muss sich selbst überflüssig machen.

EZ sei die Kunst, sich abzuschaffen, wie es einmal ein Kollege der Weltbank formuliert hat. Tatsächlich haben ja einige Länder, vor allem in Ostasien, das ursprüngliche Ziel der „Entwicklungshilfe" wahr werden lassen – nämlich diese finanziell überflüssig zu machen. Immer mehr Staaten, die selbst Empfänger von ODA-Mitteln waren oder es noch sind, engagieren sich heute selbst in der internationalen EZ, wie beispielsweise Singapur, Brasilien oder China.

Die Mittel, die weltweit für EZ bereitgestellt werden, haben sich in den zurückliegenden Jahren vervielfacht; neue Geberländer, private Stiftungen und Nichtregierungsorganisationen tragen inzwischen fast ein Drittel zur Finanzierung der globalen EZ bei (Abbildung 4). Wird damit die EZ der „alten" Geberländer allmählich überflüssig? Gewiss nicht. Ohnehin ist die Kunst, sich selbst abzuschaffen, nicht leicht zu beherrschen. Dies hängt auch damit zusammen, dass das *development set*, die Kaste der Entwicklungsexperten, mit einer widersprüchlichen Zielsetzung leben muss. Einerseits das Ziel, dass die Projekte und Programme der EZ gelingen mögen, dass Entwicklungspolitik insgesamt Erfolg habe; andererseits müssen die Experten aber eben diese Erfolge insgeheim fürchten, da sie zu einer Selbstaufhebung der EZ und damit ihrer beruflichen Existenz führen würden.

Um erfolgreich zu sein, haben die Institutionen der staatlichen EZ immer wieder Anpassungsschritte an veränderte Anforderungen vollzogen. Die Geschichte der EZ-Durchführungsorganisationen ist auch eine Geschichte permanenter konzeptioneller Reformen und institutioneller Reorganisation. Aber die Anpassungsschritte gingen häufig nicht weit genug. Mangelnde Flexibilität und Anpassungsfähigkeit nationaler und internationaler EZ-Institutionen sind zumindest teilweise durch das Gewicht eingefahrener Denkstile und bürokratischer Abwicklungsroutinen bedingt, durch administrative Sachzwänge, haushaltsrechtliche Auflagen, Besitzstandsdenken und organisatorische Eigeninteressen. Im Vergleich mit der überlebensnotwendigen schnellen Anpassungsfähigkeit von Unternehmen der privaten Wirtschaft an veränderte Rahmenbedingungen erscheinen die großen öffentlichen EZ-Institutionen im Hinblick auf Reformtempo und tatsächlich erzielte Reformerfolge wie veränderungsaverse Dinosaurier. Ihr Interesse an der Änderung von Zuständigkeiten und Aufgaben ist begrenzt, sofern diese Änderung nicht mit Personalzuwachs und Budgeterhöhung verbunden ist. Denn Zuständigkeiten, Personal und Budget werden als

Insignien administrativer Macht betrachtet. Reformvorschläge werden daher fast reflexhaft abgelehnt, sofern davon ein Einflussverlust im inneradministrativen Machtgefüge zu befürchten ist. Zwar besitzen die deutschen EZ-Durchführungsorganisationen den rechtlichen Status von Unternehmen (wie GIZ und KfW Entwicklungsbank), aber sie sind doch zugleich Institutionen der staatlichen Ebene; folglich sind sie staatsrechtlichen Prinzipien öffentlicher Verwaltung ebenso verpflichtet wie unternehmerischer Effektivitäts- und Effizienzorientierung. In diesem Spannungsfeld erfordern notwendige Veränderungs- und Anpassungsprozesse erheblichen Zeitbedarf, um die unterschiedlichen Interessen der beteiligten Akteure zu einem Ausgleich zu bringen.

Abbildung 4:
Die veränderte Akteurskonstellation der internationalen Entwicklungszusammenarbeit

Quelle: Sangmeister/Schönstedt (2010: 145)

Da sich die EZ beständig anpassen, ändern und verbessern muss, ist bei den Mitarbeiterinnen und Mitarbeitern der öffentlichen EZ-Institutionen ein erhöhtes Maß an Veränderungsfähigkeit notwendig, und zwar umso mehr, je größer die Veränderungen oder Neuerung gegenüber den Merkmalen der bisherigen Verfahren oder der überkommenen Organisationsstrukturen sind. Damit Neuerungen nicht zu Demotivation und Auflösung der Mitarbeiterloyalität führen, müssen sie mit der Vermittlung adäquater Leitbilder einhergehen, die als handlungsleitend für die Zukunft von den beteiligten Akteuren mehrheitlich akzeptiert werden. Ob dies der Leitung des BMZ gelingt, muss sich erst noch zeigen. Zweifel sind zumindest angebracht, wenn der Eindruck entsteht, dass für die deutsche EZ interessengeleitete Außenwirtschaftsförderung Vorrang gegenüber der Bekämpfung von Armut und Hunger in der Welt haben soll und das BMZ zu einem Nebenaußenwirtschaftsministerium mutiert (VENRO 2011: 5). Auch in dem jüngsten DAC-Bericht zur deutschen EZ wird davor gewarnt, mit EZ-Mitteln Aktivitäten zu finanzieren, die sich vorrangig an Deutschlands eigenen Handelsinteressen orientieren. Der entwicklungspolitische Grundsatz, „Hilfe zur Selbsthilfe" zu leisten, bekäme bei der Überbetonung des deutschen Nutzens eine ganz andere, neue Bedeutung. Die deutsche EZ sollte sich sinnvollerweise als integraler Bestandteil der internationalen EZ verstehen – und nicht lediglich als nationale Lobby-Arbeit für die mittelständische Wirtschaft. Aus gutem Grund warnt der jüngste DAC-Bericht zur deutschen EZ ausdrücklich davor, die EZ eigenen wirtschaftlichen Interessen unterzuordnen.

Die Kritik an der internationalen EZ ist vielstimmig, und die Argumente der Kritiker bedienen sich sehr unterschiedlicher Begründungszusammenhänge. Zu Recht können Kritiker der EZ darauf hinweisen, dass dort, wo die Rahmenbedingungen für Entwicklung gegeben seien, diese auch ohne EZ stattfinde; ohnehin mache sich EZ bei entwicklungsfördernden Rahmenbedingungen nach angemessener Zeit selbst überflüssig. Wo diese Rahmenbedingungen jedoch fehlen und EZ auch nicht in der Lage sei, auf eine Verbesserung dieser Rahmenbedingungen hinzuwirken, sei EZ ineffektiv und insofern – auch im Hinblick auf ihre Opportunitätskosten – überflüssig. Diese Position hat der Wissenschaftliche Beirat beim BMZ in einer Stellungnahme bereits 1995 vertreten (BMZ 1995).

Vordergründig durchaus plausibel ist auch der Einwand, den andere Kritiker des Ressourcentransfers im Rahmen der internationalen EZ betonen: dass nämlich viele Empfängerländer inzwischen ein Pro-Kopf-Einkommen erreicht hätten, das ihnen Entwicklung aus eigener Kraft gestatten müsste. Viele Länder in Asien haben beispielhafte ökonomische Erfolge erzielt, so dass sich das Pro-Kopf-Einkommen in der Region zwischen 1990 und 2008 fast verdreifacht hat. Dennoch leben in Asien noch immer zwei Drittel der Armen dieser Welt (Schäfer-Preuss 2011: 482). Tatsächlich gehört die große Mehrzahl der Entwicklungsländer inzwischen zu den *Middle Income Countries* (MICs), und nur noch rund 50 Staaten werden von den Vereinten Nationen als *Least Developed Countries* (LDCs) eingestuft. Vor diesem Hintergrund argumentieren Kritiker der EZ, dass in Ländern, die schon über das ökonomische Potential verfügen, die absolute Armut zu überwinden, ernsthafte Eigenanstrengungen zur Überwindung der strukturellen Entwicklungshemmnisse und der institutionellen Verursachungsfaktoren von Armut viel wichtiger seien als finanzielle Zuschüsse, zinsgünstige Kredite und technische Beratung von außen. Mit einer Umschichtung intern verfügbarer Ressourcen könnten viele Entwicklungsländer ihre Probleme lösen, ohne auf EZ angewiesen zu sein. Aus dieser Perspektive könne auch das *Millennium Development Goal 1* – bis 2015 den Anteil der Menschen zu halbieren, die in Armut leben – für die EZ irreführend erscheinen, da es die wahren Verantwortlichkeiten für die Armutspersistenz in vielen Ländern verschleiere. EZ könne bei der Armutsbekämpfung im günstigsten Falle lediglich so wie Akupunktur bei einer chronischen Krankheit wirken, die Krankheitsursachen selbst würden durch EZ aber nicht beseitigt.

Grundsätzlich in Frage gestellt wird die internationale EZ durch den Vorwurf, sie unterminiere die Eigenverantwortung der Empfänger und die permanente finanzielle Unterstützung der Gebergemeinschaft trage dazu bei, dass sich die herrschenden Politiker in Empfängerländern aus der Verantwortung stehlen. Vielerorts sei die simple Gleichung „mehr Geld = mehr Entwicklung", die zu den Glaubenssätzen der internationalen EZ gehöre, nicht aufgegangen. Mehr Geld schade möglicherweise sogar der Entwicklung, da es Eigeninitiative untergrabe. Ausländische Helfer dürften nicht die Verantwortung für Entwicklung an sich ziehen, denn jede Gesellschaft könne sich nur selbst entwickeln und jede Gesellschaft müsse die Verantwortung für Entwicklung zunächst bei sich selbst suchen. EZ sei sogar Geldverschwendung, denn sie helfe nicht, Armut und Unterdrückung zu überwinden, sondern trage dazu bei, beides zu zementieren.

Die Widersprüchlichkeit und mangelnde Glaubwürdigkeit der westlichen Geberländer prangerte *Paul Kagame*, Staatspräsident von Ruanda, an, der in einem Interview mit der Zeitung *Handelsblatt* (vom 11. Oktober 2009) erklärte:

> „Afrika wurde über lange Zeit vernachlässigt beziehungsweise von außen immer nur missbraucht. Doch jetzt haben wir entschieden: Wir wollen das nicht länger, wir wollen faire Beziehungen mit dem Rest der Welt. [...] Jedenfalls hat das europäische und in jüngerer Zeit das amerikanische Engagement Afrika nicht vorangebracht. Unsere Ressourcen wurden ausgebeutet und haben anderen genutzt. Westliche Firmen haben Afrika in großem Maßstab verschmutzt – und sie tun dies immer noch. Denken Sie an die Verklappung nuklearer Abfälle vor der Elfenbeinküste oder daran, dass Somalia von europäischen Firmen als Mülldeponie benutzt wird."

Andere Kritiker aus afrikanischen Ländern haben darauf hingewiesen, dass sich nach mehreren Dekaden internationaler EZ und trotz unzähliger mit Milliardenaufwand finanzierter Entwicklungshilfeprojekte und -programme die Lebensbedingungen für Millionen Menschen in vielen Entwicklungsländern nicht verbessert hätten. Stattdessen habe der stetige Zufluss von Entwicklungsgeldern den herrschenden Eliten in vielen Ländern Afrikas südlich der Sahara ermöglicht, sich an der Ausbeutung der Ressourcen des eigenen Landes zu bereichern und riesige Privatvermögen im westlichen Ausland anzulegen.

Vor allem die in Sambia geborene Autorin *Dambisa Moyo* hat mit ihrem Buch „Dead Aid" ein weltweites Medienecho ausgelöst. Ihre Kernaussage lautet, dass Entwicklungshilfe zu einer Kultur von Korruption und Abhängigkeit führe und daher die Persistenz von Armut befördere; Regierungen als Empfänger der ODA-Leistungen würden zu sich selbst bereichernden Kleptokratien mutieren, was nicht möglich sei, wenn sie zur Finanzierung auf private Kredite der internationalen Kapitalmärkte angewiesen wären. Wichtiger als das Mitleid der reichen Länder seien für Afrika Unternehmergeist und privatwirtschaftliches Wachstum. Entwicklungshilfe löse die Probleme nicht und sei daher einzustellen (Moyo 2009).

Angesichts der vielstimmigen Kritik stellt sich ernsthaft die Frage nach der Legitimation von EZ sowie die weiterführende Frage, ob EZ überhaupt hilfreich und notwendig ist. Was kann EZ unter den heutigen Bedingungen leisten – oder: Was soll EZ heute leisten können? Die internationale EZ kann ihrem Anspruch, positive Veränderungsprozesse weltweit zu unterstützen oder sogar zu initiieren, nur gerecht werden, wenn sie ihre Konzepte und Instrumente beständig ergänzt, verbessert und an sich ändernde Rahmenbedingungen und Akteurskonstellationen anpasst. EZ verstanden als *change management* bedarf selbst einer permanenten Revision des Selbstverständnisses der *change agents*. Abgesehen von den beruflichen Eigeninteressen der *development setter* gibt es durchaus gute Argumente für die Fortführung internationaler EZ – vorausgesetzt, berechtigte Kritik wird berücksichtigt und führt zu notwendigen Veränderungen.

Zweifellos haben sich in der Vergangenheit viele der Wege, die „Experten" den Regierungen von Entwicklungsländern aufgezeigt haben, um zu Fortschritt, Modernität und Wohlstand nach westeuropäisch-nordamerikanischem Vorbild zu gelangen, als Irrwege erwiesen (Sangmeister/Schönstedt 2009: 186). Die hochgesteckten Erwartungen an die internationale EZ, die sie selbst geweckt hatte, konnte sie nicht erfüllen. Aus diesem Grund ein Ende der EZ zu verlangen, wäre jedoch verfehlt, denn viele der Herausforderungen, die sich der internationalen Staatengemeinschaft im 21. Jahrhundert stellen, können nur gemeinschaftlich bewältigt werden (Sangmeister/Schönstedt 2010: 143). Jedoch darf die EZ mit ihren begrenzten Mitteln und Möglichkeiten auf keinen Fall durch Ansprüche überfordert werden, die aus trügerischen Omnipotenzvisionen genährt sind.

Von der Geburtslüge der „Entwicklungshilfe", die Kluft zwischen armen und reichen Länder überwinden und die globalen Asymmetrien beseitigen zu können, hat sich die internationale EZ zu Recht verabschiedet. Die Lehren aus den Misserfolgen und Frustrationen der zurückliegenden Entwicklungsdekaden lauten: Auch wenn das System der internationalen EZ in einer multipolaren und multikulturellen Welt anpassungs- und lernfähig ist, kann EZ stets nur *subsidiär* und *komplementär* zu den Eigenanstrengungen der Empfängerländer sein. EZ kann lediglich Aktivitäten und Veränderungsprozesse in Entwicklungsländern unterstützen, für welche diese die Verantwortung tragen. Im besten Fall leistet konsequent wirkungsorientierte EZ kleine Beiträge zur Bewältigung der Herausforderungen der Weltgesellschaft im 21. Jahrhundert. Und das ist nicht wenig.

Literatur

BMZ [Bundesministerium für wirtschaftliche Zusammenarbeit und Entwicklung] (1995): Neue Akzente in der deutschen EZ während der nächsten Legislaturperiode: Stellungnahme des Wissenschaftlichen Beirats beim Bundesministerium für Wirtschaftliche Zusammenarbeit und Entwicklung, = BMZ aktuell, 54. Bonn: BMZ.

BMZ [Bundesministerium für wirtschaftliche Zusammenarbeit und Entwicklung] (2011a): Entwicklungspolitik als Zukunftspolitik – Heidelberger Rede zur Zukunft der deutschen Entwicklungspolitik. Rede von Bundesentwicklungsminister Dirk Niebel an der Universität Heidelberg, 8. November 2011. In: http://www.bmz.de/de/presse/reden/minister_niebel/2011/November/20111108_rede_heidelberg.html (Zugriff: 19.11.2011).

BMZ [Bundesministerium für wirtschaftliche Zusammenarbeit und Entwicklung] (2011b): Chancen schaffen – Minds for change. Zukunft entwickeln – Enhancing opportunities. Bonn: BMZ.

CDU [Christlich Demokratische Union] (2009): Wachstum. Bildung. Zusammenhalt. Der Koalitionsvertrag zwischen CDU, CSU und FDP; 17. Legislaturperiode, Berlin. In: http://www.cdu.de/doc/pdfc/091026-koalitionsvertrag-cducsu-fdp.pdf (Zugriff: 19.11.2011).

DAC [OECD Development Assistance Committee] (2010): Germany – Peer Review 2010, Paris: OECD. In: http://www.oecd.org/dataoecd/61/51/46439355.pdf (Zugriff: 19.11.2011).

DAC (2011): „2010 figures: Aid increases, but with worrying trends". In: DAC news – Ideas on Aid, April. http://www.oecd.org/dataoecd/6/59/47628081.htm#transparentaid (Zugriff: 10.12.2011).

Deutscher Bundestag: Regierung plant „Menschenrechts-TÜV" für die Entwicklungspolitik. Aktuelle Meldungen (hib) vom 29.06.2011. In: http://www.bundestag.de/presse/hib/2011_06/2011_270/03.html (Zugriff: 19.11.2011).

Moyo, Dambisa (2009): Dead aid: why aid is not working and how there is another way for Africa. London: Penguin Books.

Sangmeister, Hartmut/Schönstedt, Alexa (2009): Wege und Irrwege zum Wohlstand. Theorien und Strategien wirtschaftlicher Entwicklung. Baden-Baden: Nomos.

Sangmeister, Hartmut/Schönstedt, Alexa (2010): Entwicklungszusammenarbeit im 21. Jahrhundert. Baden-Baden: Nomos.

Schäfer-Preuss, Ursula (2011): „Lücken schließen". In: E+Z Entwicklung und Zusammenarbeit, Jg. 52, Nr. 12, S. 482.

VENRO [Verband Entwicklungspolitik Deutscher Nichtregierungsorganisationen] (2011): Jahresbericht 2010. Bonn: Verband Entwicklungspolitik Deutscher Nichtregierungsorganisationen.

Michael Krempin

Globale Entwicklungen im 21. Jahrhundert und ihre Auswirkungen auf die deutsche Technische Zusammenarbeit

Einleitung

Die Globalisierung mit ihren wirtschaftlichen, sozialen, politischen, ökologischen und kulturellen Dimensionen stellt seit längerem die zentrale Rahmenbedingung für die Entwicklungszusammenarbeit (EZ) beziehungsweise die Internationale Zusammenarbeit (IZ) dar, die sich an den globalen Herausforderungen orientieren und ihren Beitrag zur Lösung der globalen Probleme leisten muss. Der folgende Beitrag skizziert die globalen Entwicklungen im 21. Jahrhundert und analysiert anschließend ihre Konsequenzen für die Entwicklungspolitik sowie ihre Auswirkungen auf die deutsche Technische Zusammenarbeit (TZ).

1. Globale Entwicklungen im 21. Jahrhundert

Seit den 1990er Jahren gibt es eine intensive Diskussion über die Globalisierung und ihre Konsequenzen. Nicht alle globalen Herausforderungen, mit denen die Weltgemeinschaft konfrontiert ist, sind unmittelbar durch die Globalisierung verursacht, aber alle sind in irgendeiner Form durch den Prozess der Globalisierung beeinflusst. Zu den wichtigsten globalen Entwicklungen im ausgehenden 20. und beginnenden 21. Jahrhundert zählen (siehe auch Messner/Scholz 2005: 21–23):

– *Entwicklung einer multipolaren Weltordnung*: Nach dem Ende des Ost-West-Konfliktes und der bipolaren Weltordnung 1989 hat sich eine neue globale Machtkonstellation herausgebildet, die zunächst durch die globale Vormachtstellung der Vereinigten Staaten von Amerika (USA) gekennzeichnet war. Im beginnenden 21. Jahrhundert wurde jedoch immer stärker deutlich, dass wir uns von einer unipolaren, auf die USA zentrierten Weltordnung immer stärker hin zu einer multipolaren Weltordnung bewegen, in der neben den USA sowie Russland, Japan und Europa auch die aufstrebenden Schwellenländer China und Indien eine wichtige Rolle spielen. Nur in militärischer Hinsicht sind die USA allen anderen Staaten und Regionen der Welt noch deutlich überlegen – in ökonomischer und politischer Hinsicht gilt dies nicht mehr. Insbesondere der wirtschaftliche Aufstieg Chinas und Indiens und die Entstehung der G20-Staaten (unter maßgeblicher Beteiligung von China und Indien) stellen hier entscheidende Entwicklungen dar.

- *Instabilität der internationalen Finanzmärkte (Finanz- und Wirtschaftskrise)*: Die Finanzkrise begann im Frühsommer 2007 mit der US-Immobilienkrise und wurde nach der Insolvenz der US-Investmentbank Lehman Brothers im September 2008 zu einer globalen Finanz- und Wirtschaftskrise, die fast überall auf der Welt zu einem deutlich abgeschwächten Wirtschaftswachstum oder zur Rezession (unter anderem in den USA) führte. Maßnahmen als Reaktion auf die Finanz- und Wirtschaftskrise, wie sie unter anderem auf dem G20-Treffen der wichtigsten Industrie- und Schwellenländer im September 2009 in Pittsburgh vereinbart wurden, wie die schärfere Regulierung der Finanzmärkte oder die stärkere Risikovorsorge der Banken, wurden nur sehr unzureichend umgesetzt, so dass – ausgelöst unter anderem durch die griechische Schuldenkrise – eine erneute globale Finanz- und Wirtschaftskrise droht. Die Krise von 2008 hat in vielen Entwicklungsländern zu einem deutlichen Rückgang der ausländischen Direktinvestitionen und der Überweisungen von Arbeitsmigranten sowie zu rückläufigen Rohstofferlösen geführt. Manche Schwellenländer, insbesondere auch China, kamen jedoch relativ gut durch die Krise.
- *Sicherheitskonflikte, Fragilität und terroristische Bedrohung*: Zu Beginn des 21. Jahrhunderts haben die Anschläge vom 11. September 2001 die terroristische Bedrohung tief in der kollektiven Wahrnehmung verankert. Dabei sind Bürgerkriege, Sicherheitskonflikte, terroristische Anschläge und zerfallende Staaten kein neues Phänomen. Seit dem Ende des Ost-West-Konfliktes sind sie allerdings nicht mehr beeinflusst und überlagert von der Blockkonfrontation zwischen den militärischen Supermächten USA und Sowjetunion. Gewaltsame Konflikte finden heute weniger zwischen Staaten als vielmehr zwischen verschiedenen (politischen, ethnischen, religiösen et cetera) Gruppen innerhalb von Ländern statt. 30–50 Staaten – je nach Definition und Quelle – werden derzeit als fragil angesehen, also als Länder, in denen staatliche Institutionen schwach oder vom Zerfall bedroht sind und staatliche Grundfunktionen nicht erfüllt werden können. Dies stellt nicht nur ein Problem für die in diesen Ländern lebende Bevölkerung dar, die oft unter großer Armut, Gewalt und politischer Willkür leidet, sondern auch für die weltweite Sicherheitslage, für die fragile Staaten wie Afghanistan, Irak, Somalia und Jemen oder von der Drogenmafia kontrollierte Gebiete zum Beispiel in Kolumbien und Mexiko eine Bedrohung darstellen, denn Terrornetzwerke und internationale Drogenkartelle sind zu wichtigen Herausforderungen für die internationale Sicherheitspolitik geworden.
- *Armut, soziale Polarisierung und Marginalisierung von Ländern und Regionen*: Die Zahl der Menschen in den Entwicklungs- und Schwellenländern, die in absoluter Armut leben (weniger als 1,25 US-Dollar pro Tag), sank im Zeitraum von 1990 bis 2005 von ca. 1,8 auf 1,4 Milliarden Menschen, die entsprechende Armutsquote fiel von 46 auf 27 Prozent. Nach den letzten Prognosen der Weltbank wird die Armutsquote bis 2015 unter 15 Prozent fallen, da das Wirtschaftswachstum in vielen Entwicklungs- und Schwellenländern relativ dynamisch ist (Vereinte Nationen 2011: 6–7). Allerdings ist trotz dieser posi-

tiven Entwicklungen die absolute Zahl der Menschen, die an Hunger leiden, nach Angaben der Welternährungsorganisation FAO auf ca. 925 Millionen gestiegen, auch als Folge der Nahrungsmittelkrise sowie der Finanz- und Wirtschaftskrise (FAO 2011). Darüber hinaus wird im *Global Monitoring Report* der Weltbank von 2008 deutlich, dass der Gini-Koeffizient zur Messung sozialer Ungleichheit für 53 von 73 Entwicklungsländern, für die Daten vorliegen, eine deutliche Verschärfung der sozioökonomischen Ungleichheit von Beginn der 1980er Jahre an zeigt (World Bank 2008).

- *Migration und Flucht*: Etwa 214 Millionen Menschen weltweit leben als Migranten in einem anderen Land als ihrer ursprünglichen Heimat (Melamed/Sumner 2011: 20–21). Ursachen für Migration und Flucht sind zum einen Armut, Marginalisierung und fehlende wirtschaftliche Perspektiven, zum anderen auch Unsicherheit, Unterdrückung und politische Verfolgung. Krisen, Naturkatastrophen (zum Beispiel Dürren), politische Umbrüche und gewaltsame Konflikte verstärken die Migrations- und Flüchtlingsströme – jüngste Beispiele sind Tunesien, Libyen, Syrien und Somalia. Es gibt aber auch verstärkt zirkuläre Migration, also keine einfache Flucht oder Auswanderung in ein anderes Land, sondern eine Pendelmigration zwischen verschiedenen Ländern, Regionen und Kulturkreisen.
- *Globales Bevölkerungswachstum und Urbanisierung*: Im Oktober 2011 wurde der siebenmilliardste Erdenbürger begrüßt, 12 Jahre zuvor der sechsmilliardste. Prognosen der Vereinten Nationen (UN) zufolge wird die Weltbevölkerung bis 2050 auf ca. 9,15 Milliarden Menschen anwachsen. Dieses Wachstum wird fast ausschließlich in den Entwicklungs- und Schwellenländern stattfinden, insbesondere auch in Afrika, dessen Anteil an der Weltbevölkerung sich von 14,1 Prozent 2005 auf 21,8 Prozent im Jahre 2050 erhöhen wird (UN/DESA 2008). Der Urbanisierungsgrad wird weltweit von 48,6 Prozent 2005 auf 54,9 Prozent im Jahre 2020 ansteigen, insbesondere auch in Asien. In China wächst zum Beispiel die städtische Bevölkerung bis 2020 um 215,5 Millionen Menschen (UN/DESA 2007). Bevölkerungswachstum und zunehmende Urbanisierung haben bedeutenden Einfluss auf eine Reihe anderer globaler Fragestellungen, wie zum Beispiel Klimawandel, Ressourcenknappheit und Ernährungssicherung.
- *Zugang zu sozialen Netzwerk-Technologien*: Die weltweite Ausbreitung von sozialen Netzwerk-Technologien hat im beginnenden 21. Jahrhundert enorm zugenommen. Heute verfügen 2,1 Milliarden Menschen über Zugang zum Internet (Melamed/Sumner 2011: 28). Weltweit gibt es über 5 Milliarden Mobiltelefonanschlüsse; selbst in ländlichen Regionen in Entwicklungs- und Schwellenländern hat über die Hälfte aller Haushalte ein Mobiltelefon (nach Daten der *International Telecommunication Union*). Diese Verbreitung von sozialen Netzwerk-Technologien hat weitreichende Folgen, sowohl für den Zugang zu Informationen als auch für die Kommunikation. Die Konsequenzen sind sowohl ökonomischer als auch politischer Natur: In einer Reihe von Entwicklungs- und Schwellenländern werden beispielsweise Bankgeschäfte verstärkt

über das Mobiltelefon abgewickelt, da in vielen Gebieten kein Bankennetzwerk existiert. Gleichzeitig spielen soziale Netzwerk-Technologien eine wichtige Rolle bei der Organisation von politischen Protestbewegungen, beispielsweise beim „arabischen Frühling" in Tunesien, Ägypten und anderen Ländern.
- *Ressourcenknappheit (Wasser, Energie, Rohstoffe, Nahrungsmittel)*: Eine wachsende Weltbevölkerung mit einem weltweit steigenden Ressourcenverbrauch pro Kopf mit Ressourcen wie Wasser, Energie, Rohstoffen und Nahrungsmitteln zu versorgen, gehört zu den zentralen globalen Herausforderungen einer zukunftsfähigen globalen Entwicklung: Wasserknappheit in einigen Weltregionen (zum Beispiel Nordafrika, Nahost), Energiehunger aufstrebender Volkswirtschaften wie zum Beispiel der Chinas oder Indiens, verbunden mit der Herausforderung, auf langfristig nutzbare erneuerbare Energien umzustellen, Verknappung von Rohstoffen wie seltene Erden, die für die Elektronikindustrie wichtig sind, die Nahrungsmittelkrise, ausgelöst durch starke Preissteigerungen unter anderem für Weizen, Reis und Mais. Ressourcenknappheit ist bereits heute ein wichtiges Thema und wird in Zukunft – auch vor dem Hintergrund des Bevölkerungswachstums und der wirtschaftlichen Entwicklung gerade auch der Schwellenländer – noch an Bedeutung gewinnen.
- *Klimawandel und Umweltzerstörung*: Der UN-Klimarat (IPCC = *Intergovernmental Panel*) veröffentlichte 2007 einen Bericht über globale Klimaveränderungen, der das Ausmaß der bisherigen und zukünftig zu erwartenden Erhöhungen der Durchschnittstemperatur deutlich machte und die weltweite Diskussion über den Klimawandel und seine Folgen verstärkte (IPCC 2007). Die Zunahme der Häufigkeit und Intensität von Dürren, Überschwemmungen und Stürmen, die Erwärmung der Ozeane und der Anstieg des Meeresspiegels – der Klimawandel schadet bereits jetzt Menschen und Ökosystemen. Ein Anstieg der Temperaturen um mehr als zwei Grad Celsius hätte dramatische Folgen und würde irreversible Umweltschäden verursachen. Zu den Maßnahmen, die ergriffen werden müssen, zählt insbesondere auch eine Reduzierung der Treibhausgasemissionen (CO_2, Methan). Weitere Gefahren für die Umwelt sind die Abholzung der Wälder, die Luftverschmutzung, die Kontamination von Grundwasserressourcen und Gewässern sowie die Degradierung und Versiegelung von Böden.
- *Reduzierung der Biodiversität*: Die Biodiversität nimmt weltweit kontinuierlich ab. Täglich sterben nach Schätzungen 130 Arten aus (nach Angaben der Deutschen Gesellschaft für die Vereinten Nationen). Hauptursachen für das Artensterben sind die Abholzung der Wälder, insbesondere des Regenwaldes, und die Überfischung der Meere, aber auch der globale Klimawandel. Die UN hatten vor diesem Hintergrund das Jahr 2010 zum „Internationalen Jahr der Artenvielfalt" erklärt. Die Konvention der UN über die biologische Vielfalt fordert: Biodiversität schützen, sie nachhaltig nutzen und die Erträge aus dieser Nutzung gerecht verteilen, wenn zum Beispiel aus Tropenpflanzen neue Medikamente entwickelt werden. Bisher ist es aber nicht gelungen, dem Artensterben Einhalt zu gebieten oder es auch nur zu verlangsamen.

2. Konsequenzen für die Entwicklungspolitik

In seinem neuen entwicklungspolitischen Konzept mit dem Titel „Chancen schaffen – Zukunft entwickeln" definiert das Bundesministerium für wirtschaftliche Zusammenarbeit und Entwicklung (BMZ) Entwicklungspolitik als Zukunftspolitik, die Lösungen für die globalen Herausforderungen des 21. Jahrhunderts entwickeln muss (BMZ 2011). International hat sich eine Konferenzarchitektur herausgebildet, um gemeinsame Lösungsansätze für globale Herausforderungen und Krisen zu finden:

1. *Rio-Prozess*: Mit der UN-Konferenz über Umwelt und Entwicklung 1992 in Rio de Janeiro wurde das Paradigma der nachhaltigen Entwicklung international konsensfähig. Wichtige Ergebnisse des „Erdgipfels" waren die Rio-Erklärung über Umwelt und Entwicklung, die Agenda 21, die Klimarahmen- und die Biodiversitätskonvention. Diese Konferenz setzte auch bezüglich der Beteiligung von zivilgesellschaftlichen Organisationen neue Maßstäbe. Zehn Jahre später wurde in Südafrika der Aktionsplan von Johannesburg beschlossen, 20 Jahre nach dem Erdgipfel steht jetzt die Rio+20-Konferenz im Juni 2012 in Rio de Janeiro an, die sich mit *Green Economy* im Kontext von nachhaltiger Entwicklung und Armutsbekämpfung sowie dem institutionellen Rahmen für nachhaltige Entwicklung beschäftigen wird.
2. *Klimaschutz*: Die UN-Klimakonferenzen, das heißt die jährlich stattfindenden Vertragsstaatenkonferenzen der UN-Klimarahmenkonvention, haben 1997 das Kyoto-Protokoll als bisher einzige völkerrechtlich verbindliche Vereinbarung der internationalen Klimaschutzpolitik hervorgebracht. Auf dem „Klimagipfel" in Kopenhagen 2009 wurde beschlossen, das Kyoto-Protokoll bis 2012 fortzusetzen. Folgende Klimakonferenzen in Cancún 2010 und Durban 2011 beschäftigten sich mit der Debatte um ein neues Klimaschutzabkommen. Ziel eines solchen Abkommens muss es sein, den Anstieg der globalen Durchschnittstemperatur auf maximal 2 Grad Celsius zu begrenzen.
3. *Entwicklungsfinanzierung*: In der Monterrey-Konferenz zur Entwicklungsfinanzierung hat die internationale Gemeinschaft im Jahre 2002 Grundsätze festgelegt, wie die Erreichung der in der Millenniumserklärung vereinbarten Ziele (vor allem auch der *Millennium Development Goals* [*MDGs*]) finanziert werden kann. Dabei haben sich die Geberländer unter anderem darauf verpflichtet, bis 2015 0,7 Prozent ihres Bruttonationaleinkommens (BNE) als ODA-Mittel (Mittel für staatliche EZ) zur Verfügung zu stellen. Diese Grundsätze wurden in der Doha-Konferenz zur Entwicklungsfinanzierung 2008 bekräftigt.
4. *Millenniumserklärung/MDGs*: Die im September 2000 durch 189 UN-Mitgliedsstaaten verabschiedete Millenniumserklärung und die aus ihr abgeleiteten Millenniumsentwicklungsziele (*MDGs*) sind gegenwärtig der internationale Bezugsrahmen für die Entwicklungspolitik. Bei der Formulierung der MDGs wurde die Komplexität und thematische Breite der Millenniumserklärung zugunsten eines übersichtlichen, operationalisierbaren und überprüfbaren Zielsystems reduziert, das sich vor allem auf das Kapitel Entwicklung und

Armutsbekämpfung dieser Erklärung bezieht und international große Mobilisierungskraft besitzt. In zwei UN-MDG-Gipfeln 2005 und 2010 wurden Vereinbarungen zur Umsetzung der MDGs getroffen.

5. *Aid Effectiveness*: Nach einem ersten *High-Level Forum (HLF)* in Rom 2003 wurde beim HLF 2 im Jahre 2005 die Pariser Erklärung beschlossen. In dieser Erklärung wurden Eigenverantwortung (*Ownership*), Partnerausrichtung (*Alignment*), Harmonisierung (*Harmonisation*), Ergebnisorientierung (*Managing for Results*) und gegenseitige Rechenschaftspflicht (*Mutual Accountability*) als Grundprinzipien für eine wirksame EZ verabschiedet. Diese *Aid Effectiveness Agenda* wurde beim HLF 3 in Accra 2008 weiterentwickelt und beim HLF 4 in Busan 2011 – zumindest ansatzweise – zur *Development Effectiveness Agenda* erweitert, die *Aid Effectiveness* in den breiteren Kontext von nachhaltigen Entwicklungsergebnissen in den Partnerländern stellt.

Zwischen diesen verschiedenen Konferenzlinien gibt es eine ganze Reihe von Beziehungen und Wechselwirkungen, die sich verstärken. So wird diskutiert, die MDG- und die Klima-Agenda stärker miteinander zu verbinden, um nach dem Auslaufen der MDGs im Jahre 2015 umfassendere globale Entwicklungsziele formulieren zu können.

Im Zuge der Erweiterung der Entwicklungspolitik zur globalen Strukturpolitik entwickelten sich in den 1990er Jahren viele Ansätze zur Förderung von *Good Governance* sowie in Bereichen wie Umwelt, Wasser und Energie im Rahmen der deutschen EZ. Später kamen verstärkte Aktivitäten in Themen wie Klimaschutz, Sicherheit, Welthandel und Migration hinzu. Diese Entwicklung hat dazu geführt, dass die Aufgabenbereiche des BMZ verstärkt die Zuständigkeiten anderer Bundesressorts berühren. Vor diesem Hintergrund gibt es beispielsweise auch für die Rio+20-Konferenz auf deutscher Seite eine gemeinsame Federführung von Bundesministerium für Umwelt, Naturschutz und Reaktorsicherheit (BMU) und BMZ.

Die globalen Entwicklungen im ausgehenden 20. und beginnenden 21. Jahrhundert haben aber nicht nur zu einer Erweiterung des Themenspektrums der EZ geführt. Schwellenländer wie China, Indien und Brasilien sind beispielsweise selbst zu Gebern geworden, wobei China in Afrika schon eine wichtige Rolle als „neuer Geber" spielt. Auch andere Akteure, zum Beispiel Stiftungen wie die *Bill and Melinda Gates Foundation* oder globale Fonds wie der *Global Fund to Fight AIDS, Tuberculosis and Malaria* (GFATM), haben sich mittlerweile zu bedeutenden *Playern* in der internationalen EZ entwickelt (Sangmeister/Schönstedt 2010: 144 f.).

Die Erweiterung des Aufgaben-, Themen- und Akteurspektrums der Entwicklungspolitik hat zu erhöhten Herausforderungen im Hinblick auf die Quantität, Qualität und Koordination der EZ sowie die Kohärenz mit anderen Politikfeldern geführt:

1. *Quantität der EZ*: Die Erfüllung der Verpflichtung der Geberländer, bis 2015 0,7 Prozent ihres BNE für EZ zur Verfügung zu stellen, liegt noch in weiter Ferne. Die OECD-DAC-Geberländer stellten 2010 nur 0,32 Prozent ihres BNE

als ODA bereit. In absoluten Zahlen waren dies 129 Milliarden US-Dollar, immerhin mehr als in allen Jahren zuvor (nach Daten des OECD/DAC 2011). Ergänzt werden diese staatlichen EZ-Mittel durch steigende private EZ-Mittel, die 2009 weltweit schon bei 53 Milliarden US-Dollar lagen (Hudson Institute 2011). Die aktuelle Höhe der staatlichen und privaten Mittel für die EZ reicht jedoch nicht aus, die Aufgaben, vor denen die internationale Entwicklungspolitik steht, zu erfüllen, zumal in den letzten Jahren deutlich geworden ist, dass zusätzliche Mittel für Klimaschutzmaßnahmen (Verminderung des Klimawandels und Bekämpfung der Folgen des Klimawandels) notwendig sind.

2. *Qualität der EZ*: Die Diskussion der letzten Jahre über die Erhöhung der Wirksamkeit der Geberbeiträge (*Aid Effectiveness Agenda*) hat auf der einen Seite zu bedeutenden Fortschritten bei der Verständigung zwischen Partnerländern und Gebern über die Optimierung der Art und Weise geführt, wie Entwicklungszusammenarbeit gestaltet wird. Die fünf Grundprinzipien der Pariser Erklärung stellen eine allgemein akzeptierte Grundlage für die Verbesserung der Wirksamkeit der Geberbeiträge dar. Die *Aid Effectiveness Agenda* steht auf der anderen Seite jedoch für eine Input-Orientierung, da sie auf die Verbesserung der Art und Weise fokussiert, wie die Geber untereinander und mit den Partnerregierungen die EZ ausgestalten (*Aid Management*). *Aid Management* kann aber nicht der Maßstab für eine wirksame EZ sein, die sich daran messen lassen muss, was sie zur nachhaltigen Verbesserung der Lebenssituation der Bevölkerung in den Partnerländern im Sinne nationaler und internationaler Entwicklungsziele wie der MDGs beiträgt (*Development Effectiveness*). *Aid Effectiveness* ist somit kein Selbstzweck, sondern lediglich *ein* wichtiger Beitrag zu *Development Effectiveness* und nur ein Teil der Anstrengungen, die notwendig sind, um diese Entwicklungsziele zu erreichen (siehe auch Ausführungen unter 4. Kohärenz mit anderen Politikfeldern).

3. *Koordination der EZ*: Die Ergänzung der Aktivitäten der „klassischen" OECD-DAC-Geberländer durch die anderer staatlicher und privater Geber hat den Koordinationsbedarf in der internationalen EZ noch erhöht. EZ-Ansätze, bei denen sich verschiedene Geber untereinander und mit dem Partner abstimmen, um in bestimmten Sektoren sogenannte *Program-Based Approaches* (PBA) zu realisieren, sind ein guter Schritt hin zu einer besseren Koordination und Kooperation und tragen zur Umsetzung der Pariser Prinzipien *Ownership, Alignment* und *Harmonisation* bei. Allerdings sind an diesen Ansätzen nur die OECD-DAC-Geber beteiligt. Vergleichbare Kooperationsformen mit neuen staatlichen und privaten Gebern (aus Wirtschaft und Zivilgesellschaft) müssen noch entwickelt werden.

4. *Kohärenz mit anderen Politikfeldern*: Das Thema Politikkohärenz für Entwicklung gewinnt vor dem Hintergrund der Erweiterung der Entwicklungspolitik zur globalen Strukturpolitik national und international immer mehr an Bedeutung. Es findet sich sowohl in den Beschlüssen der EU und in den Erklärungen des OECD-DAC und der UN (zum Beispiel im Abschlussdokument des UN-MDG-Gipfels) als auch im neuen entwicklungspolitischen Konzept des BMZ

wieder. Wirtschafts-, Umwelt-, Agrar-, Sicherheitspolitik et cetera und Entwicklungspolitik müssen miteinander abgestimmt werden, um durch „Politikkohärenz für Entwicklung" (OECD/DAC 2010: 41 ff.) auf nationaler, europäischer und internationaler Ebene lokale und globale Entwicklungsziele erreichen zu können. Das BMZ hat deshalb den Ressortkreis Internationale Zusammenarbeit ins Leben gerufen.

3. Auswirkungen auf die deutsche TZ

Zum 01.01.2011 wurden der Deutsche Entwicklungsdienst (DED), die Deutsche Gesellschaft für Technische Zusammenarbeit (GTZ) und die Internationale Weiterbildung und Entwicklung (InWEnt) zur Deutschen Gesellschaft für Internationale Zusammenarbeit (GIZ) fusioniert. Der Name der neuen Institution der deutschen TZ drückt bereits aus, dass sich als Folge der Erweiterung der Entwicklungspolitik zur globalen Strukturpolitik auch die EZ zur IZ erweitert hat (Eisenblätter 2009: 300 ff.).
Die Erweiterung der EZ zur IZ wird durch folgende Entwicklungen charakterisiert:

1. *Erweiterung des „klassischen" Fokus der EZ durch weitere Themen der IZ*: Die GIZ und ihre Vorläuferinstitutionen haben in den letzten zwei Jahrzehnten ihr Themenspektrum immer mehr erweitert. Bereits in den 1990er Jahren kamen zu den „klassischen" Themenfeldern der EZ wie Armutsbekämpfung, Bildung, Gesundheit, ländliche Entwicklung et cetera neue Aufgaben wie zum Beispiel die Förderung von *Good Governance* hinzu. Später wurde das Themenspektrum um Klimaschutz, Sicherheit, Handel, Migration et cetera erweitert.
2. *Zunehmende Beauftragung durch andere Bundesressorts und weitere Auftraggeber*: Die GIZ und ihre Vorläuferinstitutionen, vor allem die GTZ, wurden in den letzten Jahren verstärkt durch andere Bundesressorts wie das Bundesumweltministerium (BMU), das Auswärtige Amt (AA) oder das Bundeswirtschaftsministerium (BMWi) beauftragt. Die Einnahmen der GTZ im Geschäftsfeld „deutsche öffentliche Auftraggeber" (andere Bundesressorts sowie Bundesländer und Kommunen) stiegen beispielsweise von 57 Millionen Euro 2007 auf 150 Millionen Euro im Jahre 2010. Gleichzeitig erhielt insbesondere auch die GTZ verstärkt Aufträge von ausländischen Regierungen wie Saudi-Arabien und Äthiopien, multilateralen Institutionen wie EU und UN, bilateralen Gebern sowie privaten Unternehmen wie zum Beispiel RWE und Energie Baden-Württemberg (EnBW). Die Einnahmen der GTZ im sogenannten Drittgeschäft stiegen von 213 Millionen Euro 2007 auf 270 Millionen Euro 2010 (GIZ 2011: 60 f.).
3. *Ausbau der Kooperationen mit Akteuren der Wirtschaft und Zivilgesellschaft*: Die GIZ und ihre Vorläuferorganisationen haben ihre Kooperationen mit Akteuren aus Wirtschaft und Zivilgesellschaft beständig ausgebaut. Seit 1999, als

das BMZ das *Public-Private-Partnership* (PPP)-Programm ins Leben rief, hat die GIZ mehr als 800 Gemeinschaftsprojekte mit privaten Unternehmen mit einem Gesamtvolumen von über 300 Millionen Euro durchgeführt. Die GIZ setzt das develoPPP.de-Programm des BMZ gemeinsam mit der Deutschen Investitions- und Entwicklungsgesellschaft (DEG) und der sequa gGmbH um und fördert Entwicklungspartnerschaften mit der Wirtschaft sowohl durch Kooperationen mit einzelnen Unternehmen als auch durch strategische Allianzen mit mehreren Partnern (oft aus einem Sektor) und überregionaler Bedeutung.[1] Mit zivilgesellschaftlichen Akteuren wie Nichtregierungsorganisationen (NROs) und privaten Stiftungen arbeitet die GIZ ebenfalls seit langem zusammen, zum Beispiel mit der *Bill and Melinda Gates Foundation*.

4. *Diversifizierung des Leistungsangebots beziehungsweise der „Modes of Delivery"*: Im Zuge der Erweiterung der EZ zur IZ und der Notwendigkeit, auf die Bedarfe unterschiedlicher Auftraggeber und Partner einzugehen, haben die GIZ und ihre Vorläuferinstitutionen ihr Leistungsangebot erweitert und ihre *„Modes of Delivery"* diversifiziert. Dafür gibt es zahlreiche Beispiele: flexible Modalitäten (Fonds et cetera) in der Kooperation mit Schwellen- und Transformationsländern, Förderung von Dreiecks- und Süd-Süd-Kooperationen, Programme im Kontext der EU-Erweiterung und des EU-Binnenmarktes, Vorhaben zum Schutz globaler öffentlicher Güter (wie Klima, Biodiversität, Sicherheit et cetera), Organisation von nationalen, regionalen und globalen Netzwerken und Dialogplattformen und vieles mehr.

5. *Erweiterung des Gesellschaftszwecks*: Im neuen Gesellschaftsvertrag der GIZ ist als erweiterter Gesellschaftszweck festgehalten: „Zweck der Gesellschaft ist die Förderung der internationalen Zusammenarbeit für nachhaltige Entwicklung und der internationalen Bildungsarbeit. Die Gesellschaft unterstützt die Bundesregierung bei der Erreichung ihrer entwicklungspolitischen Ziele [...] Darüber hinaus kann die Gesellschaft im Auftrag der Bundesregierung Maßnahmen der sonstigen internationalen Zusammenarbeit durchführen" (GIZ 2010). Der erweiterte Gesellschaftszweck ermöglicht es der GIZ, ausgehend von dem bisherigen Kerngeschäft – dem *Capacity Development* von Individuen, Organisationen und der Gesellschaft, der Beratung und Fazilitation von Entwicklungs-, Transformations- und Dialogprozessen sowie dem Management komplexer Projekte und Programme – neue Märkte, Themen und Auftraggeber zu erschließen. Besonders erfolgversprechende Geschäftspotenziale ergeben sich hier im erweiterten Inlands- und Industrieländergeschäft (inkl. des EU-Binnenmarkts) sowie in neuen Kooperationsformen mit Schwellenländern und globalen Partnerschaften. Die GIZ und ihre Vorläuferorganisationen haben hier, wie oben ausgeführt, durchaus schon eine Reihe von Erfahrungen gesammelt, auf die aufgebaut werden kann.

---

1 Siehe hierzu in diesem Band den Beitrag von Bernd Lämmlin „Saubere Energie durch *Public Private Partnership* in der Entwicklungszusammenarbeit".

Im Folgenden soll näher auf einige der oben erwähnten Beispiele eingegangen werden, die deutlich machen, wie sich die Aktivitäten der GIZ im Zuge der Entwicklung von der EZ zur IZ erweitert haben:

1. *Unterstützung bei der Bewältigung globaler Herausforderungen und dem Schutz globaler öffentlicher Güter*: Seit der Rio-Konferenz 1992 führen die GIZ und ihre Vorläuferinstitutionen in immer stärker werdendem Maße Maßnahmen im Bereich des Klimaschutzes durch. Die Maßnahmen dienen zum einen der Emissionsminderung und der Vermeidung beziehungsweise Reduzierung von Entwaldung und fördern *Clean Development Mechanism (CDM)*, zum anderen unterstützen sie die Anpassung an den Klimawandel. In Brasilien fördert die GIZ beispielsweise die Etablierung und institutionelle Stärkung des *„Amazon Fund"* als Finanzierungsmechanismus für den Wald- und Klimaschutz in der Amazonasregion – in den unter anderem auch die Kreditanstalt für Wiederaufbau (KfW) einzahlt –, um die Entwaldungsraten zu reduzieren. Im Rahmen des Vorhabens „Anpassung an den Klimawandel in der pazifischen Inselregion" unterstützt die GIZ Erfahrungsaustausch und Wissensmanagement sowie Pilotmaßnahmen zur Anpassung an den Klimawandel im Südpazifik. Ein anderes wichtiges Thema im Kontext der Bewältigung globaler Herausforderungen und des Schutzes globaler öffentlicher Güter ist Sicherheit und Konfliktprävention. In Kambodscha beispielsweise führte die GTZ ein Vorhaben zur Kleinwaffenkontrolle im Auftrag des AA durch, in der Demokratischen Republik Kongo förderte ein GTZ-Projekt im Auftrag des BMZ die Reintegration von Kindersoldaten in die Gesellschaft, und in Afghanistan wird im Auftrag des AA der Polizeiaufbau unterstützt.
2. *Kooperation mit Wirtschaft und Zivilgesellschaft*: Ein Beispiel für Entwicklungspartnerschaften mit der Privatwirtschaft ist die Einführung von Sozialstandards bei den asiatischen Zulieferern von Tchibo, durch die die Arbeitsbedingungen bei den Zulieferern nachhaltig verbessert und gleichzeitig ihre ökonomische Situation abgesichert wurde. Bei anderen Ansätzen geht es um die gesellschaftliche Verantwortung von Unternehmen auf globaler Ebene, wie zum Beispiel beim *UN Global Compact*. Hier koordiniert die GIZ das Deutsche *Global Compact* Netzwerk im Auftrag des BMZ und der beteiligten Unternehmen, um unter anderem den Erfahrungs- und Informationsaustausch zwischen Unternehmen sowie Organisationen aus Zivilgesellschaft, Wirtschaft und Politik zu fördern. Außerdem kooperiert die GIZ mit NROs und privaten Stiftungen. Die *Bill & Melinda-Gates Foundation* kofinanziert zum Beispiel drei vom BMZ beauftragte GIZ-Vorhaben, die der Förderung der Produktivität und Wettbewerbsfähigkeit der afrikanischen Landwirtschaft in den Sektoren Cashewnüsse, Baumwolle und Kakao dienen.
3. *Flexible Modalitäten (Fonds et cetera) in der Kooperation mit Schwellen- und Transformationsländern*: In der Zusammenarbeit mit Schwellen- und Transformationsländern wurde eine Reihe von flexiblen Modalitäten (zum Beispiel Fonds) entwickelt, um flexibel und passgenau auf die Bedarfe der Partnerlän-

der zu reagieren. Ein Beispiel dafür ist der Fonds zur strategischen Planung und Umsetzung eigenfinanzierter Reformen (Reformfonds) in Chile im Auftrag des BMZ. Im Rahmen dieses Fonds werden staatliche Institutionen durch Beratungsleistungen von hochspezialisierten Kurzzeitfachkräften (KZE) und Austausch mit Fachinstitutionen in Deutschland und Europa bei der Umsetzung selbstfinanzierter Reformen unterstützt. Ein anderes Beispiel sind die offenen Regionalfonds in Süd-Ost-Europa oder den Ländern des Kaukasus, bei denen den Partnern in einem schnellen und flexiblen Verfahren maßgeschneiderte Unterstützungsleistungen zur Verfügung gestellt werden.

4. *Förderung von Dreiecks- und Süd-Süd-Kooperationen*: Seit einigen Jahren fördert die GIZ verstärkt Dreiecks- und Süd-Süd-Kooperationen mit Schwellen- und Entwicklungsländern. Im Rahmen der Dreieckskooperation mit Mexiko beispielsweise wird der mexikanische Partner dabei unterstützt, Erfahrungen und Kenntnisse aus der EZ mit Deutschland im Bereich der Abfallwirtschaft an Partner in Entwicklungsländern (Guatemala, Ecuador, Dominikanische Republik) weiterzugeben. Zur Förderung des Süd-Süd-Austausches im Bereich der Mikrofinanzierung unterstützt die GIZ den Aufbau der *Alliance for Financial Inclusion* (AFI). Das Ziel dieses Vorhabens, für das die *Bill and Melinda Gates Foundation* 35 Millionen US-Dollar bereitgestellt hat, ist es, bis 2012 50 Millionen Menschen Zugang zu entsprechenden Finanzprodukten zu ermöglichen.

5. *Programme im Kontext der EU-Erweiterung und des EU-Binnenmarktes*: Die GIZ und ihre Vorläuferinstitutionen haben seit Beginn des vergangenen Jahrzehnts mit EU-Mitteln Vorhaben und Programme durchgeführt, durch die die EU-Erweiterung unterstützt und der Austausch im Rahmen der EU gefördert wurde. Im Kontext der EU-Erweiterung entstand zum Beispiel das *Twinning*-Programm als Ansatz zur Vorbereitung der EU-Kandidatenländer auf ihren Beitritt, das später auch auf Staaten in der Nachbarschaft der EU ausgedehnt wurde. Die GIZ betreut hier internationale Verwaltungspartnerschaften für fast alle Bundesbehörden, die in der Regel durch die EU finanziert werden und der Unterstützung bei der Anpassung an EU-Recht und beim Auf- und Ausbau öffentlicher Institutionen dienen. Im Auftrag der EU unterstützte die GTZ vor einigen Jahren auch die Etablierung eines Netzwerkes von 15 Institutionen aus 10 EU-Staaten zum Erfahrungsaustausch über Ansätze zur Innovationsförderung für kleinere und mittlere Unternehmen (KMU).

6. *Organisation von nationalen, regionalen und globalen Netzwerken und Dialogplattformen*: Die GIZ und ihre Vorläuferinstitutionen, insbesondere das Entwicklungspolitische Forum (EF) im Rahmen von InWEnt und Agentur für marktorientierte Konzepte (AgenZ) im Rahmen der GTZ, waren und sind auch sehr engagiert bei der Organisation von nationalen, regionalen und globalen Netzwerken und Dialogplattformen. Das EF brachte beispielsweise im Frühjahr 2009 hochrangige Vertreter aus Politik, Wissenschaft und Zivilgesellschaft zusammen, um am 10. Jahrestag der Kölner Entschuldungsinitiative über die Schuldentragfähigkeit in den ärmsten Ländern zu diskutieren. AgenZ unter-

stützte zum Beispiel in den Jahren 2007 und 2008 die Etablierung eines Reformdialogs im Rahmen der Initiative „Partnerschaft mit Afrika" durch die Organisation, Durchführung und Nachbereitung von Dialogforen in Afrika und Deutschland mit hochrangigen Persönlichkeiten aus Politik, Wirtschaft und Zivilgesellschaft.

Die geschilderten Beispiele machen zum einen deutlich, wie die GIZ heutzutage IZ praktisch umsetzt, zeigten aber zum anderen auch Ansatzpunkte auf, wie die GIZ IZ im Kontext des erweiterten Gesellschaftszwecks weiterentwickeln kann. Dabei kann sie auf den Erfahrungen, Kenntnissen und Instrumenten der drei Vorläuferorganisationen aufbauen.

Das Politikfeld IZ steht hoch auf der Agenda der Bundesregierung. Es ist ihr erklärter Wille, die GIZ zum international führenden Anbieter der IZ für nachhaltige Entwicklung zu machen. Es wird von der GIZ erwartet – und sie ist durch den erweiterten Gesellschaftszweck im Gesellschaftsvertrag auch entsprechend mandatiert worden –, die internationale Dimension aller Politikfelder zu bedienen. Parallel dazu muss der Integrationsprozess fortgesetzt werden, damit eine neue Organisation mit gemeinsamen Strukturen, Instrumenten, Prozessen und Verfahren und schließlich auch mit einer gemeinsamen Unternehmenskultur entsteht. Beides zusammengenommen stellt eine große Herausforderung für die GIZ dar.

Literatur

BMZ [Bundesministerium für wirtschaftliche Zusammenarbeit und Entwicklung] (2011): Chancen schaffen – Zukunft entwickeln. Bonn: BMZ.

Eisenblätter, Bernd (2009): Internationale Zusammenarbeit für nachhaltige Entwicklung als Beitrag zur globalen Strukturpolitik. In: Hanf, Theodor/Weller, Hans N./Dickow, Helga (Hrsg.): Entwicklung als Beruf. Festschrift für Peter Molt. Baden-Baden: Nomos, S. 300–310.

FAO [Food and Agriculture Organization of the United Nations] (2011): The State of Food Insecurity in the World. Rom: FAO.

GIZ [Deutsche Gesellschaft für Internationale Zusammenarbeit] (2010): Gesellschaftsvertrag der Deutschen Gesellschaft für Internationale Zusammenarbeit (GIZ) GmbH. Eschborn: GIZ.

GIZ (2011): Jahresbericht 2010. Verantwortlich wirtschaften – nachhaltig entwickeln. Eschborn: GIZ.

GTZ [Deutsche Gesellschaft für Technische Zusammenarbeit] (2008): Übersicht über die Leistungsmodalitäten der GTZ – ein Orientierungsrahmen. Internes GTZ-Papier. Eschborn: GTZ.

Hudson Institute (2011): Index of Global Philanthropy and Remittances 2011. New York: Hudson Institute Center For Global Prosperity.

IPCC [Intergovernmental Panel on Climate Change] (2007): Fourth Assessment Report: Climate Change 2007. New York: IPCC.

Melamed, Claire/Sumner, Andy (2011): A Post-2015 Global Development Agreement: why, what, who? Discussion paper prepared for the ODI/UNDP Cairo workshop on a post-2015 Global Development Agreement, 26–27 October 2011. London: Overseas Development Institute. In: http://www.odi.org.uk/resources/docs/7369.pdf (Zugriff: 21.12.2011).

Messner, Dirk/Scholz, Imme (2005): Zukunftsfragen der Entwicklungspolitik. In: Messner, Dirk/Scholz, Imme (Hrsg.): Zukunftsfragen der Entwicklungspolitik. Baden-Baden: Nomos, S. 15–38.

OECD/DAC [Organisation for Economic Co-operation and Development/Development Assistance Committee] (2010): Deutschland. DAC Peer Review 2010. Paris: OECD.

Sangmeister, Hartmut/Schönstedt, Alexa (2010): Entwicklungszusammenarbeit im 21. Jahrhundert. Ein Überblick. Baden-Baden: Nomos.

UN/DESA [United Nations/Department of Economic and Social Affairs] (2007): World Urbanization Prospects: The 2007 Revision Population Database. New York: United Nations.

UN/DESA [United Nations/Department of Economic and Social Affairs] (2008): World Population Prospects. New York: United Nations.

Vereinte Nationen (2011): Millennium-Entwicklungsziele. Bericht 2011. New York: United Nations.

World Bank (2008): Global Monitoring Report. Washington: World Bank.

Hans-Jürgen Kasselmann[1]

Civil-Military Cooperation – eine militärische Notwendigkeit und Fähigkeit zur Lösung von komplexen Krisenlagen

„Die erste dieser drei Seiten [des Krieges] ist mehr dem Volk, die zweite mehr dem Feldherrn und seinem Heer, die dritte mehr der Regierung zugewendet. Die Leidenschaften, welche im Krieg entbrennen sollen, müssen schon in den Völkern vorhanden sein; der Umfang, welchen das Spiel des Mutes und Talents im Reich der Wahrscheinlichkeiten des Zufalls bekommen wird, hängt von der Eigentümlichkeit des Feldherrn und des Heeres ab, die politischen Zwecke aber gehören der Regierung allein an" (von Clausewitz 2008: 49).

Einleitung

Die Diskussionen über die effektivste, effizienteste, schnellste und vor allem nachhaltigste Vorgehensweise zur Lösung von komplexen Krisenlagen[2] haben eine lange, historisch nachvollziehbare Tradition, auch wenn uns Politik und Wissenschaft dies in der aktuellen Auseinandersetzung anders suggerieren. Die Diskussionen um die Entwicklungen zum Beispiel im Irak, Sudan, Somalia und Afghanistan, die Auswertungen der Katastrophen in Haiti und Pakistan fordern alle Involvierten vor dem Hintergrund der erkannten Defizite und der sich abzeichnenden Gefahr des Scheiterns zu neuen Lösungsansätzen heraus. Das gilt insbesondere für die zeitgerechte und situationsangepasste Einbindung des Militärischen in die durch das gesamtpolitische Rational aufgezeigten Wirkzusammenhänge des Handelns aller an der Lösung von komplexen Krisenlagen beteiligten Akteure.

Ein analytischer Blick auf die Publikationen der letzten Jahre, sowohl den in militärischen als auch in sicherheitspolitischen oder sozialwissenschaftlichen Fachzeitschriften, macht hingegen in einer differenzierten Betrachtung die unterschiedlichen Sichtweisen deutlich. Aus Sicht des Militärischen leistet der vorherrschende pluralistische Ideenwettbewerb nur bedingt Beiträge zur Lösung der vor allem diskutierten taktischen Ansätze.[3] Die zivile Seite betont hingegen, dass die Lösungsmechanismen in erster Linie durch humanitäre Instrumente abgebildet werden sollten.

---

1 Der Verfasser ist Direktor des multinationalen *CIMIC Centre of Excellence* in den Niederlanden. Die Ausführungen dieses Artikels spiegeln allein die Auffassungen des Autors wider.
2 Deutlich weiter gefasst als die auf die humanitäre Dimension begrenzte Definition von „*Complex Emergencies*" des *Inter-Agency Standing Committee* (IASC); sie beinhaltet vor allem die politische Dimension und hierin auch die entwicklungspolitischen Notwendigkeiten.
3 Siehe zum Beispiel die Diskussionen um die Konzepte „*Counter-Terrorism, Counter-Insurgency, Counter Piracy*".

Diese unterschiedliche Wahrnehmung ist einem mehr als begreiflichen Umstand geschuldet. Aus Sicht der betroffenen Fachexpertise oder Interessenlage wird die jeweilige Situation analysiert und mit den in diesem Fachgebiet zur Verfügung stehenden Instrumenten einer vermeintlichen Lösung zugeführt. Diese einseitig optimierten Ansätze haben aber ihren Lackmustest in der Praxis nicht bestanden. Sie sind nicht geeignet, die wechselseitigen Abhängigkeiten komplexer Krisenlagen zu erfassen, zu erklären und zu synergetischen Lösungen zusammenzuführen, vor allem aber nicht die erforderliche Nachhaltigkeit zu adressieren. Gesetzte Anreize versickern, Kräfte können nicht gebündelt werden, und insbesondere die Hauptzielgruppe aller Anstrengungen, die Bevölkerung in Not, steht allen Bemühungen mit einer immer größeren Zurückhaltung bis hin zur offenen Ablehnung gegenüber.

Da die *North Atlantic Treaty Organization* (NATO) sich mit der militärischen Funktion *Civil-Military Cooperation* (CIMIC) ein Konzept und eine Fähigkeit geschaffen hat, um den Herausforderungen im Bereich der zivil-militärischen Interaktion zu begegnen, soll diese vor dem Hintergrund der sich verändernden Rahmenbedingungen und Erkenntnisse auf seine Tragfähigkeit und Zukunftssicherheit untersucht werden. Als Bewertungsmaßstab dient die Effektoptimierung des Einsatzes von Streitkräften in einem gesamtpolitischen Kontext und deren Befähigung, in diesem angemessen mitzuwirken. In einem ersten Schritt wird deshalb über die Darstellung und Bewertung der bisherigen Kernelemente von CIMIC der transformatorische Veränderungsbedarf aufgezeigt. Vor dem Hintergrund der Diskussion eines *Comprehensive Approach* der NATO und des „Prinzips der vernetzten Sicherheit" der Bundesrepublik Deutschland wird die Funktion CIMIC als militärische Notwendigkeit und Fähigkeit zur Lösung von komplexen Krisenlagen mit einem neuen Konzeptansatz hinterlegt. Dabei soll dies insbesondere durch die Verknüpfung von CIMIC mit dem in der NATO diskutieren Ansatz von *Civil-Military Interaction* (CMI) geleistet werden.

CIMIC – Darstellung und transformatorische Bewertung

CIMIC wurde von der NATO im Zuge ihres Balkanengagements als militärische Fähigkeit, aber auch als theoretisches Gedankengebäude konzeptionell verankert[4], ausgestaltet und auch erstmalig aktiv in dieser vorliegenden Form angewandt. Ursächlich angestoßen wurde diese Entwicklung durch eine operative Neuausrichtung des Einsatzes von Streitkräften nach der Überwindung des Kalten Krieges. Neben der Herausforderung, auf unscharfe Konfrontationsmuster opponierender Kräfte, unbeständige geographische Gegebenheiten, politische und ethnische, innere und äußere Einflussfaktoren reagieren zu müssen, sollte vor allem das fehlende militärische Analyse- und Wirkinstrument zur Integration der Einflussgröße „Zivile Dimension" neu geschaffen werden.[5] Rational war auch die operative Berücksichtigung des

---

4 MC 411 NATO CIMIC Policy, January 2002 und AJP 9-NATO CIMIC Doctrine, June 2003.
5 Dass dieser Ansatz eigentlich nicht neu ist, zeigt Zaalberg (2008).

gesamten Spektrums ziviler Akteure in ihren Wirkzusammenhängen auf die militärische Auftragserfüllung.[6]

Das zurzeit noch gültige CIMIC-Konzept der NATO[7] und die auf dieser Vorgabe durch die NATO-Nationen in der Regel umgesetzten nationalen Grundlagen[8] sehen drei Hauptwirkrichtungen vor:

Zum Ersten werden Streitkräfte befähigt, notwendige Verbindungen zu den relevanten zivilen Akteuren einschließlich der zivilen Bevölkerung herzustellen und damit die Voraussetzung für die Einbeziehung des Zivilen in die militärische Operationsführung zu schaffen. Im Kern geht es dabei um das Schalten von wechselseitig nutzbaren Kommunikationswegen. Dadurch wird als ein Effekt auch die Sicherheitssituation aller Beteiligten verbessert.

Zum Zweiten können militärische Fähigkeiten direkt oder bei Vorliegen einer ethisch-moralischen Verpflichtung das zivile Umfeld unterstützen. Dies kann durch unmittelbare zivil-militärische Zusammenarbeit in der Durchführung von Projekten und Maßnahmen, aber auch als direkte individuelle Hilfeleistung durch militärisch verfügbare Kräfte erfolgen. Die Möglichkeiten hierbei sind mannigfaltig, da Truppenkontingente in ihrem Kräftedispositiv im Regelfall über Fähigkeiten verfügen, die im dringenden Bedarfsfall auf der zivilen Seite in Ansatz gebracht werden können. Einfache Beispiele sind die kurzfristige unmittelbare medizinische Versorgungsunterstützung der Bevölkerung, die logistische Transportunterstützung für humanitäre Zwecke oder die Nutzung von militärischem Pioniergerät als Baumaschinen in Katastrophenlagen. Ein Hauptaugenmerk ist dabei auf die direkte und unmittelbare Beteiligung der Verwaltungs- und Regierungsinstitutionen vor Ort sowie die Einbindung der Bevölkerung gerichtet. Insgesamt steht der „Primat des militärischen Auftrags" in dieser CIMIC-Wirkrichtung im Vordergrund. Der militärische Nutzen spiegelt sich u. a. in einem Zuwachs an Sicherheit für das Umfeld von Streitkräften und in einer Akzeptanzsteigerung für das militärische Vorgehen wider.

Zum Dritten sind die eingesetzten Kontingente auf direkte Unterstützung durch das zivile Umfeld angewiesen. Hier geht es zunächst um die direkte Entzerrung von militärischen Operationen mit den im zivilen Bereich ablaufenden Ereignissen und Maßnahmen. Auch der koordinierte Zugriff auf verfügbare zivile Ressourcen unter Berücksichtigung der Bedarfsstruktur der Zivilbevölkerung ist Bestandteil dieses Wirkspektrums. In der taktischen Umsetzung sind dann auch eingesetzte CIMIC-Kräfte permanent sicht- und spürbarer Faktor im alltäglichen Leben in der Konfliktregion. Da sie durch dauernde Präsenz in der Fläche als Ansprechpartner verfügbar sind, um Sorgen, Beschwerden, Nöte und Ängste der Bevölkerung aufzunehmen,

---

6 CIMIC Definition: „The coordination and cooperation, in support of the mission, between the NATO Commander and civil actors, including national population and local authorities, as well as international, national and non-governmental organizations and agencies." (AJP 9 NATO CIMIC Doctrine, June 2003).
7 Die Neufassung der AJP-9 befindet sich als „AJP-3.4.9 Allied Joint Doctrine for CIMIC" in der Schlusszeichnung innerhalb der entsprechenden NATO Gremien.
8 Dies belegt die CCOE-Studie „Research into Civil-Military Co-operation Capabilities" von 2011 (verfügbar unter www.cimic-coe.org).

sind sie auch ein maßgeblicher Faktor zur Gewinnung von Informationen zum zivilen Umfeld[9], die dann in das operative Gesamtlagebild einfließen. Im Kern findet dieses *Monitoring* der zivilen Einfluss- und Entwicklungsfaktoren seinen Niederschlag in der Planung und Durchführung von Operationen auf allen Ebenen der NATO.

Transformatorischer Veränderungsbedarf

Das Konzept CIMIC in all seinen Facetten verdeutlicht, welch hohe Bedeutung die Allianz der zivilen Dimension in ihren Auswirkungen auf die Operationsführung beimisst. Die aus der militärischen Logik ableitbare Wirkzentrierung auf den militärischen Auftrag führt aber im Umfeld der zivilen Akteure zu einer deutlich missverständlichen Wahrnehmung. CIMIC wird als Synonym für die Vereinnahmung des zivilen Umfeldes durch das militärische Kalkül, damit auch als Dominanz langfristiger Entwicklungszusammenhänge durch sicherheitspolitische Zwänge empfunden. Dabei zielt das oft missverstandene *coordination* in der Begriffsdefinition nur auf die Ablaufgestaltung innerhalb der Militärs, nicht aber auf Vorgaben für den *Level of Ambition* für zivil-militärische Interaktionen ab. Der CIMIC-Ansatz hinterlegt hierfür ein Grundverständnis, das in Tiefe und Reichweite deutlich situationsabhängig ist und keinesfalls als gleichbleibend vorausgesetzt werden kann. Das mögliche Spektrum einer Koordinierung reicht dabei von bloßer Kenntnisnahme der Anwesenheit von zivilen Akteuren bis zu einem vollständig harmonisierten Vorgehen mit diesen. Es wird deshalb zur Auflösung dieses anscheinenden Defizits von CIMIC darauf ankommen, diese Offenheit im Ansatz zur zivil-militärischen Interaktion deutlicher zu verankern.

Der Einsatz des Konzeptes als Wirkinstrument zur Unterstützung des zivilen Umfeldes im Rahmen von Stabilisierungsoperationen bis hin zur direkten Beteiligung an der Umsetzung von Entwicklungszusammenarbeit wird durch die humanitären Organisationen grundsätzlich abgelehnt oder zumindest auf die geforderte Subsidiarität oder Komplementarität begrenzt gesehen. Die je nach nationalen Vorgaben und politischen Zielsetzungen auch deutlich vom NATO CIMIC-Konzept abweichenden Vorgaben für CIMIC-Projekte werden dabei ohne Anbindung an langfristige Ziele der Entwicklungszusammenarbeit äußerst kritisch betrachtet. Dies gilt insbesondere für solche mit ausschließlich humanitärem Hintergrund, sogenannte „*Quick Impact Projects*" zur Stützung von „*Winning Hearts and Minds*"-Effekten.[10] Hier wird dann durch die Nähe zum Vorgehen der zivilen Seite in extremen Konflikten wie zum Beispiel in Afghanistan eine direkte Sicherheitsgefährdung für die zivilen Akteure

---

9 Das CIMIC-Vorgehen ist deutlich abgegrenzt von den Methoden des Nachrichtenwesens.
10 Dabei ist der Zusammenhang eines Engagements von Streitkräften in Hilfsprojekten oder auch sogenannten *Quick Impact Projects* und einer nachhaltigen Stabilisierung der Sicherheitslage oder auch Akzeptanzsteigerung der militärischen Einsatzkräfte nicht nachgewiesen; siehe hierzu zum Beispiel Fishstein (2010).

gesehen.[11] Auch die betroffene Zivilbevölkerung versteht dieses Hinterlegen von CIMIC-Projekten mit abweichenden nationalen Zielsetzungen nicht. Für sie ist die unterschiedliche Handhabung durch nationale Streitkräftekontingente in gleichen Sachverhalten in einem Operationsgebiet nur schwerlich aufzulösen. Dieser grundsätzlich in der zivil-militärischen Zusammenarbeit angelegte Interessenkonflikt ist nur über die Harmonisierung der Ansatzpunkte im multinationalen CIMIC-Konzept der NATO und vor allem durch die Transparenz in der zivil-militärischen Interaktion aufzulösen. Dabei ist insbesondere der kurzfristigen politischen Versuchung durch militärischen Sachverstand entgegenzutreten, Einsätze von Streitkräften über CIMIC-Aktivitäten im humanitären Kontext als Mittel zur politischen Legitimierung zu nutzen.

Auch wenn das Konzept vom Grundsatz her eine durchgängige Anbindung über alle Führungsebenen von der politischen bis hin zur taktischen Ebene fordert, wird es in der Praxis als effektives Instrument nahezu ausschließlich auf der taktischen Ebene umgesetzt und im operativen Kontext ausschließlich landgestützt gedacht. Diese verengende Sichtweise ist nicht zuletzt auf die sehr dominanten und omnipräsenten Eindrücke zurückzuführen, die Spitzenpolitiker und -militärs aus dem Afghanistaneinsatz gewinnen. Diese dürfen jedoch keine Blaupause für das zukünftige Grundverständnis sein. In der langfristigen Neuorientierung ist der umfassende, ebenenübergreifende Ansatz von CIMIC mehr in den Vordergrund zu stellen. Kohärenz für zivil-militärische Interaktionen ist dabei nur *Top-Down* über die Anbindung der politischen Ebene herzustellen. Zusätzlich kommt auch der teilstreitkraftübergreifenden Ausrichtung von CIMIC auf der operativen Planungsebene der NATO eine entscheidende erweiterte Bedeutung zu. Die maritime Dimension sollte durch die Einsätze zur Lösung des Konfliktes in Somalia und auch die Auswertung der Katastrophe in Haiti zu einer Veränderung der *„Joint Perspective"* von CIMIC führen. Gleiches gilt für die Einbindung des Luftraums durch die Erfolge der NATO im Lybieneinsatz.

Auch in der Umsetzung des CIMIC-Konzeptes innerhalb des Militärischen gibt es noch deutliche Defizite. Dies gilt vor allem für den häufig noch immer nicht vorhandenen Zugang der CIMIC-Grundprinzipien in das integrierte Führungsgrundverständnis von Streitkräften. Durch das fehlende operative Bewusstsein um die Berücksichtigung der zivilen Dimension als zwingende Notwendigkeit für einen erfolgreichen militärischen Beitrag zur Lösung komplexer Krisenlagen wird dies in der Umsetzung auch als etwas an den CIMIC-Fachmann separierbares, delegierbares Übel angesehen. Der hierzu erforderliche Bewusstseinswandel innerhalb des Militärischen ist nur durch die verstärkte Ein- und Anbindung von CIMIC als konzeptionelles Wirkprinzip im Bereich der Planung und Führung von Operationen möglich.

---

11 Eine differenzierte Betrachtung des CIMIC-Konzeptes aus der Sicht einer Nichtregierungsorganisation findet sich bei Preuß (2008).

Comprehensive Approach – politisches Rahmenkonzept

Lösungsansätze für komplexe Krisenlagen sind in der globalen Weltordnung nur dann erfolgreich, wenn sie die jeweilige Komplexität der vielschichtigen Entstehungs- und Ursachenzusammenhänge auf der internationalen Ebene adressieren können. Dies gilt insbesondere für langfristig angelegte Entwicklungszusammenhänge zur Gewährleistung einer nachhaltigen Beseitigung von Konfliktursachen. Die durch die Allianz in allen aktuellen Operationen gewonnenen Erfahrungen haben deshalb auch deutlich werden lassen, dass das isolierte militärische Vorgehen gegen Opponenten nicht einmal der Forderung eines nachhaltigen sicheren oder zumindest risikoarmen Umfeldes gerecht werden konnte. Daneben sah sich die Allianz mit einzelstaatlichen Ansätzen, vor allem aber mit dem parallelen, wenig koordinierten Vorgehen einer Vielzahl von Organisationen in ihrem Umfeld konfrontiert.

Diese Bestandsaufnahme führte auch in der NATO zu der Erkenntnis, dass neue Wege der Zusammenarbeit mit allen beteiligten Akteuren identifiziert und beschritten werden müssen, um nachhaltige, beständige Lösungen für ihr Engagement in komplexen Krisenlagen zu realisieren. Als Antwort hat sich die Allianz mit dem Konzept eines *Comprehensive Approach* politisch neu aufgestellt und ihr Wirken in der Dimension „Sicherheit" mit der von „Entwicklung" in einem Gesamtalgorithmus verknüpft. Dieser Ansatz ist mit Weitblick gewählt, da durch die Begrifflichkeit allein bereits festgestellt wird, das die Allianz diesen weder besitzt noch bestimmt. Sie ist ein Akteur unter Gleichen, die alle gemeinsam auf ein definiertes Endziel hinarbeiten. Dabei werden alle Unterschiedlichkeiten akzeptiert. Das Hauptaugenmerk liegt auf dem Erreichbaren, nicht auf der Absicht der Angleichung von Verfahren oder der Übernahme von Führungsverantwortung durch die Allianz. Im Kern ist damit ein *Comprehensive Approach* eigentlich eher eine Art Bewusstsein oder konzeptionelles Gedankengebäude mit einer langfristig angelegten politischen Absichtserklärung zur wirkungsoptimierten Zusammenarbeit aller an nachhaltigen Lösungen von komplexen Krisenlagen beteiligten Akteure in einem virtuellen, neutralen Konsensraum.[12]

Entwicklungslinien

Der *Comprehensive Approach* der NATO geht auf eine dänische Initiative aus dem Jahr 2004 zurück, die sich zunächst nur auf eine Neuausrichtung des Vorgehens eigener Streitkräfte bezog, später aber auf die internationale Bühne gehoben wurde.

---

12 Für die Offenheit dieses Ansatzes spricht, dass die NATO den Begriff „Comprehensive Approach" bislang politisch nicht definiert hat und in allen offiziellen Dokumenten nur von „[…] a comprehensive approach […]" spricht. Neben der damit politisch hinterlegten Flexibilität fehlt dem Konzept allerdings mit der einheitlich verankerten Ausgestaltung des Begriffs der institutionalisierte Rahmen zur bruchfreien Umsetzung. Der Versuch einer sehr breit aufgestellten Begriffsdefinition lautet: „Comprehensive Approach is the synergy amongst all actors and actions of the International Community through the coordination and de-confliction of its political, development and security capabilities to face today's Challenges including Complex Emergencies" (NATO Internal CA Stakeholder Meeting, Enschede, 23. September 2010).

Auf dem NATO-Gipfeltreffen 2006 in Riga wurde die 2004 in Auftrag gegebene *Comprehensive Political Guidance* verabschiedet, die bereits transformatorische Anstrengungen für eine verbesserte Zusammenarbeit mit anderen Akteuren einfordert. Dabei wurde zunächst die verstärkte Einbindung der bei den Mitgliedsnationen vorhandenen nichtmilitärischen „*Instruments of Power*" thematisiert. Während des gleichen Gipfeltreffens wurden im Kommuniqué festgestellt, dass die internationale Gemeinschaft eines *Comprehensive Approach* zur Einbindung aller beteiligten Akteure bedarf.

Um sich in diesem Kontext neu aufzustellen, wurde die Erarbeitung von Vorschlägen zur Umsetzung des NATO-Beitrages in einem *Comprehensive Approach* beauftragt. Der daraus entstandene *Comprehensive Approach Action Plan* (CAAP) wurde beim Gipfeltreffen 2008 in Bukarest verabschiedet und steuert seither die transformatorischen Projekte und Maßnahmen zur Operationalisierung des politischen Leitgedankens. Dabei ist mit den Schwerpunkten einer Verankerung in der Planung und Durchführung von Operationen sowie der prozessorientierten Einbindung in der Einsatzauswertung in das gesamte Spektrum der Ausbildung, der Planung und Durchführung von Übungen eher die Eigenbefähigung angedacht. Hingegen ist mit der Fokussierung auf neu angelegte zivil-militärische Interaktionsmuster und der auf den allseitig anzustrebenden Bewusstseinswandel die außengerichtete Verankerung der NATO angesprochen.

Herausforderungen

Das durch die NATO hinterlegte Modell eines *Comprehensive Approach* setzt zur erfolgversprechenden Umsetzung zumindest einen politischen Abstimmungs- und Entscheidungsprozess der an der Lösung von komplexen Krisenlagen beteiligten Akteure voraus, an dessen Ende ein wirkoptimiertes Vorgehen auf der Grundlage vereinbarter Ziele und Effekte steht. Da aber der Ansatz der NATO an sich ein Komplementär- oder sogar Konkurrenzmodell zu dem anderer internationaler Akteure[13] oder nationalstaatlichen Handels[14] ist, kann sich dieser unabhängig von der zwingend erforderlichen Grundbereitschaft zum Zusammenwirken nur über eine kongruente Ausgestaltung mit allen beteiligten Akteuren auf der prozessualen Ebene umsetzen lassen. Dies gilt insbesondere deshalb, weil sich die politischen Ziele einer vornehmlich auf die Dimension Sicherheit optimierten Allianz nicht in Deckung zu den auf humanitäre Hilfe oder auf langfristig angelegte Entwicklungszusammenarbeit ausgerichteten Organisationen bringen lassen werden. Eine Befähigung der NATO zur Mitwirkung im gesamten Spektrum von komplexen Krisenlagen in einem *Comprehensive Approach* wird deshalb nur durch das Hinterlegen von zivil-

---

13 Alle großen internationalen Organisationen, wie die UN, African Union oder EU, haben sich im Ansatz auf eigene analoge Modelle verständigt; einschlägig dabei der *Integrated Approach* der UN.
14 Die vergleichbaren Ansätze der beteiligten Nationen lassen sich unter dem Begriff *Whole-of-Government Approach* zusammenfassen.

militärischen pragmatischen Interaktionsmustern und -vereinbarungen[15] mit den maßgeblichen Hauptakteuren erzielt werden können. Es wird also darauf ankommen, eine wirkoptimierte Vernetzung auf der jeweiligen politischen Ebene zu schalten und auf der pragmatischen Ebene sukzessive umzusetzen, sodass Planungen und Maßnahmen dann für den Einzelfall abgerufen werden können. In der Umsetzung ist die NATO hier vor allem in der Zusammenarbeit mit den humanitär ausgerichteten Organisationen sowohl von der grundsätzlichen Bereitschaft als auch auf Grund der dort begrenzt verfügbaren Ressourcen an deutliche Grenzen gestoßen. Erforderlich ist deshalb ein längerer vielschichtiger Umsetzungsprozess. Dieser sollte in den Bereichen Konzertierte Planung, Transparenz des Vorgehens, Befähigung zur Kooperation, Bewusstseinsbildung und Konsensbildung gestaltet werden (Kasselmann 2011).

Um sich diesen neuen Herausforderungen in der bruchlosen Umsetzung eines *Comprehensive Approach* in allen zivil-militärischen Beziehungen auch innerhalb der NATO zu stellen, sind wesentliche Anpassungsschritte auf der konzeptionellen Ebene, der Abbildung von Fähigkeiten und der Administration zu leisten. Zur angestrebten Optimierung des Zusammenwirkens in komplexen Krisenlagen gilt es vor allem die aus der oben geführten Diskussion zu CIMIC festgestellte Isolierung auf der taktischen Durchführungsebene, die im Regelfall aus der NATO unterstellten nationalen Truppenkontingenten besteht, aufzubrechen und über Kohäsion im Ansatz von oben nach unten, von der politisch-strategischen über die vor allem einsatzplanerisch entscheidende operative Ebene bis hin ins Einsatzgebiet zu befähigen.

In diesem Kontext ist es jedoch bislang noch nicht gelungen, die insbesondere auf der taktischen Ebene vorhandenen Erfahrungswerte und Instrumente des bisherigen NATO CIMIC-Ansatzes in der Zusammenarbeit mit zivilen Akteuren zielgerichtet und umfassend zu berücksichtigen. Gleiches gilt insbesondere für die NATO-seitige Implementierung bzw. Operationalisierung eines *Comprehensive Approach* sowie die konzeptionelle und strukturelle ebenenübergreifende Anbindung vorhandener CIMIC-Fähigkeiten. Zusätzlich hat es die NATO bislang auch nicht vermocht, den oben aufgezeigten Widerspruch unterschiedlicher nationaler Ansätze in der Umsetzung des CIMIC-Konzeptes vor allem mit ihrer strittigen Nähe zur humanitären Hilfe oder dem Einsatz von Streitkräften im Entwicklungszusammenhang über einen gemeinsamen internationalen Nenner aufzulösen. Gelingt es der Allianz über die politische Diskussion nicht, hier einen die nationalen Interessen verbindenden, international tragfähigen Konsens zu finden, wird sich ein *Comprehensive Approach* als Absichtserklärung auf der politischen Ebene vor allem in den von komplexen Krisenlagen betroffenen Gebieten nicht nur nicht umsetzen lassen, sondern vielmehr

---

15 Dieser Grundgedanke ist in der Definition hinterlegt „Civil-Military Interaction is the overarching process of military and civilian actors engaging at various levels (strategic, operational, tactical), covering the whole spectrum of interactions in today's challenges, complex emergencies and operations" (NATO internal CA Stakeholder Meeting, Enschede, 23. September 2010).

über unterschiedliches nationales Vorgehen vor allem auf der taktischen Ebene in seinen an sich positiven Effekten konterkarieren.[16]

Einen weiteren Ansatzpunkt für die Zurückhaltung gegenüber dem NATO-Verständnis zu einem *Comprehensive Approach* vor allem aus dem Bereich der zivilen Hilfsorganisationen ist der im Konzept von Stabilisierungs- und Wiederaufbauoperationen geforderte Aufbau von – wenn auch moderaten – Fähigkeiten zur eigenständigen Wahrnehmung von Entwicklungsaufgaben durch Streitkräfte in originären zivilen Kompetenzbereichen. Dies wird als potenzielle Instrumentalisierung von Entwicklungszusammenarbeit für militärische Zwecke verworfen. Es wird also für die Akzeptanz eines *Comprehensive Approach* auch darauf ankommen, die Begrenztheit dieser Fähigkeiten unter dem Aspekt der subsidiären und komplementären Wahrnehmung zur zivilen Verantwortlichkeit darzustellen. Dies ist allerdings vor dem Hintergrund der aktuellen Entwicklungen in Afghanistan umso schwieriger, da sich die NATO und die dort engagierten Nationen dem Vorwurf der „*Securitisation of Development*" zur Realisierung des Streitkräfteabzuges ausgesetzt sehen.

Die bloße Anpassung von Konzepten und Verfahren für eine verbesserte Interaktion mit zivilen Akteuren allein ist nicht hinreichend. Der angestoßene *Change of Mindset* erfordert auch innerhalb des Militärs einen langen Atem, ist doch die individuelle Abkehr von der klassischen militärischen Prägung zum kinetischen und isolierten militärischen Denken eine Erziehungs-, mitunter sogar Generationenfrage.

Nationale Perzeptionen und Ausgestaltung von „Comprehensive Approach" am Beispiel von „vernetzter Sicherheit"[17]

Die Bundesrepublik Deutschland beschreitet mit dem „Prinzip der vernetzten Sicherheit"[18] einen nationalen Weg, den andere Partner und Verbündete schon vor ihr eingeschlagen haben[19]. Kernpunkt dieses Gedankengebäudes ist die ressortübergreifende ministerielle Verfolgung von Interessen, welche die Sicherheit der Bundesrepublik Deutschland langfristig gewährleisten sollen. Schwerpunkt ist die frühzeitige Problemidentifizierung, gemeinsame Risikoanalyse und die orchestrierte Durchführung von Maßnahmen. Die Sicherheitsrisiken sollen möglichst außerhalb des Gebietes der Bundesrepublik Deutschland gelöst werden, um eine direkte negative Beeinflussung der Bevölkerung zu verhindern.

---

16 Hierzu sollte über eine international geplante Projektarbeit bis hin zu einem *Common Funding* nachgedacht werden.
17 Auf eine Bewertung des CIMIC-Konzeptes der Bundeswehr und dessen Umsetzung wird hier verzichtet, da die erforderlichen Veränderungen analog zu denen auf der internationalen Ebene von CIMIC zu sehen sind.
18 Tatsächlich hat die Bundesregierung hierzu bislang kein Konzept veröffentlicht. Jedoch ist durch verschiedene offizielle Dokumente und die breite Diskussion das hier hinterlegte Verständnis von „vernetzter Sicherheit" entstanden. Die auch diskutierte Auffassung des Begriffselementes „Sicherheit" als „human security" wird als Überfrachtung eines sicherheitspolitischen Konzeptes verworfen (siehe zum Beispiel Wittkowsky/Meierjohann 2011).
19 Beispielsweise Großbritannien mit dem *Whole-of-Government Approach*.

Dieser Entwurf ist in seiner Natur ganzheitlich ausgerichtet, umfasst sozusagen als erste Stufe der Vernetzung die Harmonisierung sämtlicher Anstrengungen aller relevanten staatlichen Organe im Falle von Krisen und Konflikten. Gemein ist ihnen auch die Offenheit in der zweiten Stufe der Vernetzung, nämlich hinsichtlich der Einbindung der betroffenen nationalen Zivilgesellschaft und nicht-staatlicher Akteure im und auch außerhalb des jeweiligen Wirkgebietes staatlichen Handelns.

Entwicklungslinien

Wesentliche Eckpunkte der Entwicklung hin zum aktuellen Verständnis dessen, was vernetzte Sicherheit ausmacht, sind das im April 2000 durch die Bundesregierung verabschiedete „Gesamtkonzept Zivile Krisenprävention, Konfliktlösung und Friedenskonsolidierung" sowie der zugehörige Aktionsplan vom Mai 2004. Ergänzend sind aus dem Bundesministerium für wirtschaftliche Zusammenarbeit und Entwicklung (BMZ) das „Übersektorale Konzept zur Krisenprävention, Konfliktbearbeitung und Friedensförderung in der deutschen Entwicklungszusammenarbeit" vom Juni 2005, von Seiten des Bundesministeriums der Verteidigung (BMVg) das „Weißbuch 2006" zu sehen. Insbesondere Letzteres ist von großer Relevanz, da hier erstmalig der Begriff „vernetzte Sicherheit" verwandt wurde. Vermutlich in dem Verständnis, dass vernetzte Sicherheit den Zuständigkeitsbereich des BMVg bei weitem überschreitet, hat man von einer Definition des Begriffs abgesehen, jedoch durch ausführliche Erläuterungen des Ansatzes die beabsichtigte Nähe zum *Comprehensive Approach* hergestellt. Zwischen den Ressorts konnte bislang jedoch kein Einvernehmen zu einem einheitlichen Verständnis erzielt werden.

Herausforderungen

Die schon durch die Begriffswahl erfolgte eindeutige Zuordnung des Prinzips der vernetzten Sicherheit in die Sicherheitspolitik führt in der Ausrichtung und Umsetzung staatlichen Handelns in der Mitwirkung von komplexen Krisenlagen zu einem sicherheitszentrierten Denken, letztlich zur tendenziell kritisierten „Militarisierung der Entwicklungszusammenarbeit". Dabei führt vor allem die durch das Bundesministerium für wirtschaftliche Zusammenarbeit und Entwicklung (BMZ) verordnete Einbindung auch nicht-staatlicher Akteure mit der konditionierten Vergabe staatlicher Mittel für die Entwicklungszusammenarbeit in den Kontext dieses Ansatzes zu scharfer Kritik.[20] Insbesondere Nichtregierungsorganisationen sehen sich in eine Zusammenarbeit mit der Bundeswehr mit fatalen Folgen für ihre eigenen Engagements gezwungen. Da jedoch selbst auf der staatlichen Ebene die Entscheidungs- und Führungsinstrumente nicht auf ein solches gemeinschaftliches operatives Vorgehen ausgerichtet sind – die Bundesregierung verfügt nicht einmal über die für abgestimmtes staatliches Handeln erforderliche strukturelle Fähigkeit zur innermi-

---

20 Frankfurter Rundschau, 02.04.2010: „Entwicklungsminister Niebel wirbt in Afghanistan für eine Vernetzung der Bundeswehr und ziviler Hilfe. Doch die so umworbenen Hilfsorganisationen bleiben skeptisch."

nisteriellen Lagebeurteilung geschweige denn zur Möglichkeit einer institutionalisierten Umsetzung im Wirkgebiet mit allen beteiligten Fachressorts –, ist die Umsetzung dieser Forderung auf Grund eines fehlenden Wohlverhaltensmaßstabes für die Nichtregierungsorganisationen auch nicht durchsetzbar. Analog zu den erforderlichen Entwicklungen im Bereich eines *Comprehensive Approach* wird es deshalb eher um die notwendige Bewusstseinsbildung zur Schaffung eines Konsensraumes aller national maßgeblichen staatlichen und nicht-staatlichen Akteure gehen. Dies sollte zu einer hinreichenden Wirkungsoptimierung, zumindest aber durchgängigen Schnittstellenkoordination führen. Eine auch instrumentell weitergehende Lösung in diesem Kontext erforderte eine intensive Strategiedebatte zu gesamtstaatlichem Wirken in komplexen Krisenlagen, die zur gezielten Einbindung in einen *Comprehensive Approach* der NATO und vergleichbarer Ansätze anderer supranationaler Organisationen auf der internationalen Ebene die Festlegung auf klare langfristige außenpolitische Zielsetzungen voraussetzen würde.

CMI – konzeptioneller Ansatz zur Ebenen übergreifenden Gestaltung zivil-militärischer Beziehungen

Wie dargestellt, ist CIMIC zwar über alle Verantwortungsebenen der Allianz ausgeprägt, allerdings mit einer Schwerpunktsetzung auf der taktischen Durchführungsebene und der ihr direkt übergeordneten operativen Befehlsebene. Die bruchfreie Gewährleistung einer einheitlichen Entwicklung, Ausprägung und Durchführung von CIMIC auch auf der politischen und der strategischen Ebene war bisher schwer zu erlangen. Aufgrund dieses Umstandes wird mit dem ergänzenden konzeptionellen Ansatz „CMI" für die Gestaltung zivil-militärischer Interaktion ein neuer Weg beschritten. Dieser bedarf allerdings innerhalb der Allianz und vor allem zwischen den Nationen noch der konzeptionellen Einordnung und Verankerung. Er ist darauf ausgelegt, die jeweiligen Verantwortungsebenen über die ganzheitliche Gestaltung der zivil-militärischen Interaktionsprozesse zur Umsetzung der politischen Erfordernisse eines *Comprehensive Approach* zu verknüpfen.

Zur Umsetzung von CMI innerhalb der Allianz ist bereits ziviles Personal der strategischen Verantwortungsebene identifiziert[21], das unterhalb der politischen Ebene mit zivilen Leitungsorganisationen in Verbindung treten, koordinative Absprachen treffen sowie eine Harmonisierung des Vorgehens erreichen soll. Es geht letztlich um die Abstimmung von Wirkeffekten im gemeinsamen Operationsgebiet bei gleichzeitiger Beibehaltung der autonomen Entscheidungsfindung und -umsetzung aller beteiligten Akteure. Zusätzlich sollen grundsätzliche Übereinkünfte für zukünftige gemeinsame Anstrengungen hinsichtlich gemeinsamer Ausbildung sowie gegenseitigem Informationsaustausch und Konsultation erreicht werden. Im Zielspektrum für zivil-militärische Interaktion am oberen Rand strebt man NATO-seitig nach

---

21 Auch die im Entwurfsstadium vorliegenden Strukturelemente sehen eine Umsetzung des CMI-Ansatzes in direkter Verbindung mit CIMIC vor.

gemeinsamen generischen Vorbereitungen für zukünftige komplexe Krisenlagen, die gemeinsame Situationsanalysen, Planungsvorbereitungen, Planungsdurchführung sowie die Einsatzverbringung von Kräften beinhalten können. Zur Befähigung des CMI-Ansatzes ist eine Vielzahl von Kommunikationsmechanismen und -grundlagen zu schaffen, die als Minimalforderung einen kontinuierlichen, beiderseitige Erkenntnis bringenden Informationsaustausch sichern können.

Ein neuer Konzeptansatz für CIMIC

Ein Vergleich der dargestellten und diskutierten Ansätze führt zwangsläufig zu einem neuen Konzeptansatz für CIMIC als militärische Fähigkeit zur Lösung von komplexen Krisenlagen. Dieser lässt sich im Grundriss wir folgt skizzieren:
    Die politische und pragmatische Notwendigkeit der Integration militärischer Wirkeffekte und der Möglichkeiten zur Unterstützung der zivilen Akteure über einen *Comprehensive Approach* der NATO steht außer Frage. Nationale Ausformulierungen wie das „Prinzip der vernetzten Sicherheit" sind unabhängig von der nationalen Ausrichtung und Befähigung nur über die internationalen Zusammenhänge eines *Comprehensive Approach* oder andere kongruente Ansätze definierbar. Die An- und Einbindung aller an der Lösung von komplexen Krisenlagen beteiligten, auch nichtstaatlichen Akteure und sogar der betroffenen Zivilbevölkerung kann nur über die Schaffung eines gemeinsamen Konsensraumes als Grundvoraussetzung gewährleistet werden. In diesem muss von Anfang an deutlich werden, dass das militärische Engagement der NATO über langfristig gestaltete Entwicklungszusammenhänge zur nachhaltigen Lösung von komplexen Krisenlagen mit eingebunden wird. Neben der grundlegenden Bewusstseinsbildung erfordert dies zur Gestaltung eines übergreifenden kohärenten Zusammenwirkens die prozessuale und ggf. auch strukturelle Verankerung notwendiger zivil-militärischer Interaktionen. Zur Herstellung von gemeinsamen Wirkzusammenhängen ist allerdings auch die Umsetzung dieses Ansatzes innerhalb der jeweiligen Akteure Grundbedingung.
    Schlüssel für die Umsetzung in der NATO ist deshalb auch die Entwicklung eines konzeptionellen Ansatzes von CMI in der direkten Verknüpfung mit dem zurzeit gültigen NATO CIMIC-Konzept.[22] Hierin beschreibt der CMI-Ansatz den durch einen *Comprehensive Approach* zwischen den an der Lösung von komplexen Krisenlagen beteiligten Akteuren bedingten Konsens- und Wirkraum zivil-militärischer Beziehungen. Das NATO CIMIC-Konzept erhält seine Relevanz durch eine verstärkte Ausrichtung auf die teilstreitkraftübergreifende Planung und Durchführung von Operationen und durch die Erweiterung um die kohärente, Ebenen übergreifende Befähigung zum gestalterischen Mitwirken im zivil-militärischen Konsens- und Wirkraum.[23] Leitprinzip dieses damit auch um Ausrichtung des Militärischen im

---

22 Diese Verknüpfung ist möglich in der ohnehin erforderlichen Neufassung der MC 411 NATO CIMIC Policy.
23 Es besteht die Absicht, die NATO-CIMIC Definition entsprechend zu erweitern: „CIMIC is an

Comprehensive Approach erweiterten NATO CIMIC-Konzeptes ist dann die Optimierung militärischer Effekte in langfristigen Entwicklungszusammenhängen. Damit muss eine angedachte doktrinäre Eigenständigkeit von CIMIC und CMI innerhalb der NATO nicht weiter verfolgt werden. Ein solcher Ansatz würde die oben diskutierten Herausforderungen zum augenblicklichen NATO CIMIC-Konzept weder auflösen, noch würden die möglichen zivilen Akteure das Nebeneinander eigenständiger, redundanter Konzepte verstehen. Zusätzlich würde dies dann zu einem Sonderweg der NATO führen, der zum Beispiel auch nicht mehr mit den in vielen Bereichen deckungsgleichen Ansätzen des *United Nations Department of Peacekeeping Operations* (UN-DPKO) oder dem CIMIC-Konzept der EU in Einklang zu bringen wäre. Auch in der prozeduralen und strukturellen Umsetzung innerhalb der NATO würde dies über eine Fülle von Redundanzen bei ohnehin knappen Ressourcen nicht darstellbar sein. Darüber hinaus wäre ein eigenständiges NATO-CMI-Konzept mit einer rein internen doktrinären Verankerung das falsche Signal an die Gesamtheit aller über einen *Comprehensive Approach* adressierten zivilen Akteure, da dies die schon diskutierten ablehnenden Haltungen auf der zivilen Seite mit der Wahrnehmung einer Dominanz des Militärischen oder sogar Eigentümerschaft der NATO bestärken würden.

Es geht darum, das bewährte militärische Instrument CIMIC innerhalb der NATO in dem aufgezeigten erweiterten Grundverständnis neu aufzustellen und zu verankern. Zur Gestaltung der erforderlichen zivil-militärischen Interaktionen zur Mitwirkung innerhalb eines *Comprehensive Approach* wird die NATO einen langen Atem benötigen. Sie wird dabei im Zusammenwirken mit ihren möglichen zivilen *Counterparts* in der nachhaltigen Lösung von komplexen Krisenlagen umso erfolgreicher sein, je mehr sie sich auf den Kern ihres Gründungszweckes – Gewährleistung von Sicherheit im internationalen Kontext – konzentriert und erforderliche zivil-militärische Interaktion in einem offen und flexibel gestalteten Prozess gemeinsam etabliert.

---

integral part of the modern multidimensional operations that provides for the full spectrum of interaction with all influencing actors and the civil environment. CIMIC enables the NATO commander to create, influence and sustain conditions and to provide capabilities that will ensure obtaining operational objectives."

Literatur

Fishstein, Paul (2010): Winning Hearts and Minds? Examining the Relationship between Aid and Security in Afghanistan's Balkh Province. Feinstein International Center. In: www.fic.tufts.edu (Zugriff: 31.10.2011).

Kasselmann, Hans-Jürgen (2011): Change of Attitude – Change of Conduct: Achieving Effectiveness in Implementing the Comprehensive Approach. In: Neal, Derrick J./Wells II, Linton (Hrsg.): Capability Development in Support of Comprehensive Approaches: Transforming International Civil-Military Interactions, Washington, DC: National Defense University, S. 267–280.

Preuß, Hans-Joachim (2008): Zivil-militärische Zusammenarbeit in Afghanistan. Eine Zwischenbilanz. In: Zeitschrift für Außen- und Sicherheitspolitik, 1. Jg., S. 26–35.

von Clausewitz, Carl (2008): Vom Kriege. Hamburg: Nikol-Verlag.

Wittkowsky, Andreas/Meierjohann, Jens Phillip (2011): Das Konzept der Vernetzten Sicherheit: Dimensionen, Herausforderungen, Grenzen (= ZIF, Policy Briefing, April). Berlin: Zentrum für internationale Friedenseinsätze.

Zaalberg, Thijs Brocades (2008): The Historical Origin of Civil-Military Cooperation. In: Rietjens, Sebastian J.H./Bollen, Myriame T.I.B (Hrsg.): Managing Civil-Military Cooperation – A 24/7 Joint Effort for Stability. A Shared Platform for Experience and Research. Aldershot: Ashgate Publishing, S. 5–26.

Bernd Lämmlin

Saubere Energie durch *Public Private Partnerships* in der Entwicklungszusammenarbeit?

Einleitung

Weshalb wird das Instrument der *Public Private Partnerships* (PPP) im Zusammenhang mit neuen Formen und Instrumenten der Entwicklungszusammenarbeit (EZ) diskutiert, obwohl es doch schon seit einiger Zeit in der internationalen Zusammenarbeit genutzt wird? Hintergrund ist im Speziellen die Neuausrichtung der PPP-Fazilität des Bundesministeriums für wirtschaftliche Zusammenarbeit und Entwicklung (BMZ) zu dem Programm *develoPPP.de* sowie allgemein die neue entwicklungspolitische Schwerpunktsetzung der schwarz-gelben Bundesregierung, die sich bereits in dem Koalitionsvertrag zeigt (Koalitionsvertrag von CDU, CSU und FDP 2009: 127 f.):

> „Ziel der Entwicklungspolitik ist eine nachhaltige Bekämpfung von Armut und Strukturdefiziten im Sinne der Millenniumserklärung der Vereinten Nationen. [...] Dies erfordert die intensive Einbindung aller in der Entwicklungszusammenarbeit Tätigen – insbesondere der Kirchen, Stiftungen und Nichtregierungsorganisationen – wie auch eine engere Kooperation mit der deutschen Privatwirtschaft."

Der verstärkte Einbezug der privaten Wirtschaft ist nach dem Koalitionsvertrag einer von sechs Schwerpunkten und damit ein neuer Schwerpunkt der Entwicklungspolitik der Bundesregierung, die sich darin aber nach wie vor auch zu internationalen Vereinbarungen wie der *Paris Declaration on Aid Effectiveness* von 2005 bekennt (BMZ 2011: 6 f.). Dass die Koalition beabsichtigt, diese Vorhaben in der Schwerpunktsetzung sichtbar umzusetzen, zeigt sich u. a. in dem BMZ-Etat für das Jahr 2010: Die Mittel für Entwicklungspartnerschaften mit der Wirtschaft wurden um 12 Millionen Euro auf 60 Millionen Euro angehoben. Die Umsetzung der neuen entwicklungspolitischen Schwerpunkte zeigt sich aber auch in der Einrichtung einer neuer Abteilung und Servicestelle für die Zusammenarbeit mit der Wirtschaft sowie in der regelmäßigen Entsendung von sogenannten Entwicklungsscouts in Unternehmen und in die Wirtschaftsverbände (Martens 2010: 28). Wie und ob diese Neu-Akzentuierung und das Bekenntnis zu den Prinzipien der *Paris Declaration* zusammenpassen, wird hier zu diskutieren sein.

Da im Zusammenhang mit der Klimawandelproblematik auch die Förderung erneuerbarer Energien in der internationalen Entwicklungszusammenarbeit an Bedeutung gewonnen hat, stellt sich zudem die Frage, inwieweit die Kooperationen mit der deutschen Privatwirtschaft zur Förderung erneuerbarer Energien ein legitimes Instrument der EZ sein können oder ob es sich dabei nicht eher um wirksame Außenwirtschafts- beziehungsweise Exportförderpolitik handelt und auch als solche betrachtet werden sollte.

1. Von der Theorie zur Praxis: Definitionen, Formen und Instrumente

Was versteht man nun genau unter dem Konzept der *Public Private Partnerships* in der Entwicklungszusammenarbeit? Sowohl kurzfristige Projektarbeit als auch langfristige strategische Partnerschaften zwischen öffentlichen und privaten Akteuren können darunter subsumiert werden. Allen verschiedenen Ansätzen liegt das Verständnis zu Grunde, dass es sich im Kern um die Erfüllung einer gemeinwohlorientierten, staatlichen Leistung handelt, bei deren Umsetzung die Ressourcen des privaten Sektors einbezogen werden. Aus eurozentrischer beziehungsweise deutscher Perspektive ist das in dem hier vorgestellten Zusammenhang die Erbringung der staatlichen Aufgabe „Entwicklungszusammenarbeit". Zur Erbringung einer staatlichen Aufgabe gibt es demnach drei Möglichkeiten (Krumm/Mause 2009: 106):

a) die autonome Durchführung durch die staatlichen Institutionen,
b) die Delegation der Aufgabe an private Unternehmen,
c) die partnerschaftliche Erbringung der staatlichen Aufgabe durch staatliche und private Akteure gemeinsam, die *Public Private Partnerships*.

Es handelt sich bei PPPs also um eine gemeinschaftliche Erbringung einer staatlichen, gemeinwohlorientierten Aufgabe (hier der EZ) öffentlicher und privater Akteure unter Nutzung von Synergieeffekten, die zum gegenseitigen Nutzen sind (Clemens-Ziegler/Loock 1998: 10). Diesem allgemeinen Verständnis des Konzepts folgt auch das Verständnis in der deutschen EZ. Auf der Homepage des BMZ heißt es zu PPPs:

> „*Public Private Partnerships* (öffentlich-private Partnerschaften) sind Allianzen zwischen der öffentlichen Entwicklungszusammenarbeit und der privaten Wirtschaft zu beiderseitigem Nutzen. Bei diesem Modell fördert das BMZ Projekte privater Unternehmen im Ausland, wenn sie einen deutlichen entwicklungspolitischen Nutzen bringen" (www.bmz.de[a]).

Diesem Verständnis folgend, wird daher im weiteren Verlauf der Begriff PPP vorrangig im Sinne der Erfüllung der öffentlichen Aufgabe „Entwicklungszusammenarbeit" verwendet, jedoch nicht ausschließlich. Denn man kann zwischen drei Formen der Partnerschaften im entwicklungspolitischen Kontext unterscheiden, die allerdings nicht alle die Erbringung der staatlichen Aufgabe EZ zum Ziel haben:

- Typ 1: Partnerschaften zwischen privatwirtschaftlichen Unternehmen und bi- und multilateralen Gebern (die multilateralen Geber sind aber im Folgenden nicht Gegenstand der Darstellungen);
- Typ 2: Süd-PPPs: Partnerschaften privater Unternehmen aus den Partnerländern mit deutschen Durchführungsorganisationen;

- Typ 3: Süd-Süd-PPPs: Partnerschaften privater Unternehmen und der öffentlichen Hand aus und in den Partnerländern.

Typ 1 und Typ 2 entsprechen dabei dem Verständnis der PPPs zur Durchführung der gemeinwohlorientierten Aufgabe EZ, beim Typ 3 unterstützt die deutsche EZ das Instrument der PPPs in den Partnerländern. Im Fall der Süd-Süd-PPPs sollen die Entwicklungsländer (EL) unterstützt werden, PPPs zu nutzen, um ihre staatlichen, gemeinwohlorientierten Aufgaben effizienter und effektiver erbringen zu können (wie zum Beispiel die Bereitstellung von Infrastruktur). Mit diesen Formen in engem Zusammenhang stehen die Instrumente, die der deutschen EZ hinsichtlich der Zusammenarbeit mit der Privatwirtschaft zur Verfügung stehen beziehungsweise vom BMZ in diesem Kontext als solche verstanden werden. Man kann zwischen *PPPs im engeren Sinne* des Konzeptes und *PPPs im weiteren Sinne* unterscheiden (Goltz 2005: 37), was das BMZ in seinen Statistiken allerdings nicht berücksichtigt.

Unter PPPs im weiteren Sinne wird hier die Förderung privater Investitionen in Entwicklungs- und Schwellenländer im Rahmen des Kerngeschäfts der Deutschen Investitions- und Entwicklungsgesellschaft (DEG) verstanden (Goltz 2005: 37, 39). Im Gegensatz zu PPPs im engeren Sinn, die dem Kriterium der Zusätzlichkeit folgen, also eine zusätzliche Komponente zum eigentlichen Kerngeschäft der Unternehmen aufweisen müssen, zielt die Investitionsförderung der DEG direkt auf die Förderung des unternehmerischen Kerngeschäfts der privaten Partner, wenn auch unter Berücksichtigung des entwicklungspolitischen Nutzens, der damit einhergehen soll. Die PPPs im Rahmen der Finanziellen Zusammenarbeit (FZ) und das DEG-Kerngeschäft werden in den Statistiken des BMZ häufig zusammen aufgeführt, da es sich bei beiden um „Finanzierungspartnerschaften" handelt, bei welchen ein privater und ein öffentlicher Investor gemeinsam investieren. Wie später noch zu sehen sein wird, sind diese Finanzierungsbeiträge ungleich größer im Volumen als die TZ-Maßnahmen und die Mittel für die PPP-Fazilität des BMZ, wodurch die Erfolgsbilanz etwas verzerrt wird.

PPPs im engeren Sinne erfüllen dagegen, zumindest in der Theorie, alle Kriterien für eine förderungsfähige Partnerschaft mit der Privatwirtschaft. Zuerst zu nennen ist hier das PPP-Programm des BMZ *develoPPP.de*. Das BMZ stellt im Rahmen dieses Programms, das es in dieser Form seit 2009 gibt und die vorhergehende PPP-Fazilität des BMZ abgelöst hat, Mittel für die Finanzierung innovativer und beispielhafter PPP-Projekte bereit; diese Mittel werden vergeben in Form von Ideenwettbewerben und für strategische Allianzen. Im Rahmen der mehrmals im Jahr ausgeschriebenen Ideenwettbewerbe – unterschieden wird dabei zwischen den Ideenwettbewerben *develoPPP.thema* und *develoPPP.impuls* – können interessierte Unternehmen nach einem bestimmten Format Projektskizzen einreichen, die von den beteiligten Durchführungsorganisationen (DEG, Deutsche Gesellschaft für Internationale Zusammenarbeit [GIZ], SEQUA) auf ihre Eignung überprüft und je nach thematischem Schwerpunkt in Kooperation mit diesen durchgeführt werden. Die Ideenwettbewerbe richten sich an deutsche und europäische Unternehmen sowie deren Tochterfirmen in Entwicklungs-, Schwellen- und Transformationsländern. Im

Rahmen der Komponente *develoPPP.thema* zielen diese Wettbewerbe auf vorgegebene Themengebiete ab. Damit erhält sich das BMZ die Möglichkeit der Schwerpunktsetzung, um politisch gewünschte Themen voranzutreiben. Dieses thematische Programm bietet außerdem die Chance, verstreute Einzelmaßnahmen zu bündeln und im Idealfall in strategische Partnerschaften zu überführen. Innerhalb der zweiten Komponente dieser Ideenwettbewerbe, *develoPPP.impuls*, können sich Unternehmen in einem thematisch offenen Wettbewerb für innovative Ansätze bewerben. Dadurch ist die Möglichkeit gegeben, innovative Impulse aus der Wirtschaft aufzunehmen. Insbesondere breitenwirksame Geschäftsmodelle für nachhaltige Entwicklung (*Business at the Base of the Pyramid*) sollen hierbei gefördert werden. Dieser Wettbewerb und die entsprechenden Projekte werden durch die GIZ und die DEG betreut. Die strategischen Allianzen dagegen werden nicht in Form von Ideenwettbewerben durchgeführt, sondern direkt zwischen DEG oder GIZ mit deutschen und europäischen Unternehmen vereinbart, um möglichst breitenwirksame Projekte auf den Weg zu bringen. Im Idealfall resultieren diese strategischen Allianzen aus verschiedenen Vorhaben der thematischen Wettbewerbe, weshalb sie auch als PPPs der zweiten Generation bezeichnet werden. „Sie sind in der Regel überregional angelegt, können thematisch ganze Sektoren umfassen […]" sowie verschiedene Partner miteinbeziehen mit dem Ziel, strukturelle Verbesserungen in den Partnerländern herbeizuführen (BMZ o. J.: 10). Das Gesamtvolumen für Projekte in der Kategorie *develoPPP.allianz* muss aufgrund der höheren Ansprüche mindestens 750000 Euro betragen (öffentlicher und privater Beitrag zusammengenommen), um als strategische Allianz zu gelten (BMZ 2010: 6 ff.; Goltz 2005: 37; Martens 2010: 28 ff.; BMZ o. J.: 8 f., www.develoPPP.de[a]).

Ein weiteres Instrument der deutschen EZ im Bereich der PPPs im engeren Sinne sind die PPP-Maßnahmen im Rahmen der bilateralen Zusammenarbeit durch die Durchführungsorganisationen, die außerhalb des BMZ-Programms stattfinden und aus den Projektmitteln mitfinanziert werden. Im Bereich der Technischen Zusammenarbeit (TZ) sind das die integrierten Entwicklungspartnerschaften der GIZ und deren spezielle Afrika-PPP-Fazilität, die ausschließlich für PPP-Maßnahmen der GIZ mit afrikanischen Unternehmen eingerichtet wurde. Bis zur aktuellen Fusion der Durchführungsorganisationen zur GIZ hat der Deutsche Entwicklungsdienst (DED) das Süd-PPP-Programm durchgeführt, das ebenfalls speziell auf die Kooperation mit mittleren Unternehmen aus den Partnerländern ausgerichtet war. Aber auch die Entsendung von Fachkräften in Unternehmen aus den Partnerländern beziehungsweise die Finanzierung von einheimischen Fachkräften für solche Unternehmen sowie die Trainingsmaßnahmen und Fortbildungen privatwirtschaftlicher Akteure durch InWEnt (Internationale Weiterbildung und Entwicklung gGmbH) zähl(t)en dazu (BMZ 2010: 7, 13–33). Ob und wie diese Aktivitäten des DED und von InWEnt in die neue GIZ integriert werden, kann zum jetzigen Zeitpunkt noch nicht abgesehen werden.

Im Rahmen der FZ führt die Kreditanstalt für Wiederaufbau (KfW) ebenfalls PPP-Maßnahmen durch, geht Kofinanzierungen ein beziehungsweise unterstützt PPP-Maßnahmen finanziell. Ein Element ist dabei die Mobilisierung privaten Kapitals für die EZ, zum Beispiel durch Einrichtung themenspezifischer und regionaler Fonds, wie zum Beispiel die des Infrastrukturfonds für Indien oder des globalen Klimaschutzfonds in Zusammenarbeit mit dem Bundesministerium für Umwelt, Naturschutz und Reaktorsicherheit (BMU) (BMZ 2010: 39 f.).

Als ein Instrument der deutschen EZ, das die sogenannten Süd-Süd-PPPs in EL fördert, ist das Beratungsangebot der GIZ "*Capacity Development for Partnerships with the Private Sector*" (kurz: CDP) zu nennen. Dabei berät die GIZ – basierend auf den Erfahrungen als öffentlicher Partner gemeinsamer Entwicklungsvorhaben mit der Wirtschaft – Institutionen in den Partnerländern; das CDP-Beratungsangebot basiert auf einer Kombination aus Beratung und Training. Der öffentliche Partner der PPP ist demnach nicht mehr die deutsche Durchführungsorganisation (DO), sondern eine staatliche Institution im Partnerland; die Bereitstellung öffentlicher Infrastruktur ist dabei Kern solcher potenzieller PPPs (GIZ 2011: 6).

Insgesamt wurden von 1999 bis 2009 in über 70 Ländern 3375 Entwicklungspartnerschaften mit der Wirtschaft durchgeführt, mit einem Finanzvolumen (öffentlicher und privater Anteil) von ca. 21,4 Milliarden Euro (BMZ 2010: 43). Hierbei handelt es sich ausschließlich um PPPs im Sinne der Erfüllung der staatlichen Aufgabe Entwicklungspolitik. Berücksichtigt sind nicht die Maßnahmen des CDP-Beratungsangebots der GIZ.

Die Frage stellt sich, warum die öffentliche Hand auf der einen Seite und privatwirtschaftlich agierende Unternehmen auf der anderen Seite eine solche Kooperation überhaupt anstreben. Grundsätzlich verfolgen die privaten und öffentlichen Akteure unterschiedliche Ziele – Unternehmen versuchen ihren Gewinn zu maximieren beziehungsweise ihre betriebswirtschaftliche Rendite zu erhöhen, der öffentliche Sektor verfolgt das Ziel, mit den implementierten Maßnahmen einen entwicklungspolitisch relevanten Nutzen in den EL zu erreichen. Bei der Verfolgung dieser unterschiedlichen Zielsetzungen können jedoch Synergieeffekte entstehen. Primäres gemeinsames Ziel einer solchen Partnerschaft ist also auf beiden Seiten die Nutzung dieser Synergien. Jede Partei profitiert von der Beteiligung der anderen und verfolgt bei der Durchsetzung seiner jeweils spezifischen Einzelziele zu Teilen auch Gemeinschaftsziele. Durch diese Synergien entstehen wiederum unterschiedliche Mehrwerte für die beteiligten Akteure, die sie ihrer jeweiligen Zielerreichung näher bringen.

Mögliche Mehrwerte für die deutsche EZ und damit auch für die Partnerländer ergeben sich zum Beispiel durch die Bereitstellung zusätzlicher finanzieller Mittel durch die Beteiligung privater Akteure, die Sensibilisierung der Unternehmen für globale Herausforderungen, durch die Schaffung von Arbeitsplätzen und Einkommensmöglichkeiten für die lokale Bevölkerung, dem unternehmerischen Know-how- und Technologietransfer im Rahmen der PPP-Projekte und durch die damit möglicherweise einhergehende Verbesserung der Sozial- und Umweltstandards in der lokalen Produktion mit der Folge einer Verbesserung der Arbeits- und Lebensbedingungen vor Ort (Goltz 2005: 33 ff.; BMZ 2005: 3).

Die Unternehmen dagegen können durch das entwicklungsländerspezifische Expertenwissen der EZ-Organisationen profitieren, zum Beispiel durch deren Sektor-

und Marktkenntnisse, deren Wissen über bestehende rechtliche Rahmenbedingungen oder deren inter- beziehungsweise multikulturelle Kompetenz und langjährige Erfahrungen vor Ort. Weiterhin können sich für die Unternehmen Mehrwerte durch die Kontakte der Durchführungsorganisationen zu Behörden, Institutionen und Unternehmen ergeben, die ihnen den Markteintritt erleichtern und daher auch häufig als „Türöffnerfunktion" bezeichnet werden. Durch die Zusammenarbeit mit deutschen DOs, denen in einigen Partnerländern ein guter Ruf vorauseilt, kann die Zusammenarbeit auch zu einem besseren Image vor Ort führen. Die privaten Unternehmen profitieren natürlich auch finanziell durch die staatliche Unterstützung ihrer Projekte. Zudem kann eine solche Partnerschaft mit einer gemeinnützig orientierten Organisation zur Darstellung der sozialen unternehmerischen Verantwortung im Sinne der *Corporate Social Responsibility* (CSR) beitragen und so zu verbessertem Ansehen und einer höheren gesellschaftlichen Akzeptanz (sowohl in den Industrieländern als auch in den Entwicklungsländern) führen, eine solche Partnerschaft also auch indirekt als Marketinginstrument beziehungsweise -maßnahme genutzt werden (Goltz 2005: 33 ff.; BMZ 2005: 3).

Damit sichergestellt wird, dass Unternehmen und die öffentliche Hand ihre grundsätzlich unterschiedlichen Aufgaben und Zielsetzungen im Sinne der staatlichen Aufgabe EZ, nämlich der Verbesserung der Lebensbedingungen in Entwicklungsländern durchführen (damit also die Projekte der Unternehmen förderungswürdig sind), bedarf es einiger Kriterien, die die Projektvorschläge der Unternehmen erfüllen müssen (Körting 2008: 293; BMZ 2005: 4):

1. Vereinbarkeit mit den Zielen und Normen der Bundesregierung (Kompatibilität),
2. Verfolgung gemeinsamer Ziele der Projektbeteiligten (Komplementarität),
3. finanzieller Eigenbeitrag des privaten Partners (mindestens 50 Prozent),
4. Zusätzlichkeit (Additionalität),
5. Wettbewerbsneutralität.

Das Projekt muss also mit den entwicklungspolitischen Grundsätzen der Bundesregierung vereinbar sein, eine klare Entwicklungsrelevanz aufweisen sowie umwelt- und sozialverträglich sein (1). Die Ziele der beteiligten Partner müssen sich durch die gemeinsame Durchführung des Vorhabens effizienter, effektiver und schneller erreichen lassen (2). Der private Anteil an den Projektkosten muss in der Regel mindestens 50 Prozent betragen (3). Das Prinzip der Zusätzlichkeit fordert, dass PPP-Projekte deutlich über die eigentlichen, unternehmerischen Kernaufgaben des privaten Partners hinausgehen, d. h., dass die Unternehmen ihre Leistungen also nicht ohnehin zu erbringen hätten, zum Beispiel aufgrund gesetzlicher Auflagen oder aber auch im Sinne ihres Kerngeschäfts (4). Außerdem soll der private Partner keinen Wettbewerbsvorteil gegenüber Konkurrenten erlangen (5) (Körting 2008: 293; BMZ 2005: 4).

Einige Zahlen vervollständigen das Bild der verschiedenen PPP-Instrumente in der deutschen EZ: Obwohl die Projekte im Rahmen der TZ (Anzahl: 1326) und des

BMZ-Programms (1213), die zwischen 1999 und 2009 durchgeführt wurden, die Anzahl der Projekte im Rahmen der FZ und des DEG-Kerngeschäfts (836) mengenmäßig deutlich übertreffen, vereinen sie einen ungleich kleineren finanziellen Beitrag auf sich (BMZ 2010: 45). Die daraus resultierenden durchschnittlichen Projektvolumina zeigen die Kleinteiligkeit der PPP-Projekte im engeren Sinne bzw. speziell der PPP-Maßnahmen im Rahmen der TZ und des BMZ-Programms *deveoPPP.de*. Das durchschnittliche Finanzvolumen pro Maßnahme im Rahmen des BMZ-Programms lag 2009 bei 486000 Euro, bei den PPP-Projekten im Rahmen der TZ sogar nur bei 170000 Euro; betrachtet man jedoch die Projekte der GTZ alleine, lagen diese immerhin bei knapp 300000 Euro. Das durchschnittliche Finanzvolumen pro PPP im Rahmen der FZ und des DEG-Kerngeschäfts betrug 2009 dagegen ca. 35 Millionen Euro (eigene Berechnung nach BMZ 2010: 45). Hinsichtlich der Leistungsfähigkeit des PPP-Instrumentariums im Sinne der Mobilisierung privaten Kapitals sind folgende Zahlen bezeichnend: 2009 konnten mit den PPPs im Rahmen des BMZ-Programms und innerhalb der TZ zusätzliche (private) Mittel in Höhe von 38,5 Millionen Euro generiert werden, bei einem öffentlichen Beitrag von 30,1 Millionen Euro. Der private Beitrag an Maßnahmen, der im Rahmen der FZ und des DEG-Kerngeschäfts durch öffentliche Mittel mobilisiert werden konnte, entsprach dagegen 2009 knapp 2 Milliarden Euro. Es konnte also mit diesen Formen der PPPs eine große Menge zusätzlicher Ressourcen durch einen prozentual viel niedrigeren öffentlichen Beitrag (ca. 826 Millionen Euro) generiert werden (BMZ 2010: 45).

2. Saubere Energie durch Public Private Partnerships?

Die Betrachtung der PPPs im Zusammenhang mit erneuerbaren Energien bietet sich aus deutscher Perspektive aus zweierlei Gründen an. So sind auf der einen Seite für die Erreichung der internationalen Klimaschutzziele dringend neue beziehungsweise zusätzliche Mittel erforderlich. Auf der anderen Seite verfügen deutsche Unternehmen über großes Know-how bei der Entwicklung und Implementierung neuer Technologien, die es ebenfalls im Sinne des Klimaschutzes zu nutzen gilt. Weshalb aber die Entwicklungspolitik überhaupt dieses Thema verfolgt und welche entwicklungspolitische Relevanz damit verbunden ist, wird in diesem Kapital eingangs skizziert, bevor konkret auf die Förderung erneuerbarer Energien in EL und Schwellenländern im Rahmen der PPPs eingegangen wird. Zuerst also zu der Frage: Warum sollte die EZ überhaupt die Nutzung erneuerbarer Energien in EL fördern, welcher entwicklungspolitische Mehrwert kann damit erreicht werden?

Bekanntlich sind es den Prognosen des Weltklimarates (*Intergovernmental Panel on Climate Change*/IPCC) folgend vor allem EL, die besonders stark von den Folgen des Klimawandels betroffen sein werden. Gründe für deren besondere Verwundbarkeit gibt es verschiedene, die von den geographischen Gegebenheiten bis zu ungenügenden Kapazitäten und Fähigkeiten reichen, auf die Folgen des Klimawandels reagieren zu können. Historisch betrachtet tragen aber diese Länder bisher wenig zur erhöhten Konzentration an Treibhausgasemissionen (THG) in der Erdatmosphäre bei, die als Ursache für einen menschenverursachten Klimawandel identifiziert wurde. Auch heute noch sind die THG der am wenigsten entwickelten Länder nahezu vernachlässigbar (IPCC 2007). Geht man nun von einem anthropogenen Klimawandel aus, sind an erster Stelle die Industrieländer aufgrund ihrer historischen Schuld in der Pflicht, ihre THG-Emissionen zu verringern und die Ausbeutung der weltweiten nicht-erneuerbaren Ressourcen zu reduzieren, indem sie die Nutzung erneuerbarer Energien als Grundlage ihres Wirtschaftswachstums vorantreiben. Darüber hinaus haben sich die Industrieländer im Rahmen der internationalen Klimaschutzverhandlungen dazu verpflichtet, die EL beim Umbau ihrer Wirtschaften hin zu einer nachhaltigen, ressourcenschonenden Entwicklung sowohl technisch als auch finanziell zu unterstützen. Aber auch für die EL gibt es trotz deren „Recht auf nachholende Entwicklung" gute Gründe, mit ihren Ressourcen nachhaltig zu wirtschaften und ihre Emissionen so gering wie möglich zu halten, also ihren Energiemix ebenfalls hin zu erneuerbaren Energien umzubauen. Solche Gründe für die EL können die im Folgenden aufgeführten sein, wodurch spezifische Mehrwerte für die entsprechenden Volkswirtschaften und die dort lebende Bevölkerung möglich werden (OECD/IEA 2010: 297 f.; BMZ 2008b: 5 f.):

- Schutz der lokalen Umwelt (Stichwort: Luftreinhaltung),
- Stärkung der lokalen Wirtschaft,
- Entlastung der Außenhandelsbilanz,
- Energiesicherheit durch Diversifizierung,
- Verfügbarkeit und Zugang zu Energie.

Nach diesem kleinen Exkurs über die entwicklungsrelevanten Potenziale der Nutzung erneuerbarer Energien stehen im Folgenden wieder die PPP-Maßnahmen im Mittelpunkt. Im Zusammenhang mit der Förderung erneuerbarer Energien wurden von den zuvor genannten 3375 PPP-Maßnahmen zwischen 1999 und 2009 nur 155 direkt im Energiebereich durchgeführt, 77 davon durch die PPP-Fazilität, 56 im Rahmen der TZ (inkl. InWEnt und DED) und nur 22 durch die FZ und das DEG-Kerngeschäft (BMZ 2010: 47). Zu berücksichtigen ist hier, dass auch Projekte in anderen Bereichen mit dem Thema der erneuerbaren Energien in Verbindung stehen können (wie beispielsweise Transport, Landwirtschaft, Wasser/Abwasser etc.) und dass nicht alle Vorhaben im Energiebereich notwendigerweise die Förderung erneuerbarer Energien zum Inhalt haben. Aktuelleren Zahlen folgend, wurden im Rahmen der BMZ-Fazilität zwischen 1999 und 2010 insgesamt 92 Projekte (ca. 6,7 Prozent von insgesamt 1364 mit einem finanziellen Gesamtvolumen von ca. 38 Millionen Euro) im Bereich Energie durchgeführt. Darin lässt sich eine steigende Tendenz der Vorhaben in diesem Bereich vermuten, da im Vergleich zum Zeitraum 1999–2009 15 Vorhaben mehr durchgeführt wurden (www.develoPPP.de[a]). Die Anzahl der PPP-Maßnahmen im Energiebereich ist im Jahr 2010 also um knapp 20 Prozent gestiegen.

Im Rahmen der Programmkomponente *develoPPP.thema* interessieren in diesem Zusammenhang die thematischen Schwerpunkte Energie sowie Ressourcen- und Klimaschutz besonders (mit der DEG als öffentlichem Partner 2011). Im Themenfeld Energie werden dabei ausdrücklich PPP-Vorschläge der nachhaltigen Energieversorgung, der Energieeffizienz und der gängigen erneuerbaren Energien-Technologien, aber auch der Einführung und der Verbesserung von Umweltstandards und -normen gefördert. Im Rahmen des thematischen Schwerpunkts Ressourcen- und Klimaschutz sind die förderungswürdigen Bereiche Einsparung und/oder Ersatz von Ressourcen, klimafreundliche und emissionsmindernde Umwelttechnik sowie die Unterstützung CDM-relevanter Projekte zu nennen (www.deginvest.de[a]). Neben diesen thematischen Schwerpunkten können Unternehmen weiterhin im Rahmen der Programmkomponenten *develoPPP.impuls* und „Strategische Allianzen" Projektideen im Bereich der erneuerbaren Energien einreichen beziehungsweise mit ihren öffentlichen Partnern konzipieren. Ein Beispiel dafür ist zum Beispiel die Entwicklungspartnerschaft zwischen der GIZ und der deutschen Envitec Biogas GmbH, die gemeinsam mit ihren indischen Partnern den Grundstein für die Marktschließung im Bereich der umweltfreundlichen Energieversorgung in Indien gelegt haben (BMZ o. J.: 5).

Die Projekte der GIZ im Sinne der integrierten Entwicklungspartnerschaften mit der Wirtschaft reichen von der energetischen Nutzung von Biogas und der Erhöhung der Energieeffizienz in kommunalen Kläranlagen Brasiliens, eine Partnerschaft zwischen der GIZ, der BerlinWasserInternational und der KfW Entwicklungsbank, bis zum Existenzförderprogramm für Solarenergie zur Förderung der ländlichen Versorgung durch erneuerbare Energien in Laos, eine sog. Süd-PPP zwischen der GIZ und dem laotischen Unternehmen *Sunlabob Renewable Energy* (www.gtz.de). Ein Beispiel für eine Süd-PPP, wie sie der DED durchgeführt hat, ist die PPP-Maßnahme mit dem peruanischen Busunternehmen *California SAC*, die gemeinsam den Einsatz von dezentral gewonnenem Pflanzenöl in den Bussen des Unternehmens vorantreiben (www.ded.de). Eine Besonderheit beziehungsweise ein Unterschied zur BMZ-Fazilität liegt darin, dass diese Partnerschaften nicht auf deutsche beziehungsweise europäische Wirtschaftsunternehmen beschränkt sind. Inwieweit das Beratungsangebot CDP der GIZ zur Unterstützung von Süd-Süd-PPPs im Bereich der erneuerbaren Energien umgesetzt wird, bleibt im Ermessen und Interesse des Partnerlandes.

PPP-Projekte zur Förderung erneuerbarer Energien innerhalb der FZ und des DEG-Kerngeschäfts können die Finanzierung privatwirtschaftlicher Investitionen in erneuerbare Energien durch die DEG, wie zum Beispiel eines privat betriebenen Wasserkraftwerks in Peru, oder die Gewährung eines langfristigen Darlehens für einen privaten Windpark in Brasilien sein (www.deginvest.de[b]) oder PPP-Projekte der KfW-Entwicklungsbank, wie zum Beispiel die finanzielle Unterstützung lokaler Unternehmen beim Bau von Biogasanlagen in Nepal und die Förderung der Energiegewinnung aus Erdwärme in Kenia (BMZ 2008a: 9). Ein weiteres Beispiel für eine finanzielle private-öffentliche Zusammenarbeit ist die Initiative für Klima- und Umweltschutz (IKLU) mit dem BMZ. Dabei sollen, so der Plan, zwischen 2008 und 2011 mind. 2,4 Milliarden Euro als zinsgünstige Darlehen und Zuschüsse für klima- und umweltrelevante Investitionen in Entwicklungsländern eingesetzt werden (www.bmz.de[b]).

Allerdings ist die Implementierung und Förderung erneuerbarer Energien-Technologien nicht alleine im Interesse und Aufgabenbereich des BMZ angesiedelt. Ganz im Gegenteil, viele andere Programme und Initiativen anderer Ressorts übersteigen das BMZ-Budget deutlich (sieht man mal von den KfW-Beiträgen und dem DEG-Kerngeschäft ab) und bedienen sich dabei ebenfalls des Instruments der privaten-öffentlichen Zusammenarbeit. So verfolgt neben dem BMU, das im Sinne des globalen Klimaschutzes agiert, auch das Bundesministerium für Wirtschaft und Technologie (BMWi) Programme zur Exportförderung deutscher Technologien. Aufgrund der oben aufgeführten möglichen Mehrwerte durch die Nutzung erneuerbarer Energien kann davon ausgegangen werden, dass diese Investitionen und Initiativen ebenfalls entwicklungspolitisch relevante Effekte aufweisen, wenngleich das nicht deren primäre Motivation ist. Das BMU führt zum Beispiel, unter Beteiligung der DEG, die „internationale Klimaschutzinitiative" durch, die auch die Programmkomponente „Klimapartnerschaften mit der Wirtschaft" (DEG) beinhaltet. Diese verfolgt das Ziel, klimafreundliche Technologien in Schwellen- und Entwicklungsländern zu fördern und zu verbreiten. Im Fokus steht daher, Unternehmen bei der Entwicklung von Geschäftsfeldern im Bereich erneuerbare Energien und Energieeffizienz in Entwicklungs- und Schwellenländern zu unterstützen. Pro Projekt können bis zu 200000 Euro aus dem Programm zur Verfügung gestellt werden. Das Unternehmen muss dabei mindestens 50 Prozent der Projektkosten übernehmen und ist für die Realisierung des Projektes in finanzieller, inhaltlicher und personeller Hinsicht verantwortlich (DEG o. J.). Weiterhin gibt es die Instrumente der reinen Außenwirtschaftsförderung des BMWi, wie die Exportinitiativen Energieeffizienz und Erneuerbare Energien, wobei letztgenannte durch die GIZ unterstützt wird.

3. PPPs – Außenwirtschaftsförderung oder legitimes Instrument der EZ?

Nach dem Überblick über die verschiedenen Kooperationsformen öffentlicher deutscher Akteure mit dem Privatsektor wird abschließend das Instrument der PPPs sowohl allgemein im Rahmen der EZ als auch speziell zur Förderung erneuerbarer Energien in EL kritisch hinterfragt. Dabei stellt sich u. a. die Frage, inwieweit PPPs mit deutschen Unternehmen ein Instrument der Außenwirtschaftsförderung sind oder tatsächlich ein legitimes Instrument der Entwicklungszusammenarbeit darstellen. Legt man die Grundsätze der *Paris Declaration* des Development Assistance Committee (DAC) der Organization for Economic Co-operation and Development (OECD) für eine effektivere EZ zu Grunde, fallen einige Widersprüche mit dem Instrument der PPPs auf. Dabei ist zu unterscheiden, von welchen Programmen die Rede ist: Es fallen nämlich besonders Widersprüche mit den Grundsätzen der Partnerausrichtung (*Alignment*) und der Eigenverantwortung (*Ownership*) der *Paris Declaration* in den Blick.

Problematisch ist die verdeckte „Lieferbindung" und die daraus resultierende Wettbewerbsverzerrung zu beurteilen; im Rahmen der *Paris Declaration* haben sich alle Geber darauf geeinigt, dass die EZ wettbewerbsneutral sein muss, sich also zu einer Lieferaufbindung bekannt. Die Partnerländer sollen die besten und günstigsten Dienstleistungsangebote frei wählen können. Weiterhin sollen alle Geberaktivitäten in nationale Strategien und Institutionen (Stichwort: Partnerausrichtung) eingebunden werden, allerdings werden die Partnerländer bei der Auswahl der PPP-Projekte nur ungenügend eingebunden. Deutsche Hilfe kann demnach nicht an die Auflage geknüpft sein, mit deutschen Unternehmen zu kooperieren. Damit gehen die Gefahr der Verdrängung lokaler Wettbewerber auf den Märkten in den Partnerländern und die Abhängigkeit der Partnerländer von deutschen Technologien einher, auch wenn diese nicht die günstigsten sein müssen. Neben dem Grundsatz der Partnerausrichtung der EZ hat sich die Gebergemeinschaft der OECD-Staaten auch darauf festgelegt, ihre EZ-Aktivitäten besser zu koordinieren und aufeinander abzustimmen. Das ist im Fall der PPP-Maßnahmen nur unzureichend der Fall. Weiterhin besteht die Gefahr der zusätzlichen Projektproliferation, wenn die Vorhaben nicht in die Maßnahmen der TZ/FZ eingebunden sind (wie bei integrierten Entwicklungspartnerschaften). Dadurch entsteht die Gefahr kleinteiliger Einzelprojekte, welche die Aufnahmekapazitäten der Partnerländer überfordern können (Altenburg 2010: 9 ff.; Martens 2010: 27, 39 f.).

Die hier aufgeführten Diskrepanzen mit den Grundsätzen der *Paris Declaration* betreffen im Besonderen die Ausrichtung des BMZ-Programms *develoPPP.de*. Die anderen Instrumente der deutschen Entwicklungszusammenarbeit, besonders wenn dabei Kooperationen mit lokalen Wirtschaftsunternehmen eingegangen werden, sind vor allem hinsichtlich der Kritik der verdeckten „Lieferbindung" gesondert zu betrachten.

Trotz der vielen positiven Effekte der PPPs in der EZ, die man bei aller Kritik nicht vergessen darf, wie zum Beispiel neue unternehmerische Impulse und die zusätzlich mobilisierten finanziellen Mittel, gibt es neben den Zielkonflikten mit den Grundsätzen der *Paris Declaration* weitere Kritikpunkte an dem Instrument der PPPs im Rahmen der EZ: So wird diskutiert, ob die großzügige Auslegung des Kriteriums der Zusätzlichkeit (Additionalität) nicht zu Mitnahmeeffekten führt, die Unternehmen die Maßnahmen also nicht auch ohne den öffentlichen Beitrag aufgrund ihrer betriebswirtschaftlichen Überlegungen hinsichtlich Markteintritt oder hinsichtlich ihrer CSR-Strategie etc. durchgeführt hätten, der öffentliche Beitrag also nur genutzt wird, um Kosten zu senken (Altenburg 2010: 10; Martens 2010: 38 f.). Es muss also die Frage gestellt werden, ob es noch Entwicklungspolitik ist, wenn Unternehmen – speziell diejenigen mit jährlichen Milliardengewinnen – bezuschusst werden, die auch ohne öffentliche Beteiligung investiert hätten.

Die durch die EZ-Mittel induzierten Hebelwirkungen sind zwar grundsätzlich positiv zu bewerten, führen aber nicht unbedingt zu Verbesserungen in prioritären Ländern der EZ. Private Investoren werden nämlich primär dort investieren, wo es für sie wirtschaftliche Vorteile verspricht, also dort, wo bereits gewisse unternehmerische Grundvoraussetzungen erfüllt sind, wie zum Beispiel eine bestehende Infrastruktur, potenzielle Absatzmärkte und Rechtssicherheit, was aber selten in den bedürftigsten Ländern und Sektoren (Bildung, Gesundheit und ländliche Entwicklung) der Fall ist. Laut dem 18. Bericht zur Wirklichkeit der Entwicklungshilfe 2010 der Welthungerhilfe besteht „die Gefahr, dass durch PPP-Maßnahmen knappe Mittel gebunden werden und aus Bereichen umgelenkt werden, in denen sie besonders dringend benötigt würden" (Martens 2010: 39). Zudem seien die langfristigen ökonomischen Effekte aufgrund der Kleinteiligkeit vieler PPP-Projekte fraglich (kleines Projektbudget, kurze Laufzeiten von ein bis drei Jahren), sieht man von den umfangreichen Investitionsvorhaben der DEG ab (Martens 2010: 38 f.). Aber gerade auch diese Zuordnung der Investitionsförderungen/-finanzierungen durch das DEG-Kerngeschäft zu den PPP-Maßnahmen im Rahmen der EZ ist zu hinterfragen, da diese doch deutlich außenwirtschaftlich motiviert sind beziehungsweise das Kerngeschäft der Unternehmen fördern, entgegen der Kriterien für PPPs in der EZ. So war im Jahr 2009 die Unterstützung deutscher Unternehmen – vor allem deren Aktivitäten in Indonesien, Indien und China – Schwerpunkt der DEG-Aktivitäten (Martens 2010: 35). Problematisch ist das auch deshalb, da das PPP-Portfolio der deutschen EZ aufgrund des hohen finanziellen Gesamtvolumens dieser Maßnahmen, welches dem BMZ zudem zur Begründung des Erfolgs des PPP-Instrumentariums dient, stark verzerrt wird. Auf diese grundsätzlichen Zielkonflikte zwischen entwicklungspolitischen Zwecken und deutschen Wirtschaftsinteressen weist auch der DAC-Prüfbericht der deutschen EZ 2010 hin. Darin heißt es:

> „Deutschland sollte genau auf die Risiken achten, die sich aus der Kombination einer stärkeren Betonung der Entwicklung des privaten Sektors im Koalitionsvertrag sowie anderen Grundsatzdokumenten […] mit der Förderung der eigenen Handelsinteressen ergeben. Hier besteht die Gefahr, dass das Entwicklungsprogramm für Zwecke genutzt wird, die nicht als öffentliche Entwicklungszusammenarbeit betrachtet werden können" (OECD/DAC 2010: 40).

Es stellt sich demnach als fraglich dar, ob die Kofinanzierung privater Projekte (vor allem deutscher und europäischer Unternehmen) als *Official Development Assistance* (ODA) zu bezeichnen ist.

Vor einem abschließenden Fazit wird nochmals auf die Förderung der erneuerbaren Energien mittels des Instruments PPP eingegangen. Wie dargestellt, existieren verschiedene Programme unterschiedlicher staatlicher Akteure nebeneinander. Allerdings sind zumindest die Vorhaben der EZ eher als kleinteilig zu betrachten und auf der Hoffnung beruhend, dass diese Pilotvorhaben Nachahmer finden. Eine flächendeckende Unterstützung der Partnerländer beim Aufbau notwendiger Rahmenbedingungen und Kapazitäten findet im Zusammenhang mit dem Instrument der PPPs eher selten statt. Weiterhin erscheint diese Vielzahl an Initiativen, die die deutsche Bundesregierung verfolgt, wenig koordiniert und kohärent. Es wird zwar auch bei den Initiativen des BMWi und des BMU Wert darauf gelegt, dass im Rahmen der von ihnen geförderten Vorhaben in EL die entwicklungspolitischen Grundsätze der Bundesregierung eingehalten werden, allerdings ergibt sich aus der vorgestellten Situation ein wenig übersichtliches Bild. Das macht es vor allem den EL, aber auch den mittelständischen Unternehmen schwer, geeignete Partner zu identifizieren. Geht man davon aus, dass die Nachfrage der EL nach Energie im Zuge ihrer wirtschaftlichen Entwicklung auch in Zukunft steigen wird, ist die Förderung erneuerbarer Energien in diesen Ländern ein sinnvoller Beitrag zu einer nachhaltigen Entwicklung. Klar wird auch, dass PPPs gerade aus deutscher Sicht ein sinnvolles Instrument sind, eine solche nachhaltige Entwicklung in den Partnerländern zu unterstützen und zu fördern sowie gleichzeitig die Marktführerschaft in bestimmten Technologien zu festigen und auszubauen. Allerdings spielte in den letzten zehn Jahren der Bereich der erneuerbaren Energien im Rahmen der seitens des BMZ geförderten PPP-Maßnahmen eine eher untergeordnete Rolle gegenüber anderen Themen, wie der wirtschaftlichen Entwicklung vor Ort. Da deutsche Unternehmen aber gerade in diesem Bereich über besonderes Know-how verfügen und sich für diese Unternehmen aufgrund internationaler Klimaschutzpolitiken (wie zum Beispiel durch den *Clean Development Mechanism* (CDM) oder die Klimafonds der Vereinten Nationen etc.) gleichzeitig auch neue Anreize ergeben, frühzeitig in die Märkte der EL zu investieren, sollten die Partnerschaften mit der Wirtschaft im Bereich der EL noch gestärkt werden. Entsprechend der aktuellen Tendenzen wird das zukünftig voraussichtlich auch der Fall sein. Die Potenziale sollten also genutzt und nutzbar gemacht werden.

Ob das allerdings im Rahmen der EZ stattfinden muss, bleibt fraglich. PPPs zur Förderung erneuerbarer Energien, speziell mit deutschen Unternehmen, sind eher ein sinnvolles Instrument der Außenwirtschaftsförderung, auch wenn damit entwicklungspolitischer Nutzen einhergeht. Dabei sollte im Sinne der Forderung nach Kohärenz nationaler Politiken darauf geachtet werden, dass die Grundsätze internationaler Vereinbarungen eingehalten werden. Die EZ sollte sich dagegen stärker auf die Förderung von Süd-PPPs und die Unterstützung von PPPs in den beziehungsweise der Partnerländer(n) konzentrieren, wie es zum Beispiel mit der PPP-Afrika-Fazilität oder im Rahmen des CDP-Beratungsangebot der GIZ bereits praktiziert wird.

Literatur

Altenburg, Tilmann (2010): Entwicklungszusammenarbeit und Wirtschaft: Synergien und Zielkonflikte. In: Entwicklungszusammenarbeit und Wirtschaft – Zwischen Konfrontation und Kooperation (= 2015 im Gespräch, 16), Berlin/Bonn: Verband Entwicklungspolitik deutscher Nichtregierungsorganisationen e.V., S. 5–12.

BMZ [Bundesministerium für wirtschaftliche Zusammenarbeit und Entwicklung] (2011): Deutsche Entwicklungspolitik auf einen Blick. Bonn/Berlin: BMZ.

BMZ [Bundesministerium für wirtschaftliche Zusammenarbeit und Entwicklung], Referat Zusammenarbeit mit der Wirtschaft/Servicestelle (2010): Entwicklungspartnerschaften mit der Wirtschaft. Jahresbericht 2009. Bonn/Berlin: BMZ.

BMZ [Bundesministerium für wirtschaftliche Zusammenarbeit und Entwicklung] (2008a): Jahresbericht 2007: Entwicklungspartnerschaften mit der Wirtschaft – Public Private Partnership (PPP). Bonn: BMZ.

BMZ [Bundesministerium für wirtschaftliche Zusammenarbeit und Entwicklung] (2008b): Materialien 186: Entwicklung braucht nachhaltige Entwicklung. Berlin/Bonn: BMZ.

BMZ [Bundesministerium für wirtschaftliche Zusammenarbeit und Entwicklung] (2005): BMZ Materialien 147: Public Private Partnership (PPP) in der deutschen Entwicklungszusammenarbeit. Bonn: BMZ.

BMZ [Bundesministerium für wirtschaftliche Zusammenarbeit und Entwicklung] (o. J.): develoPPP.de – Entwicklungspartnerschaften mit der Wirtschaft. Bonn/Berlin: BMZ.

Clemens-Ziegler, Brigitte/Loock, Friedrich (1998): Public Private Partnership. Eine Konzeption für die Schaffung neuer Märkte? Projektbericht der FHTW Berlin (= fhtw-transfer, 28–98). Berlin: Hochschule für Technik und Wirtschaft Berlin.

DEG [Deutsche Investitions- und Entwicklungsgesellschaft] (o. J.): Flyer Klimapartnerschaften mit der Wirtschaft. Köln: DEG.

GIZ [Deutsche Gesellschaft für internationale Zusammenarbeit] (2011): Capacity Development for Partnerships with the Private Sector (CDP). Beratungsangebot. Eschborn: GIZ.

Goltz, Nicolaus von der (2005): Public-Private-Partnerships in der Entwicklungszusammenarbeit: Partnerschaften für eine nachhaltige Entwicklung. In: Forum Wirtschaftsethik, 13. Jg., Nr. 3, S. 33–43.

IPCC [Intergovernmental Panel on Climate Change] (2007): Climate Change 2007: Synthesis Report. Contribution of Working Groups I, II and III to the Fourth Assessment Report of the Intergovernmental Panel on Climate Change. Genf: IPCC.

Koalitionsvertrag von CDU, CSU und FDP (17. Legislaturperiode) (2009): Wachstum. Bildung. Zusammenhalt. In: http://www.cdu.de/doc/pdfc/091026-koalitionsvertrag-cducsu-fdp.pdf (Zugriff: 03.01.2012).

Körting, Claus (2008): Partnerschaften zwischen öffentlicher Hand und Wirtschaft in der Entwicklungszusammenarbeit. In: Habisch, André/Schmidpeter, René/Neureiter, Martin (Hrsg.) (2008): Handbuch Corporate Citizenship. Corporate Social Responsibility für Manager. Berlin/Heidelberg: Springer Verlag, S. 291–297.

Krumm, Thomas/Mause, Karsten (2009): Public-Private-Partnerships als Gegenstand der (Politik-)Wissenschaft. In: Politische Vierteljahresschrift, 50. Jg., Nr. 1, S. 105–129.

Martens, Jens (2010): 18. Bericht 2010: Die Wirklichkeit der Entwicklungshilfe. Eine kritische Bestandsaufnahme der deutschen Entwicklungspolitik. Profitable Partnerschaft? Entwicklungszusammenarbeit mit der Wirtschaft. Bonn/Osnabrück: Deutsche Welthungerhilfe e.V./Terre des hommes e.V.

OECD/DAC [Organisation for Economic Co-operation and Development/Development Assistance Committee] (2010): Deutschland. Peer Review 2010. Paris: OECD.

OECD/IEA [Organisation for Economic Co-operation and Development/International Energy Agency] (2010): World Energy Outlook 2010. Paris: International Energy Agency Publications.

Internetquellen

BMZ (2011):
[a]http://www.bmz.de/de/service/glossar/P/ppp.html (Zugriffsdatum: 21.06.2011)
[b]http://www.bmz.de/de/was_wir_machen/themen/energie/deutsches_engagement/iklu/index.html (Zugriffsdatum: 15.09.2011)

develoPPP.de:
[a]http://www.developpp.de/de/zahlen.html (Zugriffsdatum: 20.06.2011)
[b]http://www.developpp.de/de/unser_programm.html (Zugriffsdatum: 16.09.2011)

DEG:
[a]http://www.deginvest.de/deg/DE_Home/Leistungsangebot/Foerderprogramme/PPP-Programm_neu/PPP-Ideenwettbewerbe/index.jsp (Zugriffsdatum: 20.06.2011)
[b]http://www.deginvest.de/deg/DE_Home/Leistungsangebot/Foerderprogramme/Klimapartnerschaften.jsp (Zugriffsdatum: 20.06.2011)

DED:
http://www.ded.de/de/arbeitsfelder/kooperationen-mit-der-wirtschaft/ppp/aus-der-praxis-peru.html (Zugriffsdatum: 19.09.2011)

GTZ:
http://www.gtz.de/de/leistungsangebote/2606.htm (Zugriffsdatum: 19.09.2011)

Stefan Wilhelmy

Die neue Rolle der Kommunen in der Entwicklungszusammenarbeit: das Beispiel kommunaler Klimapartnerschaften

Einführung

Die deutsche kommunale Entwicklungspolitik steht vor großen internen und externen Herausforderungen. Einerseits erfordert der tief greifende Strukturwandel in den Partnerkommunen des Südens, angetrieben durch vielfältige Urbanisierungs-, Demokratisierungs- und Dezentralisierungsprozesse, eine Umstellung der Partner im Norden: auf neue mandatierte Ansprechpartner, politische Strukturen und Bedarfe. In dieser Anpassung liegt zugleich die Chance aktiver deutscher Kommunen, einen konstruktiven Beitrag zur Entwicklung in den Partnerkommunen zu leisten und neben Bund und Ländern als dritte Kraft eine verantwortungsvolle Rolle in der internationalen Entwicklungszusammenarbeit einzunehmen.

Andererseits bestehen für die deutsche Partnerschaftsarbeit, entgegen dem europäischen Trend zur Aufwertung und Unterstützung kommunaler Entwicklungspolitik, nach wie vor große Defizite in den Bereichen Rechts- und Finanzsicherheit. Das Potential der Kommunen kann daher nicht ausgeschöpft werden. Nur wenige deutsche Kommunen sind bislang Partnerschaften zu Kommunen in Entwicklungsländern eingegangen. Das für eine global nachhaltige Entwicklung zentrale Thema des Klimawandels bietet hier erhebliche Chancen zur Intensivierung kommunaler Entwicklungspolitik zur Überwindung der auf kommunaler und zivilgesellschaftlicher Ebene auch 20 Jahre nach der *United Nations Conference on Environment and Development* (UNCED) von Rio de Janeiro noch vorherrschenden Trennung von Umwelt und Entwicklung. Die deutschen Kommunen haben erhebliches, international gefragtes Know-how im dezentralen Klimaschutz aufgebaut, während der Aspekt der immer dringlicher werdenden Klimaanpassung erst in jüngster Zeit auf die Tagesordnung kommunaler Umweltpolitik gerückt ist und durch den intensiven Kontakt mit den von der Klimaanpassung bereits heute ungleich stärker betroffenen Partnern im Süden ausgeweitet werden kann. Das Projekt „50 kommunale Klimapartnerschaften bis 2015" der Servicestelle Kommunen in der Einen Welt (SKEW) greift diese Aspekte auf und wird daher im abschließenden Kapitel beispielhaft näher betrachtet.

1. Die veränderte Rolle der Kommunen in der Entwicklungspolitik

In der internationalen Entwicklungszusammenarbeit (EZ) hat die Bedeutung der lokalen Ebene in den letzten Jahren erheblich zugenommen. Seit der Anerkennung der Kommunen als zentrale Akteure zur Umsetzung einer globalen Nachhaltigkeitsstrategie im Rahmen der Agenda 21 der Konferenz der Vereinten Nationen über Umwelt und Entwicklung 1992 wurde ihre Stellung in nationalen und internationalen Beschlüssen wiederholt gestärkt. So beim Sondergipfel der Vereinten Nationen zu den *Millennium Development Goals* (MDG) im September 2005, auf dem der damalige UN-Generalsekretär *Kofi Annan* die zentrale Bedeutung der Kommunen für die Erreichung der MDG unterstrichen und damit die Verpflichtung zu guter Regierungsführung durch Ziel 8 zum „Aufbau einer weltweiten Entwicklungspartnerschaft" auch auf die kommunale Ebene erweitert hat. Bemerkenswert sind überdies die internationalen Bürgermeisterkonferenzen im Vorfeld großer VN-Konferenzen[1], die neben den MDG-Beschlüssen der Kommunalnetzwerke[2] von Seiten der lokalen Akteure signalisieren, dass sie die globalen Herausforderungen auf lokaler Ebene verantwortungsbewusst annehmen wollen. Im „Bericht über lokale Gebietskörperschaften und Entwicklungszusammenarbeit" des Europäischen Parlaments vom 1. März 2007 wird der Prozess der Etablierung der Kommunen als internationale Akteure umfassend gewürdigt (European Parliament 2007). Das Parlament erkennt darin die Kommunen als „unverzichtbare Partner" in der Entwicklungspolitik nachdrücklich an, und es hat mit diesem so genannten Schapira-Bericht Vorschläge zur besseren strukturellen und finanziellen Absicherung kommunaler EZ-Maßnahmen auf europäischer Ebene vorgelegt.

Gleichzeitig werden in den Kommunen die Auswirkungen der globalen ökonomischen, ökologischen und sozialen Veränderungen verstärkt wahrgenommen. Die Kommunen reagieren darauf durch zunehmende internationale Vernetzung[3] und durch eine Neubestimmung der kommunalen Entwicklungspolitik, die in ihrer Bedeutung nicht mehr nur als solidarische Hilfe für Partnerkommunen im Süden verstanden, sondern auch als Beitrag zur Beeinflussung der globalen Entwicklung gesehen wird. Dies trägt auch zum internationalen Profil der Kommunen bei – ein Aspekt, der angesichts der wachsenden globalen Standortkonkurrenz aus Sicht deutscher kommunaler Entscheidungsträger zunehmend an Bedeutung gewinnt.

Entsprechend diesen globalen Trends ist festzustellen, dass auch die rechtlichen und materiellen Handlungsspielräume der Kommunen im auswärtigen Bereich in vielen europäischen Ländern wachsen. Kommunale Entwicklungszusammenarbeit

---

1 Beispiele sind die internationalen Kommunalkonferenzen *Local Renewables* 2004 und *Early Warning* 2006 sowie die Bürgermeisterkonferenz zur Biodiversität in Bonn 2008.
2 *United Cities and Local Governments* (UCLG) (*Local Governments Millennium Declaration*, Peking 2005), Rat der Gemeinden und Regionen Europas (*Council of European Municipalities and Regions*/CEMR) (Millenniumserklärung der Mitgliedskommunen des Rates der Gemeinden und Regionen Europas/Deutsche Sektion, 2007) sowie Deutscher Städtetag (Millenniumserklärung der Mitgliedsstädte des Deutschen Städtetages, Köln 2007).
3 Insbesondere die Gründung der UCLG in Paris im Mai 2004; dazu auch Statz/Wohlfarth (2010).

wird – wenn auch in unterschiedlichem Umfang und im Rahmen verschiedener historisch gewachsener Institutionengefüge – in zunehmendem Maße von diesen Staaten unterstützt und mit der jeweiligen nationalen bilateralen Entwicklungspolitik kohärent verbunden (ausführlicher dazu im folgenden Kapitel).

Bei der kommunalen Entwicklungspolitik in Deutschland ist dieser Trend zur Unterstützung und Einbindung in professionelle Strukturen erst verspätet angekommen. Seit einigen Jahren lassen sich aber mehrere Faktoren ausmachen, die dauerhaft zu einer grundlegenden Neubestimmung der Rolle der Kommunen führen können. Erstmals nach zwanzig Jahren haben sich die Ministerpräsidenten der Länder im Oktober 2008 umfassend zur EZ der Länder und der Kommunen positioniert. Im Jahr 2009 veröffentlichte das Deutsche Institut für Entwicklungspolitik (DIE) die von der SKEW initiierte und fachlich begleitete Studie „Kommunale Entwicklungspolitik in Deutschland" (Fröhlich/Lämmlin 2009), die seither als wesentlicher Referenzrahmen der Fachdiskussion fungiert. Auf dieser Basis wurde beim Bund-Länder-Ausschuss für Entwicklungszusammenarbeit (BLA EZ) eine *Task-Force* zur kommunalen Entwicklungspolitik eingerichtet, die mit ihrem Abschlusspapier 2010 erstmals ein gemeinsames Verständnis der Rolle der Kommunen und der Aufgabenverteilung zwischen Bund, Ländern und Kommunen erarbeitete.[4] Im Zuge der sogenannten Vorfeldreform hat die Bundesregierung auf Vorschlag des Bundesministeriums für wirtschaftliche Zusammenarbeit und Entwicklung (BMZ) im Juli 2010 beschlossen, eine neue Servicestelle für kommunales und bürgerschaftliches Engagement (damaliger Arbeitstitel) zu gründen. Neben der Fusion der Deutschen Gesellschaft für Technische Zusammenarbeit (GTZ), der Internationalen Weiterbildung und Entwicklung (InWEnt) und des Deutschen Entwicklungsdienstes (DED) zur Deutschen Gesellschaft für Internationale Zusammenarbeit (GIZ) sowie der Schaffung eines eigenständigen Evaluierungsinstituts stellt die zum 1. Januar 2012 gegründete Servicegesellschaft, die nun unter dem Namen „ENGAGEMENT GLOBAL – Service für Entwicklungsinitiativen" firmiert, damit die dritte Säule des neuen BMZ-Vorfeldes – jenseits der KfW-Entwicklungsbank – dar. In dem Prozess der Neustrukturierung der Durchführungsorganisationen kommt daher eine erhebliche Aufwertung der kommunalen Entwicklungspolitik zum Ausdruck. Die Kommunen und Kommunalen Spitzenverbände haben in diesem Prozess nachdrücklich unterstrichen, dass sie – als den Bürgern am nächsten stehende staatliche Institution – zwar auch weiterhin die Rolle des Moderators und Aktivators für bürgerschaftliches Engagement übernehmen werden, sie sich aber nicht auf diese Aufgabe in der Inlandsarbeit reduzieren lassen wollen, sondern sich als eigenständige Akteure der internationalen Zusammenarbeit verstehen. Vor diesem Hintergrund stellt sich die Frage, wie die engagierten deutschen Kommunen ihr Potenzial in Bezug auf die Erreichung der Millenniumsentwicklungsziele in den Partnerkommunen besser oder überhaupt nutzen und ihre eigenen internationalen Interessen verstärkt wahren kön-

---

4 „Beschluss des Bund-Länder-Ausschuss Entwicklungszusammenarbeit zur Umsetzung des Beschlusses der Ministerpräsidenten der Länder vom 24. Oktober 2008 zur Kommunalen Entwicklungspolitik." In: www.bmz.de/de/zentrales_downloadarchiv/wege_und_akteure/Beschluss_BLA_EZ_KEpol_110526.pdf (Zugriff: 30.10.2011).

nen. Zur Beschreibung der kommunalen Handlungsfelder ist ein Rückgriff auf die Definitionen der genannten Studie von Fröhlich/Lämmlin (2009) hilfreich: Darin wird der Begriff „Kommunale Entwicklungspolitik" dann verwendet, wenn damit zum Ausdruck gebracht werden soll, dass es sich um kommunale Aktivitäten sowohl im In- als auch im Ausland handelt. Der Begriff „Kommunale Entwicklungszusammenarbeit" wird dagegen nur dann eingesetzt, wenn ausschließlich die Handlungen der Kommunen im und mit dem Ausland dargestellt werden. Weiterhin werden in dieser Studie nur die „offiziellen" entwicklungspolitischen Aktivitäten der Verwaltung der Städte, Gemeinden und Landkreise behandelt. Die verschiedenen anderen Akteure in einer Kommune (zum Beispiel Zivilgesellschaft, lokale Wirtschaft, Kirchengemeinden etc.) sind nicht oder nur am Rande Gegenstand der Darstellung. Diese Begriffsdefinitionen wurden für den vorliegenden Beitrag übernommen.

Zentrale Handlungsfelder der Kommunen im Inland sind:

- die Förderung des Fairen Handels und der fairen Beschaffung,
- die Vernetzung von Migration und Entwicklung auf lokaler Ebene und die Stärkung der Zusammenarbeit mit entwicklungspolitisch aktiven Migrantenorganisationen sowie generell
- die Vernetzung und Unterstützung zivilgesellschaftlicher Initiativen und
- die entwicklungspolitische Bildungsarbeit.

In den Auslandsbeziehungen sind vor allem folgende Handlungsfelder beziehungsweise Instrumente zu nennen:

- Mitwirkung in internationalen Netzwerken wie dem weltweiten Kommunalverband (UCLG) oder thematischen Netzwerken (zum Beispiel *Cities for Mobility und Mayors for Peace*),
- die eigene Entsendung von Kommunalexperten in Partnerkommunen beziehungsweise die Bereitstellung von Kommunalmitarbeitern für Programme der staatlichen Entwicklungszusammenarbeit sowie insbesondere
- die bi- oder multilaterale Kooperation im Rahmen kommunaler Partnerschaften.

Bei den kommunalen Entwicklungspartnerschaften, die in der nachstehenden Betrachtung im Mittelpunkt stehen, lassen sich in den vergangenen Jahren deutliche Tendenzen hin zu einer zunehmenden Professionalisierung und stärkeren Themenorientierung erkennen. Im Unterschied zu den „klassischen" Städtepartnerschaften, wie sie nach dem Zweiten Weltkrieg insbesondere zwischen deutschen und französischen Kommunen mit dem primären Ziel der Versöhnung und Völkerverständigung gegründet wurden, steht die inhaltliche Zusammenarbeit zum Beispiel durch die Umsetzung gemeinsamer Entwicklungsprojekte im Süden bei Entwicklungspartnerschaften im Vordergrund. Dies kann sich im Rahmen von – zunächst zeitlich befristeten – Projektpartnerschaften (siehe hier zum Beispiel das Partnerschaftskonzept der Stadt Bonn von 1999) oder aber auch in dauerhaften Städtepartnerschaften vollziehen, bei denen man sich regelmäßig gemeinsam auf mehrjährige Arbeitsprogramme verständigt (zum Beispiel die Partnerschaftserklärung zwischen Hamburg und León/Nicaragua ab 1989). Die Zusammenarbeit kann dabei das gesamte Themenspektrum kommunaler Daseinsvorsorge umfassen und geht damit mittlerweile weit über einzelne „Hilfsprojekte" hinaus.

2. Herausforderungen und Möglichkeiten kommunaler Partnerschaften in der Entwicklungszusammenarbeit

In vielen Entwicklungsländern ereignen sich aktuell grundlegende Umbrüche und Reformprozesse in der Siedlungsstruktur und im Staatsaufbau. Die Städte des Südens gegenwärtigen heute eine doppelte Herausforderung:

- Die rapide Verstädterung und das Wachstum der Stadtbevölkerung, das in Afrika und Asien selbst ehemals kleine Provinzsiedlungen in ländlichen Regionen erreicht und beeinflusst, steigert die Entwicklungsrisiken: Schlimmstenfalls entsteht in den neuen verdichteten Siedlungsräumen ein Kreislauf aus Armut, Umweltverschmutzung, Kriminalität und Unregierbarkeit. Im Städtewachstum liegen aber auch spezifische Entwicklungschancen: räumliche Nähe zu Dienstleistungen der Daseinsvorsorge und zu Arbeitsmöglichkeiten, Marktnähe, Innovationskraft urbaner Kultur-, Wissenschafts- und Wirtschaftszentren, verbesserte Partizipationsmöglichkeiten, ein dichtes Netz zivilgesellschaftlicher Strukturen etc. Um diese Chancen zu nutzen, brauchen die Städte jedoch politische Unterstützung, wirtschaftliches Engagement, Ressourcen für Infrastrukturmaßnahmen und Dienstleistungen, eine handlungsfähige Stadtverwaltung etc.
- Parallel zur Urbanisierung verlagern Demokratisierungs- und Dezentralisierungsprozesse in der Mehrheit der Entwicklungsländer Entscheidungskompetenzen in die Kommunen und erhöhen damit deren politische Selbstbestimmung. Häufig sind die Kommunen mit diesen neuen Aufgaben überfordert. Es fehlen oft Managementerfahrung und eine adäquate Finanzverfassung. So droht mancherorts die neue Selbstständigkeit zum Bumerang für die Stadtentwicklung zu werden.

Die Dezentralisierungs- und Demokratisierungsprozesse stärken die Entscheidungs- und Handlungsfähigkeit der Kommunen. Sie sind dadurch zunehmend selbst für die Daseinsvorsorge und Basisdienste in ihren Kommunen verantwortlich: Grundbildung, Gesundheitsstationen, Trinkwasserver- und Abwasserentsorgung, Transport, Müllentsorgung etc. werden zu kommunalen Aufgaben. Die Städte des Südens nehmen also eine zentrale Rolle für die Erreichung der MDGs ein und werden damit die Entwicklung ihrer Länder entscheidend prägen.

Nord-Süd-Partnerschaften kommt nicht zuletzt aufgrund dieser Herausforderungen eine besondere Bedeutung zu:

- weil die Städte des Nordens im Gedankenaustausch Know-how und langjährige Erfahrung mit Selbstverwaltung und Partizipation vermitteln können;
- weil sie im Vergleich zur staatlichen oder internationalen Ebene auf Augenhöhe kooperieren können;
- und weil sie für bedarfsgerechte Projekte auf der Mikroebene Mittel akquirieren, wo die staatliche und internationale EZ selten hinreicht.

Doch wirkungsvolle Hilfe in der Situation des Strukturwandels oder auch nur die Anpassung des bisherigen Engagements an die neuen Herausforderungen erfordern mehr Professionalität und mehr personelle und finanzielle Ressourcen, als viele deutsche Städte aus eigener Kraft aufbringen können (Held/Nitschke/Wilhelmy 2009). Die Mehrzahl der deutschen Partnerstädte benötigt daher mehr inhaltliche und materielle Unterstützung. Einige europäische Staaten wie Spanien, Frankreich und Norwegen haben sich in den letzten Jahren dazu entschlossen, ihren Kommunen eben diese Unterstützung zu gewähren, sie stärker in die staatlichen Aktivitäten einzubeziehen und ihre Leistungen in der ODA-Berechnung zu berücksichtigen (Wilhelmy u. a. 2007). Auch in Deutschland hat – wie oben skizziert – hier ein Umdenken eingesetzt, doch ist weiterhin eine Verbesserung des rechtlichen und finanziellen Handlungsrahmens kommunaler Entwicklungspolitik erforderlich, wenn das kommunale Engagement erkennbar gesteigert werden soll.

Die genannte Fallstudie zur kommunalen Entwicklungspolitik in Norwegen zeigt, dass es dabei nicht nur um die Nutzung spezifisch kommunaler Kompetenzen geht, sondern auch um die gesellschaftliche Verankerung der Entwicklungspolitik insgesamt. Entwicklungspolitik wurde in Norwegen im untersuchten Zeitraum auf lokaler Ebene gezielt gestärkt, um durch die Bürgernähe der kommunalen Maßnahmen und durch lokale Informations- und Bildungsarbeit den politischen Rückhalt für den in Norwegen traditionell hohen Anteil der EZ-Ausgaben (gemessen am Bruttonationaleinkommen) sicherzustellen (Wilhelmy u. a. 2007). Im föderalen System der Bundesrepublik Deutschland sind hier neben dem BMZ aber vor allem auch die Länder gefordert, die Kommunen durch geeignete Rahmensetzung zu unterstützen.

3. Bund, Länder und Kommunen in der Entwicklungszusammenarbeit: gemeinsame Verantwortung im Mehrebenen-Ansatz[5]

Die Regierungschefs der Bundesländer haben am 22. Oktober 2008 ein Dokument mit dem Namen „Zukunftsfähigkeit sichern – Entwicklungspolitik in gemeinsamer Verantwortung von Bund, Ländern und Kommunen" verabschiedet. Darin wird nicht nur das Eigeninteresse an Entwicklungspolitik von Ländern und Kommunen im Hinblick auf die internationale Wettbewerbsfähigkeit konstatiert und Mitverantwortung angesichts globaler Herausforderungen angenommen, sondern auch betont,

---

5 Der Abschnitt basiert auf den ausführlicheren Ausführungen zum Mehrebenen-Ansatz in Held/Wilhelmy (2009).

dass nur „gemeinsame entwicklungspolitische Anstrengungen von Bund, Ländern und Kommunen" zielführend sind. Den Regierungschefs der Länder geht es hierbei (auch in Vertretung der Kommunen) um Einbindung in nationale und internationale Prozesse, in die sie ihre spezifischen Kompetenzen komplementär, also nicht konkurrierend, einbringen wollen. Der Beitrag der Kommunen wird darin folgendermaßen definiert:

> „Dem Beitrag der Kommunen für die Partnerschaft mit Entwicklungsländern messen die Länder eine große Bedeutung zu. Dies gilt insbesondere für Kultur- und Bildungsarbeit, für die Kooperation mit Migranten aus Entwicklungsländern, für gute Regierungsführung und Dezentralisierung sowie für ‚capacity building' im Bereich kommunaler Aufgaben" (WUS o. J.: 3).

Was sich in diesem Ministerpräsidentenbeschluss andeutet, ist ein konstruktiver Mehrebenen-Ansatz in der deutschen Entwicklungspolitik, der einerseits den Eigenwert der Beiträge der jeweiligen Ebenen würdigt, andererseits aber einer weiteren Zersplitterung der deutschen Akteurslandschaft entgegenwirken möchte – in Übereinstimmung mit den internationalen Prinzipien der Harmonisierung und Wirkungsorientierung. Klima und Energie werden dabei von den Ministerpräsidenten als zentrale Kooperationsbereiche der Länder benannt. Für die kommunale Entwicklungspolitik in Deutschland, die hiermit politisch gestärkt wird, deren rechtliche und finanzielle Grundlagen jedoch noch unzureichend sind, enthält dieser Mehrebenen-Ansatz Chancen ebenso wie Herausforderungen: Die Chancen bestehen in der (die Rechtssicherheit voraussetzenden) Einbindung und Förderung ihres Engagements, was nicht nur ihre internationale Handlungsfähigkeit und damit die Reputation der Kommunen, sondern vor allem ihre entwicklungspolitische Wirkung steigern wird.

In einem Sektorvorhaben „Förderung der Kommunalentwicklung", das die damalige GTZ 2003 im Auftrag des BMZ durchgeführt hat, werden mit der staatlichen beziehungsweise europäischen EZ vernetzte und geförderte kommunale Entwicklungspartnerschaften in vier Fallstudien aus Großbritannien, den Niederlanden, Dänemark und der Europäischen Union übereinstimmend als geeignete Beiträge zu den entwicklungspolitischen Zielen der Dezentralisierung, Armutsbekämpfung und guten Regierungsführung betrachtet. Die Niederlande haben beispielsweise positive Erfahrungen mit mehreren professionell verwalteten Förderprogrammen gemacht, die im Falle Ghanas eine direkte Zusammenarbeit von zwei Kommunen fördern. Der entwicklungspolitische Nutzen wird dabei direkt auf kommunaler Ebene in einem Beitrag zum Aufbau friedlicher/demokratischer Strukturen und zur Armutsminderung gesehen. In Großbritannien hingegen ist ein Trend in Richtung integrierter Programme zu beobachten, die kommunale Partnerschaften als ergänzende Komponente, etwa zur Beratung des kommunalen Spitzenverbandes, zur Rechtsberatung bei den Dezentralisierungsprozessen oder in der Weiterbildung sehen (Emminghaus 2003: 17).

Darüber hinaus zeigt der Drei-Länder-Vergleich zur kommunalen Entwicklungszusammenarbeit in Frankreich, Norwegen und Spanien, dass diese Länder trotz ihres sehr unterschiedlichen Staatsaufbaus und unterschiedlicher gesetzlicher Rahmenbedingungen gemeinsame Grundlinien und jeweils beispielhafte Ansätze für die kommunale Entwicklungszusammenarbeit aufweisen. In allen drei untersuchten Ländern ist die rechtliche Sicherheit für entwicklungspolitische Aktivitäten sowie entsprechende Freiräume bei der Verwendung öffentlicher Finanzmittel durch die Kommunen gegeben. Darüber hinaus wird die kommunale Entwicklungszusammenarbeit als Bestandteil der nationalen öffentlichen Entwicklungszusammenarbeit *(Official Development Assistance*/ODA) ausgewiesen und ist in diese konzeptionell integriert (Wilhelmy u. a. 2007: 47). Die Berichtspflicht für kommunale Partnerschaftsprojekte in Frankreich ermöglicht auch eine bessere Datenbasis und Chancen zur Vernetzung kommunaler Aktivitäten. Eine derartige Datenbank könnte auch für deutsche Kommunen nützlich sein. Hiermit deuten sich bereits die Herausforderungen für die Kommunen an. Förderung und Einbindung in einen möglichen Mehrebenen-Ansatz der deutschen Entwicklungspolitik erfordert von den engagierten Kommunen weitere Professionalisierung des Managements, die Partnerorientierung, die Evaluierung beziehungsweise Wirkungsmessung der Projekte sowie die transparente Rechenschaftslegung über ihre Aktivitäten. Dies sind die Voraussetzungen, unter denen auch die nichtstaatliche Entwicklungszusammenarbeit gefördert und (im Rahmen der übergeordneten Ziele der staatlichen und Landes-Entwicklungspolitik) eingebunden wird. Herausforderungen des Mehrebenen-Ansatzes aus kommunaler Perspektive liegen aber nicht nur bei den Kommunen selbst. Bezüglich der Förderung und Einbindung sind Bund und Länder gefragt, Rechtssicherheit für kommunales Engagement herzustellen und Wege zu finden, die Fördern und Fordern ermöglichen und kreativ verbinden. Zwar ist in dem Beschluss der Ministerpräsidenten vom Oktober 2008 die Rolle und Funktion der kommunalen Entwicklungspolitik gegenüber den anderen Ebenen konzeptionell relativ klar beschrieben, im Praxistransfer tun sich diese jedoch noch schwer, kommunale Initiativen zu integrieren. Das Subsidiaritätsprinzip funktioniert also nur bedingt. Festzustellen ist, dass ein Wissenstransfer hin zu den kommunalen Partnerschaften, geschweige denn Kooperationen zwischen diesen und der staatlichen Entwicklungszusammenarbeit, etwa im Feld der Dezentralisierungsprogramme, kaum beziehungsweise erst in Ansätzen stattfindet. Zwischen der Entwicklungszusammenarbeit von einzelnen Bundesländern (wie zum Beispiel Rheinland-Pfalz) und Kommunen gibt es bereits positive Beispiele der Einbindung und Förderung, in der Mehrzahl der Bundesländer werden den Kommunen jedoch nur wenige Möglichkeiten gegeben, an Regionalpartnerschaften zu partizipieren.

Auch das Verhältnis zur nichtstaatlichen Entwicklungszusammenarbeit birgt Herausforderungen. Zivilgesellschaftliche Akteure nehmen Kommunen in der Entwicklungspolitik mitunter als störende Konkurrenz oder als weniger kompetent wahr (insbesondere die großen, Spenden sammelnden, professionellen Organisationen) und/oder fühlen sich bisweilen durch die Kommunen nicht ausreichend gewürdigt (insbesondere die kleineren, ehrenamtlich organisierten lokalen Initiativen). Eine Herausforderung für Kommunen und zivilgesellschaftliche Akteure besteht darin, Berührungsängste zu überwinden und Wege für eine bessere Kultur der Kooperation im Bereich der Entwicklungszusammenarbeit zu ebnen.

4. Das Projekt „50 kommunale Klimapartnerschaften bis 2015"

Klimaschutz und Klimaanpassung zählen zu den Handlungsfeldern, in denen die Aktivitäten von der kommunalen bis zur internationalen Ebene zusammenwirken müssen, um eine global nachhaltige Entwicklung erreichen zu können. Der Klimawandel erfordert konsequentes Handeln auf allen politischen Ebenen: Der Handlungsbedarf ist offenkundig und in Wissenschaft und Politik, aber auch in der Bevölkerung mittlerweile Konsens.

Der Handlungsbedarf wird insbesondere auch in den verschiedenen Berichten des *Intergovernmental Panel on Climate Change* (IPCC) und der Veröffentlichung des Umweltprogramms der Vereinten Nationen „*Climate Change Science Compendium 2009*" vom September 2009 umfassend beschrieben. Kernbotschaft des Gutachtens des Wissenschaftlichen Beirats der Bundesregierung Globale Umweltveränderungen (WBGU) von 2007 ist, dass der Klimawandel dazu führen kann, dass die Weltgemeinschaft näher zusammenrückt. Im Falle eines Scheiterns konsequenter internationaler Kooperation sieht der WBGU aber andererseits die Gefahr, dass sich die internationalen Gegensätze und Konflikte massiv verstärken werden (WBGU 2007).

Auch die Kommunen können und müssen daher entschieden handeln. Besonders wirkungsvoll ist dies, wenn nicht isolierte Einzellösungen verfolgt werden, sondern wenn es hierzu zwischen den Kommunen einen nationalen und internationalen Austausch über wirkungsvolle Ansätze und Maßnahmen gibt. Aufgrund des wachsenden Handlungsdrucks gerade auch in Entwicklungs- und Schwellenländern bieten sich dazu auch verstärkte Nord-Süd-Kooperationen an.

Vor diesem Hintergrund wurde auf der „11. Bundeskonferenz der Kommunen und Initiativen" der Servicestelle Kommunen in der Einen Welt im Juni 2009 das Ziel formuliert, dass bis zum Jahr 2015 mindestens 50 deutsche Kommunen Klimapartnerschaften für eine nachhaltige Entwicklung im Rahmen von langfristigen kommunalen Partnerschaften pflegen. Die Konferenz fand im Vorfeld der UN-Klimaverhandlungen von Kopenhagen statt; das seinerzeit bereits zu befürchtende Scheitern des globalen Klimagipfels motivierte die TeilnehmerInnen zu der Forderung, mit einem solchen Vorhaben auf kommunaler Ebene ein Zeichen für einen effizienten und konstruktiven Umgang mit den drängendsten Herausforderungen des Klimawandels zu setzen.

Bisher sind die Themen Klima und Energie bei der überwiegenden Mehrzahl kommunaler Partnerschaften nicht Gegenstand der Zusammenarbeit von Kommunen, wie die genannte DIE-Studie belegt. Bei einer Umfrage des DIE im Jahr 2008 nannten nur 29 % der befragten Kommunen „Umwelt und Klima" als Handlungsfeld ihrer Südpartnerschaft, davon entfiel etwa die Hälfte der Nennungen auf die Themen „Klima/Energie", die übrigen auf „sonstige Umweltthemen" (Fröhlich/Lämmlin 2009: 106). Die kommunalen Partnerschaften konzentrieren sich dabei fast ausschließlich auf Einzelprojekte zur Energieversorgung, nicht auf umfassendere Konzepte zu Klimaschutz oder Klimaanpassung. Um das Potenzial für den angestrebten Ausbau bereits bestehender Städtepartnerschaften zu kommunalen Klimapartnerschaften abschätzen zu können, hat die SKEW Ende 2009 eine Vorstudie in Auftrag gegeben, die von der Landesarbeitsgemeinschaft Agenda 21 Nordrhein-Westfalen (LAG 21 NRW) durchgeführt wurde. Die Vorstudie sieht die Voraussetzungen für das formulierte Ziel von 50 kommunalen Klimapartnerschaften bis zum Jahr 2015 als grundsätzlich gegeben an (SKEW 2010: 9):

„Die Untersuchungen haben ergeben, dass 122 der 225 Kommunen, die derzeit über kommunale Städtepartnerschaften mit Kommunen in der Einen Welt verbunden sind, zudem Kriterien erfüllen, die sie als Klimaschutzkommune auszeichnen. Vorwiegend handelt es sich hierbei derzeit um Kommunen mit über 100.000 Einwohnern aus den alten Bundesländern. Damit ist ein ausreichendes quantitatives und qualifiziertes Potenzial für die Durchführung des Projekts innerhalb der deutschen kommunalen Gemeinschaft vorhanden."

Auf der Basis dieser Vorstudie lassen sich die Aufgabenfelder für kommunale Klimapartnerschaften wie folgt beschreiben:

- Reduktion klimarelevanter Emissionen zur Begrenzung potentieller Folgewirkungen des Klimawandels. Neben technischen Lösungsansätzen sind hierbei auch methodische Fragen (zum Beispiel zur Erfassung von Emissionen als notwendige Informationsgrundlage für wirkungsvolles Handeln) und Fragen zur Einbindung lokaler Akteure zur Vermittlung (zum Beispiel Einbeziehung der Bevölkerung, um politische Unterstützung für die kommunale „Klimapolitik" zu erreichen) relevant.
- Entwicklung und Umsetzung von Anpassungsstrategien und -maßnahmen beziehungsweise Entwicklung von Verfahren, um Auswirkungen des Klimawandels auf die eigene Kommune abschätzen und einstufen zu können, um auf dieser Basis Anpassungsstrategien und Bewältigungsmaßnahmen ableiten und umsetzen zu können.
- Einbeziehung von Stadtentwicklung und -umbau zur Bewältigung von Folgewirkungen als langfristige Strategien.

In der Vorstudie wird außerdem darauf verwiesen, dass es über die Kommunalverwaltungen hinaus in der Zivilgesellschaft, in Wissenschaft und Forschung, Wirtschaft, bei kirchlichen und schulischen Nord-Süd-Partnerschaften und auch auf Länderebene vielfältige Ansatzpunkte und Kontakte gibt, um die Klimapartnerschaften realisieren zu können. Im Hinblick auf die notwendige Einbindung unterschiedlichster Akteursgruppen sollen die Partnerschaften daher auch zu einem Transfer von *Good local governance* beitragen.

Auf der Grundlage der bestehenden Erfahrungen der Projektpartner SKEW und LAG 21 mit kommunalen Entwicklungspartnerschaften einerseits und mit kommunalem Klimaschutz andererseits geht das Projekt von drei zentralen Annahmen aus: Erstens haben deutsche Kommunen im Bereich des kommunalen Klimaschutzes erhebliches Know-how aufgebaut, das für den internationalen Erfahrungsaustausch nutzbar gemacht werden kann. Insbesondere durch die vom Bundesministerium für Umwelt, Naturschutz und Reaktorsicherheit geförderte Nationale Klimaschutzinitiative wurde die Weiterentwicklung von sektoralen Ansätzen hin zu integrierten kommunalen Klimaschutzkonzepten in den vergangenen Jahren massiv gefördert.

Diese Erfahrungen sollen nun im Rahmen der Partnerschaften nutzbar gemacht werden. Zweitens ist zu beobachten, dass deutsche Kommunen sich erst allmählich der Frage kommunaler Anpassungsstrategien zuwenden und hier erheblicher Nachholbedarf besteht. Es wird davon ausgegangen, dass die unmittelbare Auseinandersetzung der deutschen Kommunen mit der sich bereits deutlich veränderten Situation bei den Südpartnern die Dringlichkeit der Anpassungsmaßnahmen auch im Norden verdeutlichen kann. Drittens hat der derzeit bei den Partnern im Süden bereits deutlich höhere Anpassungsdruck dort zu einer intensiveren Auseinandersetzung mit den Fragen der lokalen Anpassung an die Auswirkungen des Klimawandels geführt. Das dadurch entwickelte Know-how kann von den deutschen Kommunen genutzt werden.

Die Grundkonzeption des Projektes Kommunale Klimapartnerschaften wird durch die Ergebnisse des WBGU-Gutachtens von 2011 „Welt im Wandel – Gesellschaftsvertrag für eine große Transformation" gestützt, wenngleich einzelne Kommunen beziehungsweise Partnerschaften natürlich nur einen vergleichsweise bescheidenen Beitrag werden leisten können. Für den WBGU steht fest, dass „die technologischen Potenziale zur umfassenden Dekarbonisierung vorhanden sind" [...] und „dass politische Instrumente für eine klimaverträgliche Transformation wohlbekannt sind" (WBGU 2011: 1). Weiter heißt es darin:

> „Der Gesellschaftsvertrag umfasst auch neue Formen globaler Willensbildung und Kooperation. Die Schaffung eines dem Weltsicherheitsrat ebenbürtigen ‚UN-Rates für Nachhaltige Entwicklung' sowie *die Bildung internationaler Klimaallianzen zwischen* Staaten, internationalen Organisationen, *Städten*, Unternehmen, Wissenschaft und zivilgesellschaftlichen Organisationen wären hierfür Beispiele" (WBGU 2011: 2; Hervorhebung durch den Verfasser).

In diesem Sinne können kommunale Partnerschaften mit Partnerländern aus Entwicklungs- und Transformationsländern dabei als Werkstätten für globales Denken und Handeln angesehen werden. Insbesondere könnte das international geforderte Ziel einer Obergrenze von 2 t/CO_2-Ausstoß pro Kopf und Jahr in einer partnerschaftlichen Zusammenarbeit zwischen Nord und Süd verfolgt werden. Mit voranschreitendem Klimawandel werden Kommunale Partnerschaften dabei zwangsläufig auch zu Werkstätten in Bezug auf Fragen der internationalen Klimagerechtigkeit: für die an der Pilotphase des Projektes beteiligten Partnerschaften zwischen Mwanza/Tansania und Würzburg oder Moshi(Rural)/Tansania und Tübingen beispielsweise, wobei die deutschen Partner im Landesdurchschnitt rund 10 t CO_2 pro Einwohner und Jahr emittieren, die Partner in Tansania aber nur 0,1 t CO_2 pro Einwohner und Jahr, während die Folgen des Klimawandels bei den Partnern im Süden wesentlich stärker bemerkbar sind. Das Leitbild von „Partnerschaften auf Augenhöhe" steht damit vor einer besonderen Bewährungsprobe. Die kommunale Zusammenarbeit im Klimabereich bietet hierfür jedoch besondere Chancen, denn es lassen sich gemeinsame Ziele identifizieren und beide Seiten können wertvolle Expertise in die Kooperation einbringen. Außerdem können beide Partner davon profitieren – unmittelbar durch Verbesserungen im lokalen Umfeld und mittelbar durch die gemeinsamen Beiträge zu globalem Klimaschutz und -anpassung.

Kommunale Klimapartnerschaften sind dabei als Partnerschaften von Städten oder auch Regionen zu verstehen, die ein konkretes Handlungsprogramm mit Zielen,

Maßnahmen und Ressourcen für Klimaschutz und Klimaanpassung erarbeiten. Grundlage hierfür ist eine Themen- und Sektorenmatrix, die im Bereich Klimaschutz die Themenfelder Energieeffizienz, Energieeinsparung und Erneuerbare Energien sowie die verschiedenen Sektoren wie öffentliche Hand/Kommune, private Haushalte, Industrie, Gewerbe, Handel und Dienstleistungen sowie Verkehr umfassen kann. Im Bereich der Klimaanpassung sind Themen wie Wasserhaushalt, Boden, Land- und Forstwirtschaft, biologische Vielfalt und Gesundheit zu behandeln. Die konkrete Ausgestaltung der Handlungsprogramme ist in der aktuellen Pilotphase des Projektes von den unterschiedlichen kommunalen Partnern gemeinsam festzulegen. Den Auftakt hierfür bildete ein internationaler Workshop in Tansania Mitte November 2011, weitere nationale und internationale Workshops zur Intensivierung des Erfahrungsaustauschs sowohl zwischen den deutschen Kommunen als auch mit ihren Südpartnern werden ab 2012 folgen. Bei der Ausarbeitung der gemeinsamen bilateralen Handlungsprogramme werden die Partnerkommunen über die SKEW fachlich begleitet.

Als weiteres Element neben Qualifizierung und Vernetzung wird der bilaterale Expertenaustausch zwischen den Klimapartnerschaftskommunen über die SKEW finanziell gefördert und fachlich unterstützt. Kennzeichnend ist dabei, dass der Austausch in beide Richtungen erfolgt, es also nicht zu einseitigen Beratungseinsätzen der Kommunalexperten aus dem Norden im Süden kommt, sondern Expert-/innen aus den Südkommunen auch zum Fachaustausch und zur Beratung in die Nordkommunen reisen. Um sich an dem Projekt beteiligen und die Erarbeitung der Handlungsprogramme gewährleisten zu können, müssen die Kommunen unter anderem zusichern, Personal für den internationalen Austausch und die vorangehende Qualifizierung der Kommunalmitarbeiter bereitzustellen und eine erfolgreiche interne Kooperation der unterschiedlichen Fachabteilungen (insbesondere Internationales und Umwelt/Klima) sowie mit Akteuren der Zivilgesellschaft zu gewährleisten.

In der Pilotphase sind seit Mitte 2011 zehn deutsche Kommunen mit ihren Partnern in den drei Ländern Ghana, Südafrika und Tansania eingebunden. Ab Mitte 2012 ist eine sukzessive Ausweitung um ca. zehn zusätzliche Partnerschaften pro Jahr mit weiteren Partnerländern und Entwicklungsregionen vorgesehen, damit 2015 das Ziel 50 Kommunale Klimapartnerschaften erreicht werden kann. Die Auswertung der (Zwischen-)Ergebnisse wird in den nächsten Jahren zeigen, welchen Beitrag die kommunale Entwicklungspolitik als innovatives Instrument der Entwicklungszusammenarbeit und internationalen Umweltpolitik Deutschlands zu leisten vermag.

Literatur

Emminghaus, C. (2003): Kommunale Entwicklungszusammenarbeit. Ansätze und Erfahrungen anderer bi- und multilateraler Geber. Studien zu den Niederlanden, Großbritannien, Dänemark und der Europäischen Union. Eschborn: Deutsche Gesellschaft für Technische Zusammenarbeit.

European Parliament (2007): Report on Local Authorities and development cooperation (2006/2235/INI). Report at the Committee on Development by Pierre Schapira. Brüssel: European Parliament.

Fröhlich, Kathrin/Lämmlin, Bernd (2009): Kommunale Entwicklungspolitik in Deutschland. Studie zum entwicklungspolitischen Engagement deutscher Städte, Gemeinden und Landkreise. Bonn: Deutsches Institut für Entwicklungspolitik.

Held, Ulrich/Wilhelmy, Stefan (2009): Kommunale Entwicklungszusammenarbeit mit Ghana im Mehrebenensystem., In: Servicestelle Kommunen in der Einen Welt/InWEnt gGmbH (Hrsg.): Kommunale Entwicklungszusammenarbeit mit Ghana. Handlungsrahmen und Potentiale unter besonderer Berücksichtigung der Partnerschaft NRW–Ghana als Element eines möglichen Mehrebenen-Ansatzes. Bonn: Servicestelle Kommunen in der Einen Welt/InWEnt.

Held, Ulrich/Nitschke, Ulrich/Wilhelmy, Stefan (2009): Challenges of German city2city cooperation and the way forward to a quality debate. In: Habitat International, Vol. 33 (2), S. 134–140. (http://dx.doi.org/10.1016/j.habitatint.2008.10.023)

Perlman, Janice E./Sheehan, Molly O'Meara (2007): Der Kampf gegen Armut und für Umweltgerechtigkeit in den Städten. In: Worldwatch Institute (Hrsg.): Der Planet der Städte. Zur Lage der Welt 2007. Münster: Westfälisches Dampfboot, S. 172–190.

Servicestelle Kommunen in der Einen Welt/InWEnt gGmbH (Hrsg.) (2010): 50 Kommunale Klimapartnerschaften bis 2015 – Vorstudie. Bonn: Servicestelle Kommunen in der Einen Welt/InWEnt.

Statz, Albert/Wohlfarth, Charlotte (2010): Kommunale Partnerschaften und Netzwerke. Ein Beitrag zu einer transnationalen Politik der Nachhaltigkeit (= Schriften zur Demokratie, 20). Berlin: Heinrich-Böll-Stiftung.

Wilhelmy, Stefan u. a. (2007): Die kommunale Entwicklungszusammenarbeit in ausgewählten europäischen Ländern. Fallstudien zu Frankreich, Norwegen und Spanien. Herausgegeben von der Servicestelle Kommunen in der Einen Welt/InWEnt gGmbH, Bonn.

Wissenschaftlicher Beirat der Bundesregierung Globale Umweltveränderungen (2007): Sicherheitsrisiko Klimawandel. Berlin: Springer.

Wissenschaftlicher Beirat der Bundesregierung Globale Umweltveränderungen (2011): Welt im Wandel – Gesellschaftsvertrag für eine große Transformation. Berlin: WBGU.

WUS-Informationsstelle Bildungsauftrag Nord-Süd (Hrsg.) (o. J.): Entwicklungszusammenarbeit der Länder. Wiesbaden: World University Service.

Katja Hilser

Inklusives Wirtschaftswachstum durch soziale Sicherungssysteme – ein Instrument der Armutsbekämpfung!

Vor dem Hintergrund relativ neuartiger Phänomene, wie dem Klimawandel, dem internationalen Terrorismus oder veränderten globalen Akteurskonstellationen, sind neue Formen und Instrumente der Entwicklungszusammenarbeit (EZ) dringend erforderlich. Alternative und ergänzende Formen und Instrumente der EZ sind aber auch aus einem bereits länger bestehenden Grund notwendig: zur Lösung des weltweiten und persistenten Armutsproblems! Denn weltweit leben mittlerweile knapp 1,4 Mrd. Menschen von weniger als 1,25 US-Dollar (ausgedrückt in Kaufkraftparitäten) pro Tag: Davon am meisten betroffen ist Subsahara-Afrika, wo jeder Zweite in extremer Armut lebt und wo permanent ums Überleben gekämpft werden muss (Chen/Ravallion 2008: 31). Dies macht mehr als deutlich, dass es mit dem herkömmlichen Instrumentarium der EZ nicht gelungen ist, das Armutsproblem in weiten Teilen der Welt zu lösen.

Als eines dieser herkömmlichen und potenziell erfolgversprechenden Instrumente der Armutsbekämpfung galt in der EZ über Dekaden hinweg und noch bis heute das Wirtschaftswachstum, genauer: das Wachstum des Bruttoinlandsprodukts. Erst jüngst haben die G20-Staaten auf dem Gipfel von Seoul dem Wirtschaftswachstum die bedeutende Rolle im weltweiten Kampf gegen Armut und zur Erreichung der Millenniumsentwicklungsziele zugesprochen – in gewisser Weise auch zu Recht (G20 2010: 1)! Denn nur wenn die gesamtwirtschaftliche Produktion an Waren und Dienstleistungen in den Entwicklungsländern (= Bruttoinlandsprodukt) zunimmt, kann dort allen Gesellschaftsmitgliedern die Versorgung mit elementaren Gütern und Dienstleistungen des menschlichen Lebens – an denen es in den ärmsten Ländern dieser Erde bis heute mangelt – ermöglicht werden.

Nach mehr als 60 Jahren internationaler EZ kann dem Wirtschaftswachstum jedoch nur ein begrenzter Erfolg als Instrument der Armutsbekämpfung zugesprochen werden, weil es die ärmsten Bevölkerungsgruppen einer Gesellschaft nicht zwangsläufig erreicht (Unterpunkt 1). Die EZ sucht daher nach neuen Instrumenten und Formen, die garantieren, dass Wirtschaftswachstum inklusiv ist. Inklusives Wirtschaftswachstum bedeutet, dass die Ärmsten in den wirtschaftlichen Wachstumsprozess miteinbezogen werden, sprich dass Wirtschaftswachstum breitenwirksam ist. Es bedeutet also auch, dass wenn die Wirtschaft wächst, der Anteil derer, die in extremer Armut leben, in einem Land sinkt. Zur Erreichung dieser Zielvorgabe – Wirtschaftswachstum und gleichzeitige Armutsreduzierung – verfolgt die EZ die sogenannte *pro-poor growth*-Strategie[1].

---

1 Die Termini breitenwirksames und inklusives Wirtschaftswachstum sowie *pro-poor growth*

In diesem Kontext beleuchtet der vorliegende Beitrag, welche entscheidende Rolle sozialen Sicherungssystemen bei der Armutsbekämpfung zukommen kann (Unterpunkt 2), und zeigt das sich ergänzende Verhältnis zwischen sozialen Sicherungssystemen und Wirtschaftswachstum auf. Weil soziale Sicherungssysteme als Bindeglied zwischen wirtschaftlichem Wachstum und Armutsreduzierung dafür sorgen, dass Wirtschaftswachstum bis zu den ärmsten Bevölkerungsschichten durchdringen kann, erfüllen soziale Sicherungssysteme letzten Endes die Funktion eines Garanten inklusiven Wirtschaftswachstums (Unterpunkt 3).

1 Wirtschaftswachstum als Instrument der Armutsbekämpfung

Eine der meist zitierten und beachteten Studien mit dem Titel „Growth is good for the poor", die zu zeigen versucht, dass Wirtschaftswachstum ein Instrument der Armutsbekämpfung ist, stammt im Auftrag der Weltbank von Dollar und Kraay (2002). Die beiden Autoren zeigen anhand von 92 Ländern und einem Beobachtungszeitraum von vier Dekaden, dass die Pro-Kopf-Einkommen der ärmsten 20 Prozent der Bevölkerung durchschnittlich proportional zur Wachstumsrate des Bruttoinlandsprodukts pro Kopf (BIP p. c.) steigen (Abbildung 1). Konkret heißt das: In den Volkswirtschaften, in denen die Wirtschaft beispielsweise um vier Prozent p. c. wächst, nehmen auch die Pro-Kopf-Einkommen der ärmsten 20 Prozent der Bevölkerung (ärmstes Einkommensquintil) um durchschnittlich vier Prozent zu – aber eben nur durchschnittlich! Denn hinter diesem Durchschnittsergebnis versteckt sich die Tatsache, dass es sowohl Länder gibt, in denen die Armen überproportional vom Wirtschaftswachstum profitieren, als auch Länder, in denen sie verhältnismäßig weniger oder gar nichts vom Wirtschaftswachstum haben. Das heißt, dass neben dem zentralen Ergebnis von Dollar und Kraay, „Growth is good for the poor", bei genauerem Hinsehen konstatiert werden muss, dass der armen Bevölkerung Wirtschaftswachstum nicht oder nur bedingt hilft. Abbildung 1 veranschaulicht diese Fälle:

Erstens gibt es Länder, in denen die Pro-Kopf-Einkommen der Ärmsten langsamer wachsen als die Wachstumsrate des BIP p. c. Dies ist beispielsweise der Fall, wenn die Wirtschaft um vier Prozent p. c. wächst, das ärmste Einkommensquintil aber nur einen Einkommenszuwachs von einem Prozent p. c. erfährt (erster Quadrant, oberhalb der Regressionsgeraden). Weil dann das ärmste Einkommensquintil nicht in vollem Umfang und weniger als andere Bevölkerungsgruppen bzw. Einkommensquintile vom Wirtschaftswachstum profitiert, nimmt die Einkommensungleichheit innerhalb einer Gesellschaft zu.

Zweitens gibt es einige Länder, in denen die Wirtschaft zwar wächst, beispielsweise um vier Prozent p. c., die Pro-Kopf-Einkommen der Ärmsten jedoch sinken, beispielsweise um drei Prozent (zweiter Quadrant). Der von den Modernisierungstheoretikern postulierte *trickle-down-effect* findet hier nicht statt: Wirtschaftswachs-

---

werden in diesem Beitrag synonym benutzt und meinen alle drei die Reduzierung der Armut in einer Volkswirtschaft durch Wirtschaftswachstum.

tum sickert nicht zu den ärmsten Bevölkerungsgruppen durch, und ihre Situation verschlechtert sich trotz positiver wirtschaftlicher Entwicklung. Wie bereits im ersten Fall nimmt auch hier die Ungleichverteilung der Einkommen zu.

Drittens gibt es Länder, in denen ein positives Wachstum des BIP p. c. schlichtweg ausbleibt. Abgesehen von einem sehr hohen Bevölkerungswachstum und anderen internen Voraussetzungen tragen auch globale Krisenerscheinungen dazu bei, dass die Wachstumsrate des BIP p. c. negativ ausfällt. Wie im dritten Quadranten von Abbildung 1 veranschaulicht, nehmen dann die Pro-Kopf-Einkommen des ärmsten Einkommensquintils nicht zu.

Abbildung 1:
Wirtschaftswachstum ist (nicht nur) gut für die Armen

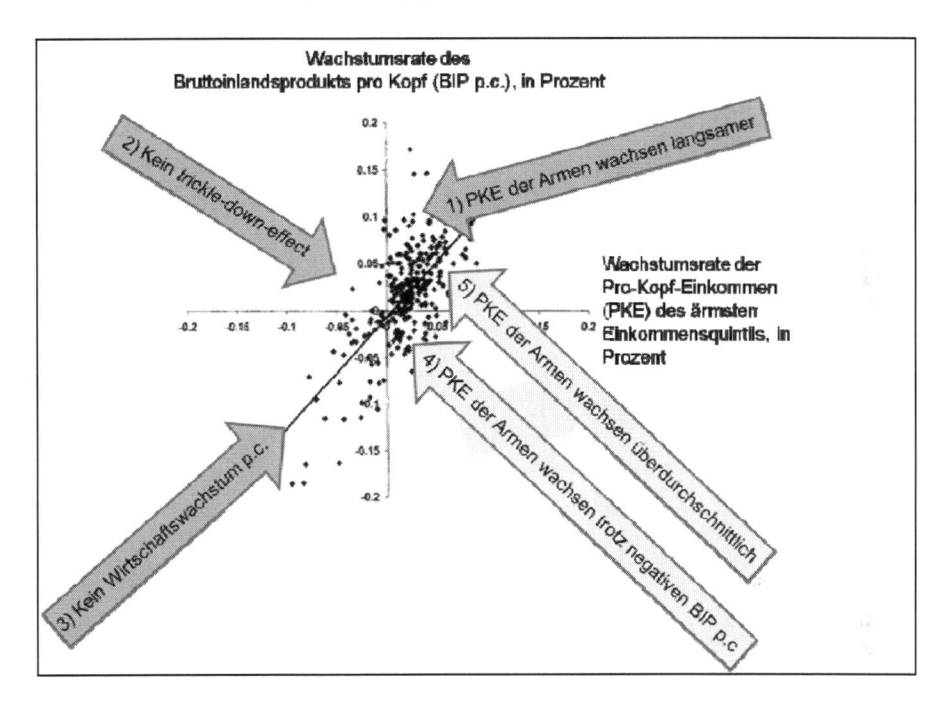

Quelle: in Anlehnung an Dollar/Kraay (2002: 197)

Unbestritten gibt es auch die Länder, in denen wie im vierten Fall dargestellt die Pro-Kopf-Einkommen der Ärmsten trotz negativen Wirtschaftswachstums p. c. zunehmen (vierter Quadrant). Oder es gibt Länder, in denen wie im fünften Fall aufgezeigt Wirtschaftswachstum den Armen überdurchschnittlich zugute kommt, weil die Pro-Kopf-Einkommen der ärmsten 20 Prozent der Bevölkerung stärker wachsen als die Wachstumsrate des BIP p. c. (erster Quadrant, unterhalb der Regressionsgeraden).

Entgegen der Aussage von Dollar und Kraay, Wirtschaftswachstum sei gut für die Armen, sollen die fünf dargestellten Fälle aber vor allem eines verdeutlichen: Eine generalisierende Aussage, ob Wirtschaftswachstum zwangsläufig ein Instrument der Armutsbekämpfung ist, lässt sich nicht treffen. Denn bei identischer Wachstumsrate des BIP p. c. reduzieren Länder Armut unterschiedlich effektiv. Dass die Länder in der Armutsreduzierung durch Wirtschaftswachstum so unterschiedlich erfolgreich sind, liegt daran, dass Wirtschaftswachstum zu den armen Bevölkerungsgruppen durchdringen muss. Es sind daher vor allem die Länder in der Armutsreduzierung effektiv, in denen die armen Bevölkerungsgruppen am wirtschaftlichen Wachstumsprozess teilhaben. Das heißt: Wirtschaftliches Wachstum muss entweder genau in den Regionen und Sektoren stattfinden, in denen die Armen leben und wirtschaftlich aktiv sind, oder es muss wirtschafts- und sozialpolitisch auf die Determinanten eingewirkt werden, welche die Partizipation der armen Bevölkerungsgruppen am Wirtschaftswachstum ermöglichen und gewährleisten.

Determinanten breitenwirksamen Wirtschaftswachstums

Ein stabiles Wirtschaftswachstum erfordert, dass bestimmte Bedingungen auf der Makroebene erfüllt sind: Wie in Abbildung 2 dargestellt, zählen hierzu die Gewährleistung *makroökonomischer Stabilität* (stabile Wechselkurse, ausgeglichene Leistungsbilanzen, Preisniveaustabilität, Disziplin der öffentlichen Haushalte etc.), die *Einbindung in den Weltmarkt*, der eine entsprechende Nachfrage bzw. den Absatz produzierter Güter und Dienstleistungen garantiert, sowie ein *investitionsfreundliches Klima*. Für die Partizipation der armen Bevölkerungsgruppen am Wirtschaftswachstum sind hingegen die Determinanten auf der Mikroebene von entscheidender Bedeutung (Transmissionskanäle). In der entwicklungspolitischen Forschung wurden vor allem die Beschäftigungsfähigkeit, der Zugang zu Märkten und Produktionsmitteln sowie die Bewältigung von Risiken und Schocks als besonders wichtig für breitenwirksames Wirtschaftswachstum identifiziert (DfID 2006: 1).

Am wirtschaftlichen Wachstumsprozess teilhaben kann nur, wer auch *beschäftigungsfähig* ist. Wer krank ist oder wer über keine entsprechende schulische und berufliche Qualifikation verfügt, ist nicht in den Arbeitsmarkt zu integrieren. Gerade wenn armen Bevölkerungsgruppen der Zugang zu medizinischer Versorgung fehlt, können berufliche Tätigkeiten aufgrund von Krankheit nicht aufgenommen oder fortgeführt werden. Ähnlich negativ wirkt sich ein niedriges Bildungsniveau aus: Schlecht (aus)gebildete Arbeiter werden nicht nachgefragt, durch besser qualifizierte Kräfte ersetzt oder nur ungenügend entlohnt, so dass sie sich kaum aus eigener Kraft aus der Armutssituation befreien können.

Um produktiv in den Wirtschaftskreislauf mit eingebunden zu werden, muss auch der *Zugang zu Märkten und Produktionsmitteln* gewährleistet sein. Vielfältige Aspekte tragen jedoch dazu bei, dass gerade arme Bevölkerungsschichten keinen Zugang dazu haben, weil sie aufgrund ethnischer, religiöser, regionaler oder geschlechtsspezifischer Diskriminierung ausgeschlossen werden. Wenn Absatzmärkte nicht erreicht, produktive Investitionen in Sach- und Humankapital nicht getätigt oder Produktionsmittel nicht erworben werden, profitieren Arme entweder nicht oder relativ weniger vom wirtschaftlichen Wachstum als andere Bevölkerungsgruppen.

Abbildung 2:
Determinanten stabilen und breitenwirksamen Wirtschaftswachstums

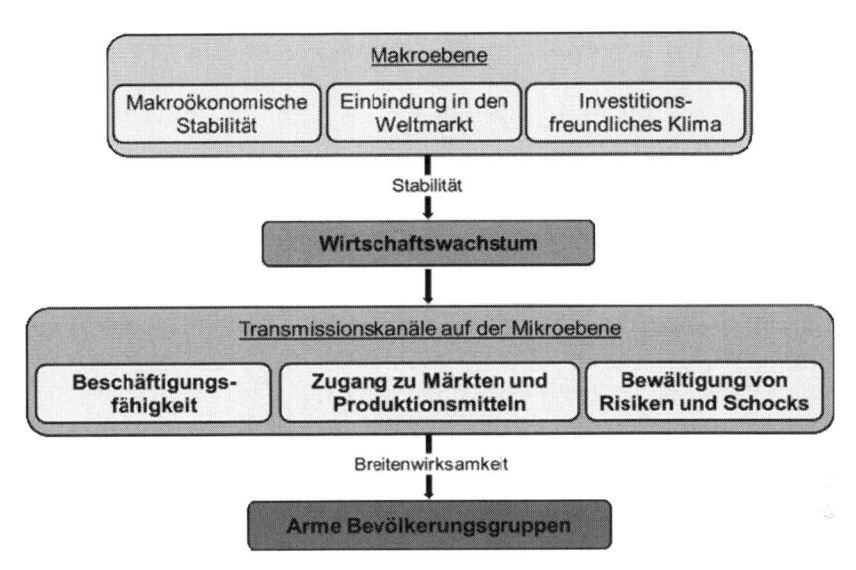

```
┌─────────────────────────────────────────────────────┐
│                    Makroebene                        │
│  ┌──────────────┐ ┌──────────────┐ ┌──────────────┐ │
│  │Makroökonomische│ │Einbindung in den│ │ Investitions- │ │
│  │   Stabilität  │ │   Weltmarkt   │ │freundliches Klima│ │
│  └──────────────┘ └──────────────┘ └──────────────┘ │
└─────────────────────────────────────────────────────┘
                         │ Stabilität
                         ▼
              ┌─────────────────────┐
              │  Wirtschaftswachstum │
              └─────────────────────┘
                         │
                         ▼
┌─────────────────────────────────────────────────────┐
│        Transmissionskanäle auf der Mikroebene        │
│  ┌──────────────┐ ┌──────────────┐ ┌──────────────┐ │
│  │Beschäftigungs-│ │Zugang zu Märkten und│ │ Bewältigung von│ │
│  │   fähigkeit  │ │ Produktionsmitteln│ │Risiken und Schocks│ │
│  └──────────────┘ └──────────────┘ └──────────────┘ │
└─────────────────────────────────────────────────────┘
                         │ Breitenwirksamkeit
                         ▼
              ┌─────────────────────┐
              │ Arme Bevölkerungsgruppen │
              └─────────────────────┘
```

Quelle: eigene Darstellung

Darüber hinaus ist die Bewältigung von Risiken und Schocks eine wesentliche Determinante inklusiven Wirtschaftswachstums. Zu den häufigsten Risiken und Schocks, denen sich grundsätzlich jeder Mensch im Laufe seines Lebens gegenübersieht, zählen (BMZ 2009: 6):

– ökonomische Risiken, wie Erwerbslosigkeit oder Preisschocks für Grundnahrungsmittel und Rohstoffe: Besonders zu beobachten sind diese Risiken beispielsweise bei Krisenerscheinungen, wie der jüngsten *food, fuel and financial crisis* (*triple-f-crisis*);
– Lebenszyklusrisiken, wie Kindheit, Alter, Mutterschaft, Behinderung, Tod eines Familienangehörigen oder (vorübergehende) Erwerbsunfähigkeit: Diesen klassischen Lebenszyklusrisiken ist jeder Einzelne im Lebensverlauf ausgesetzt;
– Gesundheitsrisiken, wie Krankheiten, Unfälle, Pandemien und Epidemien;
– ökologische Risiken, wie Dürren, Erdbeben, Wirbelstürme oder Überschwemmungen: Einhergehend mit dem Klimawandel nehmen einige dieser Naturkatastrophen in der Anzahl und Intensität zu und gefährden nicht nur den Lebensunterhalt und Besitz einzelner Haushalte, sondern ganzer Regionen.

Da der Eintritt von Risiken und Schocks hohe Kosten und Einkommensausfälle verursacht, sind auch andere Determinanten breitenwirksamen Wirtschaftswachstums davon betroffen. Können beispielsweise Einkommensausfälle innerhalb eines Haushalts für eine gewisse Zeit nicht kompensiert werden, ist die Beschäftigungsfähigkeit des ganzen Haushalts gefährdet: Kinder besuchen die Schule nicht weiter, weil sie zum Lebensunterhalt der Familie beitragen müssen oder Schulgebühren für sie nicht mehr bezahlt werden können. Dadurch verschlechtern sich ihr Bildungsniveau sowie ihre zukünftigen Chancen auf dem Arbeitsmarkt. Oder es werden Produktionsmittel (z. B. Arbeitsmaschinen, Land oder Nutztiere) veräußert, um die Krankenkosten eines Familienangehörigen zu bezwingen. Anstatt die aktuelle Lage aber tatsächlich zu lindern, verschärfen solche und andere Bewältigungsmechanismen die Situation armer Bevölkerungsgruppen vielmehr, da sich Armut dauerhaft verfestigt.

Nationale Regierungen und internationale Organisationen der EZ können die notwendigen Voraussetzungen dafür schaffen, dass arme Bevölkerungsgruppen Risiken und Schocks besser bewältigen und ihnen dadurch eine Teilhabe am Wachstumsprozess ermöglichen. Insbesondere stehen ihnen hierfür soziale Sicherungssysteme zur Verfügung, die ihrerseits als Instrument der Armutsbekämpfung wirken, wie nachfolgender Unterpunkt verdeutlicht.

2 Soziale Sicherungssysteme als Instrument der Armutsbekämpfung

„Soziale Sicherungssysteme sind darauf ausgerichtet, der Verwundbarkeit gegenüber Lebensrisiken entgegenzuwirken – durch Sozialversicherung, indem eine lebenslange Sicherung gegen Risiken und Notsituationen geboten wird, durch Grundsicherung, indem Arme durch Geldzahlungen und Sachleistungen unterstützt und gefördert werden, und durch Inklusionsstrategien, um den Zugang marginalisierter Gruppen zu Sozialversicherung und sozialer Hilfe zu erleichtern" (Europäische Kommission 2010: 1).

Für gewöhnlich umfasst die Sozialversicherung die Zweige der Kranken-, Renten-, Pflege-, Arbeitslosen-, Unfall- und Invaliditätsversicherung. Diese Zweige werden über Beiträge von Arbeitgebern und -nehmern und/oder über Steuern finanziert und sind insofern erwerbsbezogen, da sie im Regelfall an ein formales Beschäftigungsverhältnis gekoppelt sind. Unterschiede bestehen bei den einzelnen Zweigen der Sozialversicherung hinsichtlich der Höhe der Leistungen im Risikofall: Entweder erhalten Versicherungsnehmer und ihre Familien einheitliche Leistungen, oder die Leistungen orientieren sich gemäß dem Äquivalenzprinzip an der Höhe der zuvor eingezahlten Beiträge (z. B. in Deutschland die Arbeitslosen-, Rentenversicherung oder Lohnfortzahlungen im Krankheitsfall). Im Gegensatz zu einheitlichen Leistungen steht dann nicht der Grundsatz der Gleichheit im Vordergrund, sondern da die Leistungen äquivalent zu dem zuvor erzielten Erwerbseinkommen sind, wird der bis dahin erworbene sozioökonomische Lebensstandard der Empfänger gesichert und eventuelle Statusunterschiede beibehalten.

Zu den Programmen der Grundsicherung zählen Sozialhilfe bzw. Sozialtransfers (*social cash transfers*), altersbezogene Leistungen, Kinder- und Familiengeld, Sachleistungen sowie öffentliche Beschäftigungsprogramme, die allesamt steuer- bzw. in Entwicklungsländern auch geberfinanziert sind. Grundsicherungsprogramme richten sich entweder kategorial an vorab definierte Bevölkerungsgruppen, denen ein generalisierter Bedarf unterstellt wird (z. B. Kinder- und Familiengeld für alle Familien mit Kindern), oder sie richten sich an bedürftige Einzelpersonen oder Haushalte, deren Einkommen unterhalb einer bestimmten Armutsgrenze liegt (z. B. Sozialhilfe). Üblicherweise sind in beiden Fällen die Leistungen der Grundsicherung unter dem Niveau der Sozialversicherungsbezüge, da Grundsicherungsprogramme vor allem ein Beitrag zum Lebensunterhalt darstellen bzw. die Sicherung eines bestimmten Existenzminimums zum Ziel haben – und weniger den Erhalt eines zuvor erreichten sozioökonomischen Lebensstandards, wie die Sozialversicherung.

Zu den Maßnahmen der Inklusionsstrategien zählen neben Aufklärungskampagnen vor allem Arbeitsmarktregulierungen und Arbeitsplatzbestimmungen, welche die rechtlichen Ansprüche auf Einkommen, Arbeit und soziale Sicherung regeln.

Aus diesem Instrumentarium haben die westeuropäischen Länder in den letzten Jahrzehnten ein unvergleichbares und umfangreiches soziales Sicherungsnetz gestrickt, dessen Größe sich an den Sozialausgaben veranschaulichen lässt: So betragen die Ausgaben für das gesamte System der sozialen Sicherung in Westeuropa – gemessen an der wirtschaftlichen Leistungskraft – durchschnittlich 25 Prozent des Bruttoinlandsprodukts (ILO 2010: 81). Dieser Wert verdeutlicht, dass der relativ hohe Lebensstandard und die weitgehende Abwesenheit extremer Armut in Westeuropa nicht nur auf das Wirtschaftswachstum bzw. die wirtschaftliche Entwicklung, sondern auch auf den Auf- und Ausbau der sozialen Sicherungssysteme und deren ständiger Verfeinerung seit der Industrialisierung und dem Aufwerfen der Sozialen Frage zurückzuführen ist.

Heute deckt dieses System in Westeuropa weite Teile der Bevölkerung ab und trägt entscheidend zur Prävention, Abfederung und Bewältigung von Lebenszyklus-, Gesundheits-, ökonomischen und ökologischen Risiken und Schocks und den damit zusammenhängenden Verarmungsrisiken bei:

- *Präventiv* gegen Armut wirken Arbeitsmarktregulierungen und Arbeitsplatzbestimmungen, da beispielsweise über die Formalisierung von Beschäftigungsverhältnissen ein Einkommen über einem bestimmten Existenzminimum gewährleistet wird.
- *Abfedernd* bei Risiken und Schocks sind vor allem die unterschiedlichen Sozialversicherungszweige, die dann greifen, wenn ein Einkommen nicht (mehr) selbstständig erzielt werden kann. Dies ist beispielsweise im Alter, bei Krankheit, Unfall oder Arbeitslosigkeit der Fall.
- *Bewältigend* sind vor allem Grundsicherungssysteme, die bei Personengruppen ansetzen, die trotz präventiver und abfedernder sozialer Sicherungsmaßnahmen arm sind. Weil Grundsicherungssysteme unterstützend und fördernd wirken,

können sie dazu beitragen, dass sich arme Bevölkerungsgruppen selbstständig aus der Armutssituation befreien können.

Als Instrument der Armutsbekämpfung könnten soziale Sicherungssysteme auch in Entwicklungsländern eine entscheidende Rolle spielen. Gerade aber in den ärmsten Regionen dieser Welt, wie in Subsahara-Afrika, hat nur eine Bevölkerungsminderheit Zugang zu sozialer Sicherung: Das heißt, selbst wenn in irgendeiner Form soziale Sicherungssysteme existieren, stehen diese meist nur einem kleinen, privilegierten Kreis, wie der städtischen, im formellen Sektor beschäftigten Bevölkerung, offen. Da ein großer oder sogar überwiegender Anteil der Bevölkerung in Entwicklungsländern jedoch im informellen Sektor tätig ist oder in ländlichen Gebieten lebt, wird dieser von den bestehenden Sicherungssystemen überhaupt nicht erfasst. Dabei sind vor allem die Haushalte gegenüber Risiken und Schocks besonders anfällig (vulnerabel), welche keiner formellen Beschäftigung nachgehen und nur über ein geringes Einkommen verfügen. Dadurch haben sie einen vergleichsweise erhöhten Bedarf an Maßnahmen der sozialen Sicherung (ILO 2010: 31).

Neben dem hohen Ausmaß an Informalität und niedrigen Durchschnittseinkommen kommt in vielen Entwicklungsländern hinzu, dass sich traditionelle, auf Familien gestützte Sicherungssysteme auflösen. Gründe hierfür liegen in der Migration, der Urbanisierung oder der HIV/AIDS-Pandemie, die insbesondere das südliche Afrika trifft und dazu führt, dass immer mehr sogenannte *generation-gapped* Haushalte entstehen. Weil in diesen Haushalten die mittlere Generation weggebrochen ist, kann diese weder zum Haushaltseinkommen beitragen, noch kann sie die Erziehung der Kinder oder Pflege der älteren Menschen übernehmen. Obwohl aus den genannten Gründen von einigen Staaten in Subsahara-Afrika sowie von Seiten der internationalen EZ damit begonnen wurde, einzelne soziale Sicherungsprogramme zu implementieren, ist das soziale Sicherungssystem dort noch immer äußerst lückenhaft und rudimentär. Dieser Umstand zeigt sich auch an den Sozialausgaben, die im weltweiten Vergleich in Subsahara-Afrika am niedrigsten sind: Sie betragen weniger als neun Prozent des Bruttoinlandsprodukts. Rechnet man die Ausgaben für Gesundheit heraus, so werden für die übrigen Sicherungssysteme durchschnittlich lediglich etwas mehr als fünf Prozent des Bruttoinlandsprodukts ausgegeben (ILO 2010: 81).

Dabei ließen sich durch soziale Sicherungssysteme beträchtliche Fortschritte in der Armutsbekämpfung erzielen, wie Mikrosimulationen für einzelne Länder zeigen: Simuliert wird *ex ante*, dass sich mit einem umfassenden Grundsicherungssystem (eine Kombination aus Kindergeld, altersbezogenen Leistungen und Behindertenrente) der Anteil der Armen, der von Hunger bedroht ist (gemessen an der nationalen *food poverty line*), in Ländern wie Tansania oder Senegal um mehr als ein Drittel reduzieren ließe (Gassmann/Behrendt 2006: 47 und 49). Solche Mikrosimulationen bescheinigen das Potenzial und die Leistungsfähigkeit sozialer Sicherungssysteme bei der Armutsbekämpfung. Dass in vielen Ländern soziale Grundsicherungssysteme auch finanzierbar wären, zeigen Berechnungen der *International Labour Organization* für die subsaharischen Staaten Afrikas: Ein Programm mit einem

Sozialtransfer von umgerechnet 15 US-Dollar pro Monat an die ärmsten zehn Prozent aller Haushalte würde in keinem der untersuchten Länder (Burkina Faso, Kamerun, Äthiopien, Guinea, Kenia, Senegal oder Tansania) mehr als 0,7 Prozent des Bruttoinlandsprodukts bzw. maximal drei Prozent der Staatsausgaben betragen (DfID 2005: 4). Zudem ließen sich für die Finanzierung der sozialen Sicherungsmaßnahmen in vielen der subsaharischen Staaten Afrikas weitaus höhere Staatseinnahmen generieren (z. B. im Rohstoffsektor), als es bisher der Fall war, denn Subsahara-Afrika wächst und die Konjunkturaussichten sind mit über fünf Prozent Wirtschaftswachstum für 2012 und 2013 vielversprechend (World Bank 2011: 17).

3 Soziale Sicherungssysteme als ein Garant inklusiven Wirtschaftswachstums

Da die Wirtschaftsprognosen für Subsahara-Afrika nicht nur für die kommenden Jahre positiv sind, sondern in vielen Ländern bereits seit mehr als zehn Jahren die Wirtschaft beständig wächst, gilt es, dieses Wirtschaftswachstum unbedingt als Instrument der Armutsbekämpfung zu nutzen. Denn wie eingangs erwähnt, ist Wirtschaftswachstum in den ärmsten Ländern dieser Welt erst einmal positiv zu bewerten, da es nichts anderes als die Zunahme der gesamtwirtschaftlichen Produktion bzw. des gesamtwirtschaftlichen Einkommens meint. Dadurch lässt sich die materielle Versorgungslage der Bevölkerung verbessern. Es ist auch schlichtweg notwendig, um das hohe Bevölkerungswachstum in den meisten Entwicklungsländern zu finanzieren. Denn nur wenn die wirtschaftliche Wachstumsrate über der Rate des Bevölkerungswachstums liegt, steigt dort das Pro-Kopf-Einkommen. Problematisch ist jedoch, wie unter Punkt 1 diskutiert wurde, dass Wirtschaftswachstum nicht zwangsläufig der armen Bevölkerung zugute kommt. Deshalb sind jene Determinanten zu beeinflussen, welche die Breitenwirksamkeit von Wirtschaftswachstum bestimmen. Eine Determinante hiervon ist die Bewältigung von Risiken und Schocks, auf die – wie unter Punkt 2 gezeigt wurde – mit sozialen Sicherungssystemen gezielt reagiert werden kann.

Wenn mit sozialen Sicherungssystemen also auf die Determinanten breitenwirksamen Wirtschaftswachstums Einfluss genommen werden kann, impliziert das, dass soziale Sicherungssysteme, Wirtschaftswachstum und dessen Breitenwirksamkeit in engem Verhältnis zueinander stehen. Soziale Sicherungssysteme tragen daher direkt zum Wirtschaftswachstum bzw. dessen Breitenwirksamkeit bei, da ihnen mehrere Funktionen innewohnen (BMZ 2009: 8):

Soziale Sicherungssysteme haben eine *politische Funktion*, indem sie die Legitimität des politischen Systems erhöhen und zur Stärkung transparenter und gerechter Regierungsführung beitragen können. Ist nämlich allen Gesellschaftsmitgliedern der Zugang zu sozialer Sicherung garantiert, identifizieren sich diese über die Zahlung von Steuern einerseits und der Bereitstellung sozialer Sicherungsmaßnahmen andererseits mit dem Staat. Diese Identifikation sorgt für politische Stabilität und beugt gesellschaftlichen Konflikten vor. Stabile politische Verhältnisse in einem Land sind eine der Rahmenbedingungen für ein investitionsfreundliches Klima für In- und

Ausländer, was wiederum als eine der entscheidenden Voraussetzungen für ein stabiles wirtschaftliches Wachstum gilt (Abbildung 2).

Daneben haben soziale Sicherungssysteme eine *soziale Funktion*, die im gesellschaftlichen Zusammenhalt und der Inklusion aller Gesellschaftsmitglieder liegt. Weil soziale Sicherungssysteme zu sozialem Ausgleich und sozialer Gerechtigkeit in einer Gesellschaft beitragen, fördern sie die Autonomie und Selbstbestimmtheit marginalisierter Bevölkerungsgruppen, so dass diese ihre Interessen besser artikulieren und durchsetzen können. Dadurch kann armen Bevölkerungsschichten der Zugang zu Märkten und Produktionsmitteln erleichtert werden. Weil zugleich bei Empfängern sozialer Sicherungsmaßnahmen die Bereitschaft steigt, in produktives Sach- und Humankapital zu investieren, nimmt deren Selbsthilfefähigkeit bedeutend zu.

Neben diesem investiven Charakter besteht die *ökonomische Funktion* sozialer Sicherungssysteme darin, dass aufgrund von Instrumenten, wie Lohnfortzahlungen im Krankheitsfall, Arbeitslosen- oder Krankengeld, Beschäftigte bei Krankheit, Rezessionen oder wirtschaftlichen Stagnationsphasen materiell abgesichert sind. Soziale Sicherungssysteme verhindern daher ein Abrutschen in Armut, weil ein Mindestlebensstandard gehalten wird. Dadurch werden Arbeitsmigration und Phänomene wie *brain drain* eingedämmt; bei wirtschaftlicher Erholung stehen Arbeitskräfte aus dem Inland dem Arbeitsmarkt schnell wieder zur Verfügung. Zudem stabilisieren die Transferzahlungen sozialer Sicherungssysteme bei Rezessionen die Nachfrage und somit den inländischen Konsum.

Soziale Sicherungssysteme fangen jedoch nicht nur die negativen Effekte von ökonomischen Krisen und Einbrüchen ein, sondern sie haben gleichzeitig eine positive Funktion für die wirtschaftliche Entwicklung eines Landes. Denn wie Evaluierungen von Grundsicherungsprogrammen zeigen, führen staatliche Transferzahlungen in Entwicklungsländern dazu, dass sich der Gesundheitszustand, die Ernährungssituation und die Bildungsbeteiligung der Empfängerhaushalte verbessern: Mahlzeiten sind ausgewogener und abwechslungsreicher, Arztrechnungen oder Fahrtkosten zu Krankenstationen können bezahlt werden, Kinder werden in die Schule geschickt und vieles mehr. Dies alles trägt zur Produktivität und Beschäftigungsfähigkeit von armen Bevölkerungsgruppen bei und erhöht den Bestand an Humankapital in einer Gesellschaft.

Konkret bedeutet das: Aufgrund der verschiedenen Funktionen von sozialen Sicherungssystemen tragen diese nicht nur zur unmittelbaren Bewältigung von Risiken und Schocks bei, sondern fördern auch die Beschäftigungsfähigkeit und den Zugang zu Märkten und Produktionsmitteln in einer Gesellschaft. Dadurch stehen soziale Sicherungssysteme mit allen drei Determinanten breitenwirksamen Wachstums in engem Zusammenhang (Abbildung 2). Darüber hinaus reichen die Wirkungen sozialer Sicherungssysteme bis auf die Makroebene: erstens aufgrund eines investitionsfreundlicheren Klimas, wie weiter oben erläutert, sowie zweitens durch eine bessere Ausstattung mit Humankapital. Letzteres führt dazu, dass die Volkswirtschaft international wettbewerbsfähiger ist und sich besser in den Weltmarkt einbinden lässt.

Die bisherigen Ausführungen drängen die Schlussfolgerung auf, dass es zwischen Wirtschaftswachstum und sozialen Sicherungssystemen kein Entweder-oder gibt und beide nicht in einem rivalisierenden Verhältnis stehen. Soziale Sicherungssysteme und Wirtschaftswachstum sind daher keine Substitute, sondern vielmehr komplementäre Instrumente der Armutsbekämpfung, die für die Entwicklung eines Landes gleichermaßen von Bedeutung sind. So legt ein Blick auf die westeuropäische Geschichte nahe, dass Wirtschaftswachstum zwar der Motor des heutigen hohen Lebensstandards war, jedoch zu keiner Zeit ausreichte, Armut zu verhindern oder gänzlich zu bekämpfen. Für den westeuropäischen Entwicklungsweg ist daher Folgendes charakteristisch: Nur der Einsatz von zweierlei Instrumenten – nämlich Wirtschaftswachstum und soziale Sicherungssysteme – hat dazu geführt, dass heute das Armutsproblem aus materieller Deprivation, Hunger und physischer Existenzbedrohung in den Wohlfahrtsstaaten Westeuropas als gelöst gilt. Die Entwicklungsländer wären daher schlecht beraten, wenn sie lediglich auf die ökonomische Kennzahl Wirtschaftswachstum und seine Durchsickerungseffekte vertrauen würden.

Immer mehr Organisationen der internationalen EZ erkennen das Potenzial und die Leistungsfähigkeit, die sozialen Sicherungssystemen immanent sind, und der Impuls zur Institutionalisierung sozialer Sicherungssysteme verstärkt sich. Dies spiegelt sich neben der zunehmenden Beratung der Entwicklungsländer bei der Implementierung oder Finanzierung von sozialen Sicherungsprogrammen auch in der Veröffentlichung zahlreicher Dokumente und Berichte dieser Organisationen wider. So beschäftigt sich beispielsweise der jüngste Europäische Entwicklungsbericht mit dem Titel „Soziale Sicherung für inklusive Entwicklung" explizit mit dem Auf- und Ausbau sozialer Sicherungssysteme in Subsahara-Afrika und der Rolle, die diesen bei der wirtschaftlichen Entwicklung und der Armutsbekämpfung in der Region zukommen kann (Europäische Kommission 2010).

Daran anknüpfend zurück zum Ausgangsproblem des vorliegenden Beitrags, dem Armutsproblem dieser Welt, welches mit den herkömmlichen Instrumenten und Formen der EZ nicht gelöst wurde. Zweifelsohne wird die EZ immer wieder mit Herausforderungen und Problemen konfrontiert, die mit dem derzeitigen Wissensstand nur bedingt abzusehen sind und die sie auch nicht allein zu lösen vermag. Jedoch ist schon heute deutlich erkennbar, dass trotz des derzeitig durchschnittlich hohen Wirtschaftswachstums in vielen Regionen dieser Welt, wie beispielsweise in Subsahara-Afrika, keine signifikanten bzw. ausreichenden Fortschritte in der Armutsreduzierung und der Erreichung der Millenniumsentwicklungsziele erzielt werden, weil Wirtschaftswachstum nicht zu den ärmsten Bevölkerungsgruppen durchdringt. Weil zudem Rückschläge, wie die jüngste Lebensmittel-, Öl-, Finanz- und Wirtschaftskrise, dazu führen, dass sich der Pfad der Armutsreduzierung weltweit verlangsamt, sollte es die internationale EZ nicht nur auf dem Papier als ihre dringende Aufgabe verstehen, den weltweiten Auf- und Ausbau sozialer Sicherungssysteme voranzutreiben – will sie ihrem selbst gesetzten Anspruch eines inklusiven Wirtschaftswachstums bzw. einer *pro-poor growth*-Strategie tatsächlich gerecht werden.

Literatur

BMZ [Bundesministerium für wirtschaftliche Zusammenarbeit und Entwicklung] (2009): Sektorkonzept Soziale Sicherung. Bonn: Bundesministerium für wirtschaftliche Zusammenarbeit und Entwicklung.

Chen, Shaohua/Ravallion, Martin (2008): The developing world is poorer than we thought, but no less successful in the fight against poverty. Washington DC: World Bank.

DfID [Department for International Development] (2005): Can low-income countries in Africa afford social transfers? Social protection briefing note series, number 2. In: http://www.gsdrc.org/docs/open/SP18.pdf (Zugriff: 27.10.2011).

DfID [Department for International Development] (2006): Social protection and economic growth in poor countries. Social protection briefing note series number 4. In: http://www.gsdrc.org/docs/open/SP16.pdf (Zugriff: 27.10.2011).

Dollar, David/Kraay, Aart (2002): Growth is good for the poor. In: Journal of Economic Growth 7, S. 195–225.

Europäische Kommission (2010): Europäischer Entwicklungsbericht 2010 – Soziale Sicherung für inklusive Entwicklung. Eine neue Perspektive in der Zusammenarbeit zwischen der EU und Afrika. Brüssel: Europäische Kommission.

G20 (2010): Seoul development consensus for shared growth. In: http://www.g20.org/Documents2010/11/seoulsummit_annexes.pdf (Zugriff: 27.10.2011).

Gassmann, Franziska/Behrendt, Christina (2006): Cash benefits in low-income countries: Simulating the effects on poverty reduction for Senegal and Tanzania. Genf: International Labour Organization, Social Security Department.

ILO [International Labour Organization] (2010): World Social Security Report 2010/2011: Providing coverage in times of crisis and beyond. Genf: International Labour Organization.

World Bank (2011): Global economic prospects. Maintaining progress amid turmoil. Washington DC: World Bank.

Stefan Leiderer

Wirksamere Entwicklungszusammenarbeit durch Budgethilfe? Theorie und Praxis eines umstrittenen Instruments

Einleitung

In der internationalen Diskussion um wirksamere Ansätze der Entwicklungszusammenarbeit (EZ) im Kontext der Paris/Accra-Agenda wurde (und wird in jüngerer Zeit wieder intensiver) besonders kontrovers über das Instrument der Budgethilfe diskutiert.

Dabei ist zweierlei bemerkenswert: Zum einen bildet die Diskussion um Budgethilfe in gewisser Weise einen Kristallisationspunkt für oftmals weitergehende, grundsätzlich unterschiedliche Sichtweisen auf Ziele, Möglichkeiten und Grenzen der Entwicklungspolitik und -zusammenarbeit. Dadurch ist die Debatte um Budgethilfen häufig inhaltlich mit weitergehenden Fragestellungen überfrachtet und teils entsprechend stark politisiert. Zum anderen zeigt sich aber auch, dass der allgemeine Kenntnisstand zu dem Instrument selbst unter Praktikern der Entwicklungszusammenarbeit nach wie vor gering ist und die Diskussion dementsprechend auf nicht sonderlich solider Grundlage geführt wird.

Dieser Beitrag soll helfen, die Debatte um Budgethilfen zu versachlichen, indem Hintergrund und Interventionslogik erklärt, der unterschiedliche Umgang der Geber mit dem Instrument beschrieben und neuere Erkenntnisse zur Wirksamkeit des Instruments zusammenfassend dargestellt werden.

Das Grundproblem mangelnder Wirksamkeit der Entwicklungszusammenarbeit: der Projektansatz in der Kritik

Ausgangspunkt der Diskussion um sogenannte programmbasierte Ansätze (im internationalen Sprachgebrauch *Programme-based Approaches* oder PBAs), zu denen auch die Budgethilfe in ihrer modernen Ausprägung zählt, ist die ernüchternde Bilanz, die – beginnend Mitte der 1990er Jahre – für die Wirksamkeit traditioneller Entwicklungszusammenarbeit gezogen wurde. Denn bislang konnte die empirische Forschung keinen robusten Beleg für einen positiven Zusammenhang zwischen dem Zufluss von Ressourcen aus Entwicklungshilfe und wirtschaftlichem Wachstum nachweisen (Faust/Leiderer 2008: 132; Doucouliagos/Paldam 2005: 23). Dies ist umso bemerkenswerter, als Einzelevaluierungen von Entwicklungshilfeprojekten üblicherweise in mehr als zwei Dritteln der untersuchten Fälle zu positiven Ergebnissen kommen.

Für dieses gemeinhin als Mikro-Makro-Paradoxon bezeichnete Phänomen (Mosley 1986) in der empirischen Forschung zur Wirksamkeit der Entwicklungszusammenarbeit gibt es unterschiedliche Erklärungsansätze: Zum einen stellen sich ganz erhebliche methodische Herausforderungen bei der makroquantitativen Evaluierung von Entwicklungszusammenarbeit, die bislang nicht hinreichend gelöst sind; zum anderen sind diese Ansätze anspruchsvoll im Hinblick auf möglichst umfangreiche Daten ausreichend guter Qualität, die jedoch trotz erheblicher Fortschritte für viele Länder nach wie vor nicht vorliegen.

Methodische Probleme und die mangelnde Datenverfügbarkeit allein können jedoch das Fehlen robuster Belege für die makroökonomische Wirksamkeit von EZ nicht vollständig erklären. Vielmehr gibt es auch deutliche Evidenz dafür, dass tatsächlich eine ganze Reihe von Faktoren existiert, welche die Wirksamkeit von EZ im Aggregat mindern beziehungsweise sogar zu nicht-intendierten negativen Wirkungen führen können (Faust/Leiderer 2008: 136).

Neben Theorien von Armutsfallen (Asche 2006) und *Dutch-Disease*-Effekten (Younger 1992), deren empirische Grundlage allerdings ebenfalls nicht ausreicht, das gänzliche Fehlen robuster Wirksamkeitsbelege zu erklären, gibt es eine ganze Reihe von Erklärungsansätzen für mangelnde Wirksamkeit von EZ. Zu diesen gehören:

- die hohe Volatilität und damit mangelnde Planbarkeit von Mittelzuflüssen aus EZ. Tatsächlich gibt es hinreichend Evidenz dafür, dass die Volatilität von EZ-Mitteln im Durchschnitt deutlich höher liegt als die anderer Staatseinnahmen (Bulir/Hamann 2006);
- die mangelnde Kohärenz von Geberpolitiken, welche die positiven Wirkungen von EZ zunichte machen kann; das gilt insbesondere für negative Auswirkungen der Handels- und Agrarpolitiken der Geberstaaten;
- die mangelnde Koordination von EZ-Vorhaben, die im besten Fall zu Doppelarbeiten, im schlimmsten Fall zu gegenseitiger Annullierung positiver Wirkungen und sogar einer negativen Gesamtwirkung verschiedener Projekte führen kann;
- die mangelnde Nachhaltigkeit von EZ-Projekten, die oft nur lokal und zeitlich begrenzte Wirkungen entfalten;
- die mangelnde Eigenverantwortung der Partnerseite für EZ-Vorhaben, die in der Vergangenheit allzu oft in erster Linie den Prioritäten der Geber folgten und lokale Bedarfe und Präferenzen ungenügend berücksichtigten;
- falsche Anreize durch EZ, beispielsweise wenn die leichte Verfügbarkeit von Ersatzinvestitionen durch die Geber dazu führt, dass Empfänger keine eigenen Ressourcen für den Erhalt der durch EZ finanzierten Infrastruktur aufbringen;
- die Aushöhlung staatlicher Strukturen durch den Aufbau von Parallelstrukturen und die Abwerbung qualifizierter Arbeitskräfte in das EZ-System.

Bemerkenswert ist dabei, dass diese Erklärungsansätze für mangelnde Wirksamkeit sich nicht auf Charakteristika von EZ-Ressourcen generell beziehen, sondern vor allem auf die Art und Weise, wie EZ in den vergangenen Dekaden bereitgestellt wurde. Konkret steht insbesondere der traditionelle Projektansatz in der Kritik. Zusammenfassend stellt diese Kritik fest, dass Projekte oft nur lokal begrenzte Wirkung entfalten, dabei hohe Transaktionskosten verursachen, kaum Eigenverantwortlichkeit beim Partner generieren und in der Regel strukturelle und systemische Probleme vernachlässigen. Darüber hinaus können Projekte die Strukturen der Partner durch *brain drain* – also das Absorbieren qualifizierter Arbeitskräfte in das lokale EZ-System –, den Aufbau von Parallelstrukturen und die Überlastung lokaler Administrationen durch einen enormen Verhandlungs- und Verwaltungsaufwand auch aktiv schwächen.

Dabei ist festzuhalten, dass nicht alle diese Kritikpunkte immer und für alle Projekte gelten. Gleichzeitig muss man davon ausgehen, dass sie in der Tendenz in der Vergangenheit sicherlich in einer Vielzahl von traditionellen EZ-Projekten zutrafen und mithin einen nicht unerheblichen Anteil an der festgestellten mangelnden Wirksamkeit von Entwicklungszusammenarbeit in den vergangenen Dekaden hatten.

Der Lösungsansatz der Paris-Agenda: Programmorientierung und Budgethilfen

Ausgehend von der Debatte über die mangelnde Wirksamkeit von EZ in der Vergangenheit formulierte die *Paris Declaration* 2005 fünf Prinzipien für eine wirksamere EZ (Eigenverantwortung, Harmonisierung, Partnerausrichtung, Ergebnisorientierung, gegenseitige Rechenschaftspflicht). Dabei stellte sich von Anfang an die Frage, wie diese abstrakten Prinzipien in der EZ-Praxis operationalisiert werden sollen. In den Monitoring-Leitlinien zur *Paris Declaration* werden hierzu sogenannte *Programme-based Approaches* (PBAs) als geeignete Modalität zur Umsetzung der fünf Prinzipien für eine wirksamere EZ identifiziert. Diese sind definiert als EZ-Ansätze, die sich durch folgende Charakteristika auszeichnen: (i) Trägerschaft durch das Gastland beziehungsweise die Organisation, (ii) einen einheitlichen und umfassenden Programm- und Budgetrahmen, (iii) formal festgelegte Prozesse für die Geberkoordination und die Harmonisierung der Geberpraktiken in den Bereichen Berichtswesen, Budgetierung, Finanzmanagement und Beschaffungswesen, sowie (iv) Anstrengungen zur verstärkten Nutzung lokaler Systeme für Programmgestaltung und -umsetzung, Finanzmanagement, Monitoring und Evaluierung (OECD 2005: 14).

Dieses Konzept von PBAs kann nach allgemeinem Verständnis durch unterschiedliche Modalitäten umgesetzt werden, wobei das Instrumentarium von Einzelprojekten im Rahmen von sektorweiten Ansätzen (*Sector-wide Approaches* – SWAs) über die gemeinschaftliche „Korbfinanzierung" (*basket financing*) durch mehrere Geber von mehr oder minder klar abgegrenzten Maßnahmenbündel, bis hin zu sektoralen und allgemeinen Budgethilfen ohne spezifische Zweckbindung reicht (Klingebiel/Leiderer/Schmidt 2005).[1] Somit gilt Budgethilfe zwar letztlich als kon-

---

[1] Die Zielsetzung der *Paris Declaration* sah unter anderem vor, dass bis 2010 66 Prozent der EZ-Beiträge der unterzeichnenden Geber über derartige PBAs bereitgestellt werden sollten. Dieser Wert wurde mit 48 Prozent deutlich verfehlt (OECD-DAC 2011: 63).

sequenteste – aber bei weitem nicht einzige – Form der Anwendung der Prinzipien der *Paris Declaration* in der EZ-Praxis.

Dabei sind Budgethilfen in der *Paris Declaration* zunächst nicht näher definiert, und die verschiedenen Geber haben teils recht unterschiedliche Ansätze zu ihrer Umsetzung entwickelt, worauf im Folgenden noch näher eingegangen wird. Ungeachtet dieser Unterschiede hat sich jedoch zumindest in jenen Ländern, in denen sich mehrere Geber an Budgethilfe-Programmen beteiligen (vorrangig in Subsahara-Afrika), in den letzten Jahren so etwas wie ein Standard-Modell der gemeinschaftlichen Budgethilfe (*Multi-Donor Budget Support*/MDBS) herausgebildet (Leiderer 2009: 3). Diesen MDBS-Programmen liegt prinzipiell eine gemeinsame Interventionslogik darüber zugrunde, wie Budgethilfe-Beiträge letztlich zu Armutsreduktion und Erreichung der Millenniumsentwicklungsziele (*Millennium Development Goals/ MDGs*) beitragen sollen (Abbildung 1).

Die Grundidee dieser komplexen Interventionslogik besteht darin, dass Budgethilfeprogramme ein Bündel unterschiedlicher Beiträge (*Inputs*) umfassen, die sich jeweils gegenseitig positiv beeinflussen und in ihrem Zusammenspiel zu den angestrebten Wirkungen (*Impacts*) führen. Grundlage aller gemeinschaftlichen Budgethilfeprogramme ist ein *Memorandum of Understanding* (MoU), in dem grundlegende Prinzipien (*Underlying Principles*) für die Bereitstellung von Budgethilfe vereinbart werden. Diese umfassen üblicherweise Prinzipien wie makroökonomische Stabilität, Achtung demokratischer Prinzipien und der Menschenrechte, den Willen zur Umsetzung einer umfassenden Entwicklungs- und Armutsreduktionsstrategie sowie gegebenenfalls die Umsetzung eines Programms zur Reform des öffentlichen Finanzmanagements. Diese Prinzipien bilden die grundlegende Konditionalität von Budgethilfen. Die MoUs sehen üblicherweise für den Fall einer Verletzung der Prinzipien einen formalisierten Prozess des politischen Dialogs zwischen Gebern und Partnerregierung vor, der auch das Aussetzen von Zahlungen bis hin zum Ausstieg einzelner oder aller Geber aus dem Budgethilfeprogramm beinhaltet.

Zunächst beinhaltet Budgethilfe natürlich den Transfer finanzieller Ressourcen in den allgemeinen (oder einen Sektor-) Haushalt des Empfängerlandes. Diese Mittel sind ab dem Moment, zu dem sie in das Haushaltssystem der Partnerregierung übergehen, nicht mehr von deren eigenen Ressourcen zu unterscheiden und werden über die regierungseigenen Systeme für Haushaltsplanung, -umsetzung und -kontrolle zur Bereitstellung öffentlicher Güter und Dienstleistungen eingesetzt, die letztlich zu positiven Entwicklungs- und Armutswirkungen bei der Bevölkerung führen sollen.

Abbildung 1:
Interventionslogik Budgethilfe

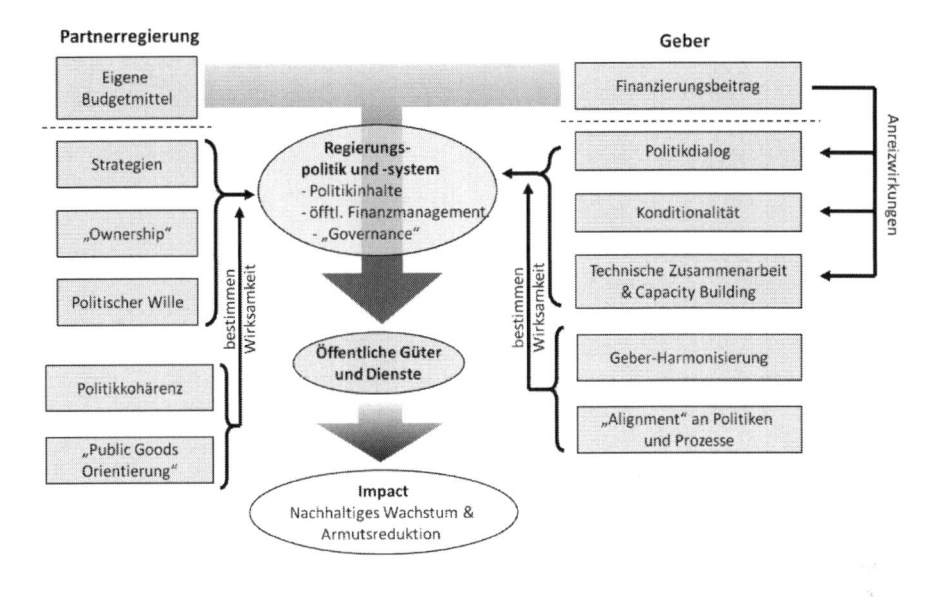

(Diagramm: Partnerregierung — Eigene Budgetmittel, Strategien, "Ownership", Politischer Wille, Politikkohärenz, "Public Goods Orientierung" → bestimmen Wirksamkeit → Regierungspolitik und -system (Politikinhalte, öfftl. Finanzmanagement, "Governance") → Öffentliche Güter und Dienste → Impact: Nachhaltiges Wachstum & Armutsreduktion. Geber — Finanzierungsbeitrag, Politikdialog, Konditionalität, Technische Zusammenarbeit & Capacity Building, Geber-Harmonisierung, "Alignment" an Politiken und Prozesse; Anreizwirkungen.)

Quelle: Faust/Koch/Leiderer (2011)

Dabei hängt die Effektivität und Effizienz, mit der die Bereitstellung öffentlicher Dienste erfolgt, entscheidend von der Qualität und Leistungsfähigkeit der Politiken und Verwaltungskapazitäten der Partner ab (insbesondere im Bereich öffentliches Finanzmanagement oder *Public Financial Management*/PFM). Dementsprechend beschränken sich die Geber im Rahmen von Budgethilfeprogrammen nicht auf das Bereitstellen finanzieller Ressourcen, sondern flankieren diese mit technischer Zusammenarbeit und *Capacity Building* mit dem Ziel, die Kapazitäten der Partner, eigene wie auch extern bereitgestellte Mittel effektiv einzusetzen, zielgerichtet und nachhaltig zu stärken. Gleichzeitig führen die Geber einen regelmäßigen intensiven Politikdialog mit der Partnerregierung zu Politikinhalten und deren Umsetzung. Dieser Dialog beinhaltet eine regelmäßige (in der Regel jährliche) Überprüfung der Fortschritte der Regierung bei der Umsetzung ihrer Entwicklungsstrategie und anderer vereinbarter Reformen (insbesondere im Bereich PFM). Diese Überprüfung findet auf Grundlage eines gemeinsam verhandelten *Performance Assessment Framework* (PAF) statt, in dem unterschiedliche Leistungsindikatoren zur Umsetzung von Sektorpolitiken oder bestimmter *Governance*-Reformen festgelegt werden. Einige Geber (allen voran die Europäische Kommission) machen zudem die Auszahlung von Teilen ihrer Budgethilfe von der Erreichung spezifischer Leistungsindikatoren aus diesem PAF abhängig.

Das hier beschriebene MDBS-„Standard-Modell" findet vor allem in Ländern Subsahara-Afrikas Anwendung. Auch wenn ihm prinzipiell eine gemeinschaftliche Interventionslogik zugrunde liegt, zeigt sich im praktischen Umgang mit dem Instrument durch die beteiligten Geber aber doch ein letztlich fundamental unterschiedliches Verständnis des Instruments beziehungsweise seiner primären Zielsetzung. Dieses unterschiedliche Verständnis soll im Folgenden anhand eines Vergleichs der Ausgestaltung von Budgethilfe durch die deutsche Bundesregierung und durch die Europäische Kommission exemplarisch veranschaulicht werden.

Budgethilfe in der Praxis:
Umgang Deutschlands und der Europäischen Kommission mit dem Instrument

Auch wenn alle Geber, die sich an MDBS beteiligen, prinzipiell die gleiche Interventionslogik von Budgethilfe zugrunde legen, gehen die einzelnen Geber teilweise sehr unterschiedlich mit dem Instrument Budgethilfe um. Das bezieht sich sowohl auf die Zielsetzung, die Selektivität der Partnerländer, den Umfang in Hinblick auf Zahl der Länder und die über das Instrument umgesetzten Mittel wie auch die praktische Ausgestaltung von Konditionalität und Auszahlungsbedingungen. Das weite Spektrum, über das sich diese Unterschiede erstrecken, lässt sich sehr anschaulich am Beispiel des Umgangs der Bundesregierung und der Europäischen Kommission mit dem Instrument Budgethilfe verdeutlichen. Insgesamt lässt sich feststellen, dass Deutschland (wie die meisten bilateralen Geber) in der Vergangenheit mit dem Instrument sehr viel zurückhaltender umgegangen ist als die Europäische Kommission. Das schlägt sich auch darin nieder, dass in Deutschland beispielsweise jedes Budgethilfevorhaben (wie auch andere Formen der Programmorientierten Gemeinschaftsfinanzierung) der Einzelgenehmigung durch den Haushaltsausschuss des Deutschen Bundestags bedarf. Die großteils aus dem Europäischen Entwicklungsfonds (EEF) bestrittene Budgethilfe der Europäischen Kommission unterliegt hingegen keiner direkten parlamentarischen Kontrolle. Im Folgenden sollen die gravierendsten Unterschiede im Einzelnen dargestellt und im Anschluss die Gründe für diese Differenzen erläutert werden.

Zielsetzung

Trotz der impliziten gemeinsamen Interventionslogik formulieren die einzelnen Geber die Ziele, welche sie mit dem Instrument Budgethilfe verfolgen, teilweise sehr unterschiedlich. So legt das Bundesministerium für wirtschaftliche Zusammenarbeit und Entwicklung (BMZ) für deutsche Budgethilfen drei Ziele fest (BMZ 2008):

1. Ein *Governance-Ziel*, das heißt die Förderung von Reformprozessen des Partnerlandes, mit dem Ziel einer nachhaltigen Stärkung funktionsfähiger staatlicher Institutionen. Dazu gehört auch die Beförderung des politischen Dialogs

zur Achtung und Umsetzung der Menschenrechte, der demokratischen Teilhabe und Rechtsstaatlichkeit sowie der Gleichberechtigung der Geschlechter.
2. Ein *Effektivitäts- und Effizienzziel*, das heißt die Steigerung der Wirksamkeit von EZ-Mitteln durch die konsequente Anwendung der Prinzipien der Paris-Erklärung.
3. Ein *Finanzierungsziel*, das heißt einen Beitrag zur Umsetzung von armutsorientierten nationalen Strategien und Programmen zur Erreichung der Millenniumsentwicklungsziele.

Die Europäische Kommission beschränkt sich im Prinzip auf das Dritte dieser Ziele, also die Unterstützung nationaler Entwicklungs- oder Reformpolitiken und -strategien. Allerdings unterscheidet die Kommission dabei hinsichtlich einer mittelfristigen und einer kurzfristigen Zielsetzung. Mittelfristig sollen in Staaten der AKP-Gruppe (Afrika, Karibik, Pazifik) und den sogenannten DCI-(*Development Cooperation Instrument*) Ländern ebenfalls nationale und sektorale Armutsreduktionsstrategien unterstützt werden. Gleichzeitig können Budgethilfen der Kommission aber auch der Unterstützung von Assoziationsabkommen und Aktionsplänen im Rahmen der europäischen Nachbarschaftspolitik sowie der Unterstützung regionaler Integrationsinitiativen dienen. Kurzfristig lassen sich Budgethilfen zudem zur Stabilisierung und Rehabilitierung nach Naturkatastrophen oder in Postkonflikt-Situationen, in Situationen besonderer finanzieller Schwierigkeiten oder bei kurzfristigen Fluktuationen der Exporteinnahmen eines Landes einsetzen (Europäische Kommission 2007: 15).[2]

Selektivität

Außer in Bezug auf die konkrete Zielsetzung unterscheiden sich die Ansätze des BMZ und der Europäischen Kommission auch hinsichtlich der Länderselektivität.

Die deutsche EZ hat Budgethilfen von Anfang an eher restriktiv gehandhabt. So ist beispielsweise für jede Budgethilfe (wie auch andere Formen der sogenannten Programmorientierten Gemeinschaftsfinanzierung – PGF) eine Einzelgenehmigung durch den Haushaltsausschuss des Deutschen Bundestags erforderlich. Das BMZ hat zudem explizite Mindestanforderungen festgelegt, die erfüllt sein müssen, damit ein Land deutsche Budgethilfe erhalten kann. Gemäß dem BMZ-Konzept zur Budgetfinanzierung im Rahmen der Programmorientierten Gemeinschaftsfinanzierung sind dies (BMZ 2008: 15 ff.):

---

2 In ihrer Mitteilung über den zukünftigen Ansatz für die EU-Budgethilfe an Drittstaaten vom 13. Oktober 2011 hat die Kommission unter anderem die Förderung der Menschenrechte und demokratischer Werte in den Zielkatalog ihrer allgemeinen Budgethilfe aufgenommen. Diese neue Zielsetzung soll insbesondere durch die Stärkung der Rechenschaftspflicht im Partnerland und der nationalen Kontrollmechanismen verfolgt werden (Europäische Kommission 2011: 5).

1. *Die politischen Rahmenbedingungen*
   Die deutsche Beteiligung an Budgethilfen findet prioritär in Ländern mit *Good Governance* statt, also Staaten, die mit politischer Macht und öffentlichen Ressourcen menschenrechtsorientiert und verantwortungsvoll umgehen.
2. *Die treuhänderischen Rahmenbedingungen*
   Hinsichtlich der öffentlichen Finanzverwaltungsstrukturen, als ein Schlüsselkriterium zur Budgethilfe, wäre in der Regel ein über das mittlere *Governance*-Niveau hinausgehendes Niveau wünschenswert, dies entspräche aber nicht der Realität in den Partnerländern. Hier kommt es daher darauf an abzuwägen, ob identifizierte Schwächen im Rahmen des Budgethilfeprogramms überwunden werden können, indem sie seitens des Partnerlandes bearbeitet und mit Fördermaßnahmen der Gebergemeinschaft zum Kapazitätsaufbau begleitet werden.
3. *Die makroökonomischen Rahmenbedingungen*
   Stabile makroökonomische Rahmenbedingungen in den Partnerländern sind eine notwendige (Einstiegs-)Voraussetzung für die Budgethilfe.

Ob sich ein Land für Budgethilfe der Bundesregierung qualifiziert, hängt vom Gesamtvotum über diese Kategorien ab. Laut BMZ-Konzept gilt grundsätzlich als Voraussetzung für die deutsche Budgethilfe, dass alle genannten Kriterien dem mittleren *Governance*-Niveau entsprechen und dass eine positive Entwicklungstendenz zu erkennen ist (BMZ 2008: 16).

Dem steht der „dynamische Ansatz" der Europäischen Kommission gegenüber, der keine Mindestkriterien vorsieht, sondern vielmehr auf eine fallspezifische Prüfung der Reformdynamik in einem Land rekurriert. Auch die Kommission knüpft die Vergabe von Budgethilfe an das Vorhandensein wohl definierter nationaler oder sektoraler Entwicklungs- und Reformstrategien, die makroökonomischen Rahmenbedingungen und die Leistungsfähigkeit des öffentlichen Finanzmanagementsystems in einem Partnerland. Für den dynamischen Ansatz der Kommission ist jedoch das entscheidende Kriterium nicht, ob bestimmte Mindestanforderungen in diesen Feldern erfüllt sind, sondern ob die jeweilige Tendenz in die richtige Richtung weist (Europäische Kommission 2007).

Governance-Kriterien oder die Wahrung der Menschenrechte sind jedoch in diesem Kritcrienkatalog der Europäischen Kommission explizit nicht aufgeführt. Die Kommission begründet dies damit, dass wesentliche Grundsätze wie gute Regierungsführung und Achtung der Menschenrechte für jede Form der Entwicklungszusammenarbeit gelten müssen und nicht instrumentenspezifisch abzuprüfen sind.

Umfang

Eng verknüpft mit der unterschiedlichen Zielsetzung und der resultierenden Selektivität bei der Vergabe von Budgethilfe ist die Zahl der Partnerländer, an die die verschiedenen Geber Budgethilfe vergeben. Im Falle Deutschlands und der Europäischen Kommission wird das Spektrum sehr deutlich: 2008 beliefen sich deutsche Budgethilfen auf 61,5 Millionen Euro und damit auf 2,5 Prozent der bilateralen deutschen EZ (gegenüber 5,8 Prozent 2007). 2009 betrug der Anteil der Budgethilfe an der gesamten deutschen bilateralen EZ 5,99 Prozent. Derzeit erhalten neun Partnerländer Budgethilfe von Deutschland.[3]

Im Vergleich dazu hat die Budgethilfe in der EZ der Europäischen Kommission ein sehr viel größeres Gewicht: Im 10. Europäischen Entwicklungsfonds wurden insgesamt 13,5 Milliarden Euro (44 Prozent der Mittel) als Budgethilfen geplant. 2009 wurden Zusagen über 2,4 Milliarden Euro Budgethilfe erteilt, davon 869 Millionen Euro (35 Prozent) als allgemeine Budgethilfe an 23 AKP-Staaten.[4] Die restlichen 65 Prozent waren als Sektorbudgethilfen hauptsächlich für Nicht-AKP-Staaten vorgesehen.

Ausgestaltung

Deutschland vergibt – bis auf wenige Ausnahmen – bislang ausschließlich allgemeine Budgethilfe in jährlichen fixen Tranchen. Diese werden üblicherweise ausbezahlt, sofern keine Verletzung der *Underlying Principles* festgestellt wird. Dementsprechend findet in der Regel auch keine weitere Konditionierung auf einzelne Indikatoren aus dem jeweiligen PAF statt. Vielmehr erfolgt die Einschätzung, ob die Partnerregierung weiterhin dem Ziel der Armutsreduktion verschrieben ist, anhand einer Gesamteinschätzung der PAF-Performanz. Die jährlichen Tranchen bewegen sich dabei in der Regel im einstelligen oder niedrigen zweistelligen Millionenbereich.[5]

Im Unterschied dazu operiert die Europäische Kommission mit unterschiedlichen (variablen und fixen) Tranchen und Konditionalitäten und sehr viel größeren Mittelvolumina. Zudem vergibt die Kommission auch einen Teil ihrer Budgethilfe als Sektorbudgethilfe, die – anders als die allgemeine Budgethilfe – direkt in einen bestimmten Sektorhaushalt des Partnerlandes fließt. Häufig werden auch beide Formen der Budgethilfe kombiniert.[6] Die Auszahlung der variablen Tranchen knüpft sich an die Erfüllung konkreter Leistungsindikatoren aus dem PAF durch die Partnerregierung.[7] Neben dieser jährlichen Leistungstranche macht die Kommission im Rahmen ihres MDG-*Contract*-Instruments in manchen Ländern zudem insgesamt sechsjährige Budgethilfezusagen (mit einer Leistungsüberprüfung und weiteren Auszahlungsentscheidung nach drei Jahren).

---

3 Leiderer (2009); Angaben des BMZ.
4 Hiervon waren circa 10 Prozent für als fragile Staaten klassifizierte Partnerländer vorgesehen.
5 Als Beispiel: 2007 und 2008 betrug die deutsche Budgethilfe für Sambia jährlich 5 Millionen Euro, 2009 wurde die Tranche auf 10 Millionen Euro verdoppelt.
6 Zum Vergleich: 2009 betrug die allgemeine Budgethilfe der Kommission für Sambia 68 Millionen Euro (davon 30 Millionen aus der sogenannten V-FLEX-Tranche zur Bekämpfung der Folgen der internationalen Finanz- und Wirtschaftskrise). Dazu kamen nochmals 17 Millionen Euro Sektorbudgethilfe. In 2009 war keine variable Tranche der Kommission in Sambia vorgesehen, 2010 betrug diese 25 Prozent der zugesagten Budgethilfe, nachdem sie in früheren Jahren bis zu 91 Prozent ausgemacht hatte.
7 Für eine ausführliche Darstellung des Budgethilfe-Ansatzes der Europäischen Kommission und ihrer leistungsabhängigen Konditionalität siehe Schmidt (2005).

Gründe für den unterschiedlichen Umgang mit dem Instrument

Die vorangegangenen Beispiele zeigen deutlich das weite Spektrum im unterschiedlichen Umgang mit dem Instrument Budgethilfe. Dabei ist allerdings zu betonen, dass die aufgezeigten Differenzen nicht lediglich für Deutschland und die Europäische Kommission gelten, sondern sich durch das gesamte Lager der MDBS-Geber ziehen.

Diese Differenzen haben ihren Ursprung letztlich in einem trotz aller gemeinsamen Interventionslogik grundsätzlich unterschiedlichen Zielverständnis von Budgethilfe. Im Kern geht es dabei darum, ob Budgethilfe primär als Instrument zur Finanzierung der Millenniumsentwicklungsziele verstanden wird oder in erster Linie als Instrument zur Förderung institutioneller Reformen und Verbesserung der Regierungsführung im jeweiligen Partnerland.

Dabei sind beide Ziele explizit Gegenstand der gemeinsamen Interventionslogik. In dieser Logik wirken beide – Finanzierungs- und *Governance*-Ziel – komplementär und verstärken sich gegenseitig. In der Praxis zeigt sich jedoch, dass beide Ziele durchaus auch im Konflikt miteinander stehen können. Das ist insbesondere dann der Fall, wenn MDBS-Geber angesichts einer akuten Verschlechterung der *Governance* in einem Partnerland entscheiden müssen, ob sie durch Aussetzen der Budgethilfe ein starkes Signal an die Regierung und die Öffentlichkeit im Partnerland senden möchten, damit aber gegebenenfalls die Finanzierung wichtiger laufender und investiver Ausgaben beispielsweise in den besonders armutsrelevanten sozialen Sektoren unterbrechen. Um in einer solchen Situation kohärente Signale an die Partnerregierung zu senden, ist ein starker Konsens in der Gebergemeinschaft über die konkrete Zielhierarchie von Finanzierungs- und *Governance*-Zielsetzung erforderlich. Ein solcher Konsens bestand aber bislang nicht unter den Gebern.[8] Dass sich dies in der Praxis tatsächlich zum Teil negativ auf die Wirksamkeit des Instruments auswirken kann, zeigen erste empirische Erfahrungen, die jüngst im Rahmen dreier umfangreicher Evaluierungen von Budgethilfevorhaben in Mali, Tunesien und Sambia gesammelt wurden. Die Hauptergebnisse dieser Evaluierungen werden im letzten Abschnitt dieses Beitrags kurz zusammengefasst.

---

8   Für einen Überblick über das Koordinationsproblem unter hauptsächlich europäischen Budgethilfegebern siehe Faust/Koch/Leiderer (2011). Da es insbesondere europäische Geber sind, die sich an MDBS beteiligen und zwischen denen die unterschiedlichen Vorstellungen zur Zielhierarchie von Budgethilfe am virulentesten zu sein scheinen, hat die Europäische Kommission 2011 einen umfassenden Konsultationsprozess zum Umgang mit Budgethilfe eingeleitet. Dieser Prozess mündete in eine neue Mitteilung der Kommission zum Ansatz der Kommission für Budgethilfen an Drittstaaten (Europäische Kommission 2011), in der deutlich wird, dass eine Annäherung der Lager zumindest in einigen zentralen Punkten in Sicht ist.

Empirische Erfahrungen zur Wirksamkeit von Budgethilfen:
Zielkomplementaritäten oder Zielkonflikte?

Die alles entscheidende Frage ist selbstverständlich, ob Budgethilfe letztendlich tatsächlich zu wirksamerer Entwicklungszusammenarbeit beitragen kann.
    Eine erste größere Anstrengung, die Wirksamkeit von Budgethilfe zu evaluieren, fand von 2004 bis 2005 koordiniert durch das Evaluierungsnetzwerk des *Development Assistance Committee* (DAC) der OECD statt. In sieben Fallstudien (Burkina Faso, Malawi, Mosambik, Nicaragua, Rwanda, Uganda, Vietnam) sollte untersucht werden, in welchem Maße und unter welchen Umständen das Instrument der Budgethilfe relevante, effiziente und effektive Beiträge zu nachhaltigen Wirkungen auf Armutsreduktion und Wachstum leistet (IDD et al. 2005: 1).
    In der Gesamtschau stellte diese Evaluierung positive Effekte der Budgethilfe auf das Management von EZ, die Qualität des Politikdialogs zwischen Gebern und Empfängerregierungen und auf das Management der öffentlichen Finanzen in den Empfängerländern fest. Wirkungen auf der eigentlichen Zielebene (*Impact*), das heißt Effekte auf wirtschaftliches Wachstum, Armutsreduktion, Bildung, Gesundheitsversorgung etc., wurden im Rahmen dieser Evaluierung allerdings – entgegen der ursprünglich formulierten Zielsetzung – nicht untersucht.
    In den letzten Jahren ist jedoch der Druck auf die Geber weiter gestiegen, Ergebnisse der Entwicklungszusammenarbeit auf der Wirkungs-Ebene (*Impact*) zu belegen. Mit Blick auf das Instrument Budgethilfe sah sich die Europäische Kommission als eine der stärksten Proponentinnen des Instruments diesem Druck besonders ausgesetzt, sowohl seitens des Europäischen Parlaments als auch einiger Mitgliedsstaaten. In Reaktion hierauf hat die Kommission im Rahmen einer DAC-Arbeitsgruppe die Federführung für die Entwicklung eines erweiterten Ansatzes zur Evaluierung von Budgethilfeprogrammen übernommen (Caputo/Lawson/van der Linde 2008). Dieser Ansatz verfolgt das Ziel, die gesamte Kausalkette der Budgethilfe abzudecken und diese von der *input*- bis hin zur *impact*-Ebene nachzuzeichnen; er wurde zwischen 2009 und 2011 erstmals in drei Ländern (Mali, Sambia, Tunesien) angewendet.
    Selbstverständlich sind drei Länderevaluierungen nicht ausreichend, um die Wirksamkeit des Instruments abschließend zu bewerten. Es lassen sich aber dennoch einige übergreifende Schlussfolgerungen aus den drei Pilotevaluierungen ziehen. Im Kern kamen diese drei Evaluierungen zu den folgenden Schlussfolgerungen (Caputo/de Kemp/Lawson 2011: 2):

– Die Ausgestaltung der Budgethilfe in den drei evaluierten Ländern war dem jeweiligen Länderkontext gut angepasst, mit effektiven Dialogmechanismen zur Begleitung der Politikumsetzung und ausdifferenzierter technischer Unterstützung.
– Budgethilfe hat zur Steigerung der zur Verfügung stehenden Haushaltsmittel und verbessertem Budgetmanagement beigetragen. Sie hat zur Steigerung der

ungebundenen Ausgaben und der allokativen Effizienz[9] des öffentlichen Haushalts beigetragen.
- Die Ausrichtung an Partnerprioritäten und die Geberharmonisierung sind jedoch weiterhin verbesserungswürdig.
- Budgethilfe hat zur Umsetzung von Reformen im Bereich des öffentlichen Finanzmanagements und anderer Reformen dort beigetragen, wo ein eigenes Interesse der Partnerregierung und Öffentlichkeit an solchen Reformen bestand. Gleichzeitig vermochte Budgethilfe es nicht, Reformen „zu kaufen".

Besonders die ersten beiden Punkte zeigen, dass Budgethilfe als Finanzierungsinstrument in allen drei Länderfällen wirksam war. Insbesondere wurden in keinem der drei Länder Hinweise darauf gefunden, dass Budgethilfe eigene Ausgaben der Partnerregierung in armutsrelevanten Sektoren verdrängen würde oder dass in Anbetracht der zur Verfügung gestellten Mittel die Anstrengungen zur eigenen Ressourcenmobilisierung sichtbar nachlassen würden.

Der letzte Punkt bestätigt jedoch eine Erkenntnis, die auch in anderen Evaluierungen von Programmen mit politischer Konditionalität gemacht werden musste: Reformen lassen sich nicht kaufen. Das heißt aber natürlich nicht, dass Geber nicht mit geeigneten Instrumenten dennoch Anreize setzen können, die die Umsetzung wichtiger Reformen zumindest unterstützen. Allerdings konnte Budgethilfe in den evaluierten Ländern ihr diesbezügliches mutmaßliches Wirkungspotential als Instrument zur Förderung von *Good Governance* bislang nicht erreichen. Vor allem in Sambia bestätigten sich die bereits oben angedeuteten negativen Auswirkungen mangelnder Geberharmonisierung und das Fehlen einer gemeinsamen Zielhierarchie auf die Wirksamkeit von Budgethilfe als Instrument zur Stärkung guter Regierungsführung im Empfängerland. Das lag in erster Linie daran, dass die Geber es aufgrund ihrer unterschiedlichen Zielvorstellungen nicht vermochten, ein kohärentes und damit effektives Anreizsystem für die Partnerregierung zu etablieren (de Kemp/Faust/Leiderer 2011).[10]

---

9   Allokative Effizienz bezeichnet die Verwendung öffentlicher Ressourcen in Übereinstimmung mit den strategischen Zielsetzungen, in diesem Fall den nationalen Entwicklungs- und Armutsreduktionsstrategien.
10 Ein gutes Beispiel inkohärenter Gebersignale lieferte ein Korruptionsskandal im sambischen Gesundheitsministerium im Jahr 2009: Während einige bilaterale Geber diesen Skandal als Hinweis werteten, dass die Regierung den Kampf gegen Korruption nicht ernsthaft genug verfolgte und daraufhin ihre Budgethilfe aussetzten, werteten andere Geber (darunter die Europäische Kommission) die Tatsache, dass der Skandal von eigenen Mitarbeitern des Ministeriums aufgedeckt und vom nationalen Rechnungshof (*Auditor General*) verfolgt worden war, als positives Zeichen mit Blick auf die Entwicklung effektiver Kontrollmechanismen. Im gleichen Jahr stockte die Europäische Kommission ihre allgemeine Budgethilfe um 30 Millionen Euro aus dem V-FLEX-Mechanismus auf.

Schlussfolgerungen: Weitere Harmonisierungsanstrengungen erforderlich

Da die zugrundeliegenden Ursachen für die geschilderten Kohärenzprobleme beim Einsatz von Budgethilfe nicht im Land selbst, sondern primär in den politischen Zentralen der Geber zu suchen sind, ist anzunehmen, dass sich auch in vielen anderen (bislang noch nicht im Detail evaluierten) Budgethilfeländern ein ähnliches Bild ergeben dürfte.

Wollen die Geber das Instrument mittelfristig nicht nur zur effizienteren Finanzierung der Millenniumsentwicklungsziele in den Partnerländern einsetzen, sondern auch als wirksames Instrument zur Förderung institutioneller Reformen und guter Regierungsführung, werden sie dieses Koordinationsproblem lösen müssen. Das erfordert weitere – über die *Paris Declaration* hinausgehende – Harmonisierungsanstrengung, indem ein breiter Konsens nicht nur über die Prinzipien, sondern auch über die operative Ausgestaltung wirksamerer EZ gefunden wird. Angesichts der Vielzahl von einem solchen Konsens berührten institutionellen und politischen Interessen in den Geberländern dürfte ein solcher Konsens aber ungleich schwerer herzustellen sein als der über die relativ abstrakten Prinzipien der Paris-Erklärung.

Literaturverzeichnis

Asche, Helmut (2006): Durch einen Big Push aus der Armutsfalle? Eine Bewertung der neuen Afrika-Debatte (= Discussion Paper 5/2006). Bonn: Deutsches Institut für Entwicklungspolitik.

BMZ [Bundesministerium für wirtschaftliche Zusammenarbeit und Entwicklung] (2008): Konzept zur Budgetfinanzierung im Rahmen der Programmorientierten Gemeinschaftsfinanzierung (PGF) (= BMZ Konzepte 146). Bonn/Berlin: Bundesministerium für wirtschaftliche Zusammenarbeit und Entwicklung.

Bulir, Ales/Hamann, Javier (2006): Volatility of Development Aid: From the Frying Pan into the Fire (= IMF Working Paper 06/65). Washington, D.C.: International Monetary Fund.

Caputo, Enzo/de Kemp, Antonie/Lawson, Andrew (2011): Assessing the Impact of Budget Support – Case Studies in Mali, Tunisia and Zambia (= OECD-DAC Evaluation Insights No. 2, October 2011). Paris: OECD.

Caputo, Enzo/Lawson, Andrew/van der Linde, Martin (2008): Methodology for Evaluations of Budget Support at Country Level (= Issue Paper May 2008). Brüssel: Europäische Kommission.

De Kemp, Antonie/Faust, Jörg/Leiderer, Stefan (2011): Between High Expectations and Reality: An Evaluation of Budget Support in Zambia, Synthesis Report. Den Haag: Ministry of Foreign Affairs of the Netherlands.

Doucouliagos, Hristos/Paldam, Martin (2005): The Aid Effectiveness Literature. The Sad Result of 40 Years of Research (= Economics Working Papers 2005–15). Aarhus: School of Economics and Management, University of Aarhus.

Europäische Kommission (2007): Guidelines on the Programming, Design & Management of General Budget Support (= Tools and Methods Series, Guidelines No. 1). Brüssel: Europäische Kommission.

Europäische Kommission (2011): Mitteilung der Kommission an das Europäische Parlament, den Rat, den Europäischen Wirtschafts- und Sozialausschuss und den Ausschuss der Regionen: Der zukünftige Ansatz für die EU-Budgethilfe an Drittstaaten, KOM(2011) 638. Brüssel: Europäische Kommission.

Faust, Jörg/Koch, Svea/Leiderer, Stefan (2011): Multi-donor budget support: only halfway to effective coordination (= Briefing Paper 8/2011). Bonn: Deutsches Institut für Entwicklungspolitik.

Faust, Jörg/Leiderer, Stefan (2008): Zur Effektivität und politischen Ökonomie der Entwicklungszusammenarbeit. In: Politische Vierteljahresschrift 49 (1), S. 129–152.

International Development Department et al. (2005): Joint Evaluation of General Budget Support – Final Inception Report. Birmingham: University of Birmingham. In: http://www.oecd.org/dataoecd/ secure/4/40/34933196.pdf (Zugriff: 27.12.2011).

Klingebiel, Stephan/Leiderer, Stefan/Schmidt, Petra (2005): Programmfinanzierung und öffentliche Budgets: neue Instrumente und Inhalte der Entwicklungspolitik. In: Dirk Messner/Imme Scholz (Hrsg.), Zukunftsfragen der Entwicklungspolitik. Baden-Baden: Nomos, S. 73–87.

Leiderer, Stefan (2009): Budgethilfe in der Entwicklungszusammenarbeit – weder Teufelszeug noch Allheilmittel (= Briefing Paper 9/2010). Bonn: Deutsches Institut für Entwicklungspolitik.

Mosley, Paul (1986): Aid-effectiveness: The Micro-Macro Paradox. In: IDS Bulletin, 17, S. 22–27.

OECD [Organization for Economic Co-operation and Development] (2005): Erklärung von Paris über die Wirksamkeit der Entwicklungszusammenarbeit. Paris: OECD.

OECD-DAC [Organization for Economic Co-operation and Development – Development Assistance Committee] (2011): 2011 Survey on Monitoring the Paris Declaration. Paris: OECD.

Schmidt, Petra (2005): Budgethilfe in der Entwicklungszusammenarbeit der EU (= Studies 10). Bonn: Deutsches Institut für Entwicklungspolitik.

Younger, Stephen (1992): Aid and the Dutch Disease: Macroeconomic Management When Everybody Loves You. In: World Development 20 (11), S. 1587–1597.

Alexa Schönstedt

Just do it! Neue Formen der Zusammenarbeit im Bildungssektor

Die Bildungszusammenarbeit blickt auf eine lange Tradition in der internationalen Entwicklungszusammenarbeit zurück. Bereits 1948 heißt es in der Menschenrechtserklärung der Vereinten Nationen in Artikel 26: „Jeder hat das Recht auf Bildung" (UN 1948). Mindestens der Grundschulunterricht und die grundlegende Bildung sind obligatorisch und sollen unentgeltlich bereitgestellt werden. Fach- und Berufsschulunterricht sind allgemein verfügbar zu machen, und auch der Hochschulunterricht muss allen gleichermaßen entsprechend ihren Fähigkeiten frei zugänglich sein.

Doch das Recht auf Bildung wird nicht allen Kindern gewährt: Im Jahr 2008 sind weltweit fast 70 Millionen Kinder im schulpflichtigen Alter nicht zur Schule gegangen, nahezu 800 Millionen Erwachsene konnten nicht lesen und schreiben (UNESCO 2011: 40). Nach mehreren internationalen Bildungsdekaden mit unterschiedlichen Schwerpunktsetzungen konnten Erfolge verbucht werden, denn die Zahlen der Kinder ohne Schulbildung sind zum überwiegenden Teil rückläufig; dennoch müssen weitere Anstrengungen unternommen werden, um dem UN-Menschenrecht auf Bildung von 1948 gerecht zu werden.

So wurde Bildung im Jahr 2000 in die *Millennium Development Goals* (MDGs) aufgenommen. MDG 2 ist allein der Bildung gewidmet und soll bis zum Jahr 2015 sicherstellen, dass Kinder überall auf der Welt, Jungen und Mädchen gleichermaßen, die Grundschule abschließen. Auch MDG 3 greift das Thema Bildung auf und fordert, dass das Geschlechtergefälle in der Primar- und Sekundarbildung vorzugsweise bis 2005 und auf allen Bildungsstufen bis 2015 beseitigt werden soll.

Die Federführung in der internationalen Bildungszusammenarbeit übernimmt seit dem Jahr 1946 die *United Nations Educational, Scientific and Cultural Organization* (UNESCO). Zeitgleich mit den MDGs verabschiedete sie die Fortführung der Initiative „*Education for all*" (EFA), in der sechs Bildungsziele formuliert sind, die ebenfalls bis zum Jahr 2015 erreicht werden sollen. Die sechs Ziele decken ein breites Spektrum des Bildungsbereichs ab, angefangen von frühkindlicher Erziehung bis hin zur Sicherstellung einer Mindestqualität des Unterrichts. Zudem stellt die UNESCO im jährlichen Turnus ein spezielles Problem in den Fokus der internationalen Bildungszusammenarbeit, wie die Marginalisierung bestimmter Bevölkerungsgruppen, die frühkindliche Erziehung oder die Wirkungen von Krisen auf den Bildungsbereich.

Bildung als Grundvoraussetzung

Bildung spielt eine elementare Rolle in der internationalen Entwicklungszusammenarbeit. Das Bundesministerium für wirtschaftliche Zusammenarbeit und Entwicklung (BMZ) nennt Bildung sogar eine „Grundvoraussetzung für eine nachhaltige Entwicklung, die auf Generationengerechtigkeit, Lebensqualität, sozialen Zusammenhalt und internationale Verantwortung setzt, da nur eine gut ausgebildete Gesellschaft Entscheidungen treffen, eigenverantwortlich handeln und so Veränderungen herbeiführen kann" (BMZ 2011). Denn Bildung kann nicht nur auf das Erlernen von Rechnen und Schreiben reduziert werden, sondern hat mit multiplen Wechselwirkungen Einfluss auf unterschiedliche Politikbereiche. So kann Bildung *Forward linkages* im Sinne einer Outputverwendung aufweisen, indem Wissen als Output von Bildung generiert wird. Bildung wirkt somit beispielsweise auf den Gesundheitszustand ein, indem Wissen über bestimmte Hygienemaßnahmen vermittelt wird, um Krankheiten vorzubeugen; Fertilitätsraten können beeinflusst werden, indem über die Verwendung von Kontrazeptiva aufgeklärt wird; und auch die politische Partizipation kann gesteigert werden, indem durch Wissen zum Beispiel über Inhalte und politische Zusammenhänge eine aktive Beteiligung am politischen Geschehen hervorgerufen wird. Durch Bildung beziehungsweise angewandtes Wissen kann technologischer Fortschritt generiert werden, und der individuelle Zugang zum Arbeitsmarkt wird verbessert. All diese Bereiche tangieren unterschiedliche Politikfelder, so dass Bildung als Querschnittthema verstanden werden kann. Aber auch rückläufige Verkettungen, die *Backward linkages*, also die „Zuliefererindustrien" von Bildung, müssen beachtet werden. So wird die Aufnahmefähigkeit von Schülern im Unterricht durch einen besseren Gesundheitszustand erhöht, die Chancen auf einen Schulbesuch der Kinder steigen, je höher das Einkommen der Eltern ausfällt etc.

Backward und *Forward Linkages* von Bildung lassen sich auch auf die Bedeutung von Bildung für wirtschaftliche Entwicklung übertragen: Betrachtet man (formale) Bildung als Ausgangspunkt, werden Forschung und Entwicklungsleistungen eines Landes durch Bildung positiv beeinflusst, die sich wiederum auf den Produktionsfaktor Humankapital auswirken. Andererseits wird die Adaption von Techniken in Form des internationalen *Catching up* ermöglicht, welches den technischen Fortschritt eines Landes fördert. Produktionsfaktor Humankapital und technischer Fortschritt erhöhen wiederum die Produktivität und die Höhe des Outputs eines Landes, das somit seine internationale Wettbewerbsfähigkeit ausbauen kann. Auf nationaler Ebene kann Wirtschaftswachstum bei steigender Produktivität und einem funktionierenden Steuersystem mehr Staatseinnahmen generieren, welche wiederum zum Ausbau von Bildungsangeboten und sozialer Sicherung der Bevölkerung verwendet werden können. Durch die Gewährleistung eines Mindeststandards an Gesundheitsversorgung in Form von *Backward linkages* profitiert wiederum der Bildungssektor.

Der Status quo in den Entwicklungsländer-Regionen

Welchen Status quo weist der Bildungssektor in Entwicklungsländern auf, und wo und in welchen Bereichen konnten in den zurückliegenden Jahren Verbesserungen erzielt werden? Zur Beantwortung dieser Fragen liefert der jährliche „*Education for All Global Monitoring Report*" der UNESCO umfangreiche statistische Informationen; die Statistiken des Jahresberichts 2011 decken den Zehnjahreszeitraum 1999–2008 ab (UNESCO 2011).

Um die Bildungssituation international vergleichen zu können, wird die Brutto-Einschulungsrate herangezogen.[1] In den Niedrig-Einkommensländern konnte im Jahr 2008 eine Bruttoeinschulungsrate von 119 Prozent erreicht werden; per Definition bedeutet ein Überschreiten der 100-Prozent-Marke, dass bei dieser Rate auch diejenigen Kinder mitgezählt werden, die zu spät oder zu früh eingeschult werden. Die Hoch-Einkommensländer erzielten im Jahr 2008 eine Bruttoeinschulungsrate von 102 Prozent, was auf eine systematische Erfassung der einschulungspflichtigen Kinder schließen lässt; diese Rate blieb seit 1999 zudem relativ konstant. Die Niedrig-Einkommensländer verbesserten die Bruttoeinschulungsrate seit 1999 jedoch um 25 Prozent, da viele Kinder von einer nachträglichen Einschulung profitieren konnten (UNESCO 2011: 40).

Ein realistischeres Bild bezüglich der Bildungssituation zeichnet die Netto-Einschulungsrate; sie erfasst nur diejenigen Kinder, die im einschulungspflichtigen Alter sind. In den Niedrig-Einkommensländern wies diese Rate im Jahr 2008 nur einen Wert von 82 Prozent auf; jedoch konnte in den zurückliegenden zehn Jahren eine Verbesserung um 28 Prozent erzielt werden (UNESCO 2011: 40). Allerdings gibt auch die Betrachtung der Netto-Einschulungsquoten nicht die tatsächliche Bildungssituation wieder, denn eine Einschulung bedeutet nicht zwangsläufig, dass der Schulbesuch auch erfolgreich beendet wird. So brachen im Jahr 2008 in den Niedrig-Einkommensländern nahezu 25 Millionen Kinder den Schulbesuch vorzeitig ab. In den Mittel-Einkommensländern verließen im selben Jahr sogar über 35 Millionen Kinder die Schule ohne Abschluss, was unter anderem darin begründet ist, dass die Netto-Einschulungsrate in dieser Länderkategorie mit 90 Prozent ungleich höher ausfiel als in den Niedrig-Einkommensländern. Doch auch die Abbruchquoten konnten im Vergleich zu 1999 drastisch reduziert werden, um 42 Prozent bei den Niedrig-Einkommensländern, respektive 36 Prozent bei den Mittel-Einkommensländern (UNESCO 2011: 40).

Besonders in den Niedrig-Einkommensländern nehmen die Einschulungsraten mit aufsteigender Bildungsstufe ab: In dieser Gruppe lag die Brutto-Einschulungsrate in Sekundarschuleinrichtungen bei lediglich 43 Prozent, und auch die Schulabbruchquote war mit 24 Millionen Kindern sehr hoch. Der Trend setzt sich im Hochschul-

---

1 „Die Bruttoeinschulungsrate ist die Anzahl der auf allen Bildungsstufen eingeschulten Schülerinnen und Schüler beziehungsweise Studierenden, unabhängig davon, ob sie der relevanten Altersgruppe für diese Stufe angehören oder nicht, in Prozent der Bevölkerung der relevanten Altersgruppe für diese Stufe" (ÖFSE 2007: 4).

sektor fort: So waren bei den Niedrig-Einkommensländern die Immatrikulationen mit 16,8 Prozent im Vergleich zu den Hoch-Einkommensländern, die eine Rate von 66 Prozent aufweisen, sehr niedrig. In den Ländern des Mittel-Einkommenssektors wurde jedoch bei den Immatrikulationen aufgrund des Hochschulausbaus immerhin eine Rate von 52 Prozent erreicht.

Betrachtet man die einzelnen Bildungs-Indikatoren im regionalen Vergleich, bildet Afrika südlich der Sahara in allen Bereichen das Schlusslicht, wie beispielsweise mit einer Netto-Einschulungsrate von 77 Prozent im Jahr 2008. Die niedrigen Ausgangsraten sind allerdings mit dafür verantwortlich, dass dort im Untersuchungszeitraum auch die größten Verbesserungen erreicht werden konnten; immerhin stieg die Netto-Einschulungsrate dort in den letzten 10 Jahren um 31 Prozent. Die arabischen Staaten wiesen im Jahr 2008 eine Netto-Einschulungsrate von 86 Prozent auf, gefolgt von Süd-West-Asien mit 90 Prozent. Dort konnten auch die größten Verbesserungen bezüglich der Schulabbruchquote erzielt werden: Innerhalb von knapp 10 Jahren konnte die Anzahl an Kindern, die vorzeitig die Schule verließen, halbiert werden; sie liegt jedoch mit knapp 18 Millionen Kindern deutlich hinter Zentral- und Osteuropa mit knapp einer Million Schulabbrechern (UNESCO 2011: 40). Deutlich wird, dass trotz erheblicher Verbesserungen in vielen Entwicklungsländern weiterhin in den Bildungsbereich investiert werden muss. Auch wenn MDG 2 für mehrere Regionen bereits erreicht ist oder in greifbarer Nähe erscheint, decken die hohen Schulabbruchquoten Mängel im System auf und signalisieren dringenden Handlungsbedarf.

Bestehende und neue Herausforderungen auf der Angebots- und Nachfrageseite von Bildung

Die Herausforderungen oder Gründe für die ungenügende Bildungssituation in den Entwicklungsländer-Regionen lassen sich in die Bildungsangebots- und Bildungsnachfrageseite gliedern. Der wohl wichtigste Faktor das Bildungsangebot betreffend ist die Finanzierung beziehungsweise die öffentliche Finanzierung, denn in der Regel werden Bildungssysteme vom Staat angeboten. Die öffentlichen Ausgaben für Bildung weltweit betrugen im Jahr 2008 durchschnittlich 5,0 Prozent des Bruttoinlandprodukts (BIP) (UNESCO 2011: 103). In den Industrieländern wurden im Durchschnitt 5,4 Prozent des BIP für den Bildungssektor aufgewendet, in einigen Ländern – wie beispielsweise Dänemark – wurden sogar knapp 8,0 Prozent für den Bildungsbereich ausgegeben. In den Niedrig-Einkommensländern flossen hingegen durchschnittlich lediglich 3,8 Prozent der öffentlichen Mittel in den Bildungssektor. Der Abstand zwischen den Ländergruppen bei den relativen Bildungsausgaben (in Prozent des BIP) verstärkt sich bei der Betrachtung der absoluten Ausgaben für den Bildungssektor: In Anbetracht der unterschiedlichen wirtschaftlichen Leistungsfähigkeit der Länder fallen die absoluten Ausgaben für Bildung in den Entwicklungsländer-Regionen dementsprechend sehr viel niedriger aus. So gaben Bolivien und

Deutschland im Jahr 2006 ca. 6,3 Prozent des BIP respektive 4,7 Prozent des BIP für den Bildungssektor aus, in absoluten Zahlen investierte Deutschland allerdings 62,7 Milliarden Euro, wohingegen Bolivien lediglich einen Betrag von 453 Millionen Euro für Bildung ausgab (World Bank 2011).

Wie auch bei den Einschulungsraten unterscheiden sich die Entwicklungsländer-Regionen bei der Finanzierung ihres Bildungsangebotes deutlich: Während Lateinamerika und die Karibik durchschnittlich 5,0 Prozent des BIP bereitstellen, sind es in Afrika südlich der Sahara lediglich 4,0 Prozent des BIP, weit abgeschlagen bleiben Süd- und Westasien mit 3,5 Prozent des BIP und Zentralasien mit 3,2 Prozent des BIP (UNESCO 2011: 103). Der durchschnittliche prozentuale Anteil der Bildungsausgaben am BIP ist in allen Entwicklungsländer-Regionen in den letzten zehn Jahren aufgrund der gestiegenen wirtschaftlichen Leistungsfähigkeit erhöht worden, auch wenn einige Regierungen ihre Ausgaben im Bildungsbereich gekürzt haben.

Welche realen öffentlichen Mittel in den Bildungsbereich fließen, hängt nicht nur von der wirtschaftlichen Entwicklung eines Landes ab. Auch die Bevölkerungsdynamik und damit einhergehende Veränderungen der einschulungspflichtigen Alterskohorte können absolut höhere Gesamtausgaben nivellieren, wenn dadurch die Pro-Kopf-Ausgaben gleich bleiben oder sogar sinken. Allerdings ist auch der gegenteilige Fall möglich, dass bei gesunkenen öffentlichen Gesamtausgaben für Bildung die Pro-Kopf-Ausgaben aufgrund eines Rückganges der Bevölkerungsanzahl gestiegen sind. Dies macht es unter anderem sehr schwer, eine generalisierende Aussage über die finanzielle Entwicklung im Bildungsbereich zu treffen, denn diese Entwicklung hängt von den strukturellen Veränderungen jedes einzelnen Landes und seiner Politik ab. Hinzu kommt, dass nicht allein die Höhe der Finanzierung dafür maßgeblich ist, wie das Bildungsangebot eines Landes beschaffen ist. Die Ressourcen müssen auch effizient eingesetzt werden, um einen größtmöglichen *Outcome* zu erzielen (UNESCO 2011: 103).

So muss gewährleistet sein, dass die Lehrerausbildung, die an staatlichen Einrichtungen erworben werden kann, internationalen Standards entspricht. Die Schulen müssen mit Unterrichtsmaterialien und Infrastruktur ausgestattet sein, um einen effizienten Schulbetrieb zu ermöglichen. Lehrbücher müssen mit aktuellen Inhalten versehen werden, außerdem müssen bei Bau oder Renovierung von Schulgebäuden beispielsweise getrennte sanitäre Einrichtungen eingeplant werden, so dass auch Mädchen die Schule besuchen werden. Auch die Bezahlung der Lehrer muss einem angemessenen Niveau entsprechen, so dass sich wieder mehr junge Menschen für den Lehrerberuf entscheiden. Die Lehrergehälter sind in Entwicklungsländern teilweise so gering, dass Lehrer mehreren Arbeiten nachgehen müssen, um sich ihren Lebensunterhalt zu verdienen; entsprechend leidet die Unterrichtsvorbereitung und somit die Qualität des Unterrichts.

Aufgrund der Investitionen in den Bildungssektor in den letzten Jahren wurden viele Kinder nachträglich eingeschult, was zu einer höheren Klassendichte führte; damit erhöhte sich der Lehrerbedarf zusätzlich mit entsprechenden Auswirkungen auch auf die Qualität der Bildung. So fehlen in Afrika südlich der Sahara bis zu 4 Millionen LehrerInnen, um allen Kindern der Region bis 2015 eine Grundschulbildung zu ermöglichen; dies ist unter anderen der HIV-AIDS-Problematik geschuldet.

Ein weiterer Aspekt bezüglich der Finanzierung ist die Verteilung der Gelder auf die verschiedenen Bildungsstufen. In der Regel steigt der Finanzierungsbedarf mit fortschreitendem Schulgrad: Ein Sekundarschuljahr kostet dreimal so viel wie ein Jahr Grundschulbildung pro Kind, die Hochschulbildung veranschlagt wiederum ein Vielfaches der Sekundarschulbildung. Zwar wurden in den letzten Dekaden sehr viele Mittel für die Primar- und Sekundarschulbildung bereitgestellt, um eine flächendeckende Grundbildung zu schaffen, dennoch fehlen Investitionen im Grundbildungsbereich; denn Mittel für die nächsthöheren Bildungseinrichtungen werden nur dann sinnvoll eingesetzt, wenn Absolventen über eine grundlegende Bildung verfügen und sich somit in der nächsten Bildungsstufe erfolgreich weiterbilden können. Dennoch benötigt auch der Hochschulsektor weitere Mittel, um international wettbewerbsfähig zu bleiben und technischen Fortschritt zu generieren. Im Hochschulsektor Lateinamerikas und der Karibik sind beispielsweise Geistes- und Gesellschaftswissenschaften stark vertreten, die bei der Gewinnung neuer Methoden und Techniken eine eher untergeordnete Rolle spielen. Ganz allgemein ist es erforderlich, den Stellenwert von Bildung zu überdenken und ihn entsprechend bei der Verteilung von öffentlichen Mitteln zu berücksichtigen. Jedoch schenken manche Regierungen in Entwicklungsländern der Landesverteidigung weiterhin mehr Beachtung als der Grundbildung der nächsten Generation.

Ein weiteres Manko bezüglich des Bildungsangebotes in vielen Entwicklungsländern ist die Vernachlässigung bestimmter Bildungsbereiche, so zum Beispiel der frühkindlichen Erziehung. Allein die Gruppe der Kleinkinder bis 5 Jahre stellt mit 738 Millionen Kindern 11 Prozent der Gesamtbevölkerung im Jahr 2008 dar, aufgrund der Bevölkerungsentwicklung in den Niedrig-Einkommensländern mit steigender Tendenz. Für die psychosoziale, emotionale und vor allem die kognitive Förderung einer Person sind ihre Erfahrungen in den ersten Lebensjahren besonders wichtig. Der Ökonom *James Heckmann*, Nobelpreisträger der Wirtschaftswissenschaften des Jahres 2000, hat nachgewiesen, dass Investitionen in Vorschulprogrammen zu wesentlich höheren Bildungserträgen führen als Investitionen in späteren Bildungsphasen, das heißt positive externe Effekte in Form höherer Produktivität sind besonders im Vorschulbereich am größten (Heekerens 2010: 317). Zudem profitieren gerade benachteiligte Bevölkerungsgruppen überproportional von frühkindlicher Erziehung. Ein weiterer positiver Effekt der frühkindlichen Erziehung ist der mögliche Multiplikatoreffekt der Kinder auf die Mütter/Eltern. Da die Förderung der Kinder mit dem Bildungsgrad der Mutter korreliert und umgekehrt, kann dies zur Folge haben, dass Kinder, die frühkindliche Erziehungseinrichtungen besuchen, mehr Fürsorge von der Mutter erhalten und sich dies positiv auf ihre weitere Entwicklung auswirkt. Allerdings sind vorschulische Einrichtungen nur von Erfolg gekrönt, wenn sie qualitativ hochwertig sind, das heißt pädagogisch geschulte Erzieherinnen betreuen eine kleine Anzahl von Kindern etc. Ein nicht unwesentlicher Vorteil der Investitionen in frühkindliche Erziehung ist die Tatsache, dass Mütter früher erneut erwerbstätig sein können und somit zur Produktivität der Wirtschaft des Landes beitragen.

Wie ist aber die Situation der frühkindlichen Erziehung in den Entwicklungs- und Schwellenländern? In den Niedrig-Einkommensländern besuchten 2008 lediglich 18 Prozent der jeweiligen Alterskohorte eine Einrichtung frühkindlicher Erziehung. In den Mittel-Einkommensländern gingen bereits 42 Prozent in den Kindergarten, während in Industrieländern über zwei Drittel der Kinder bis 5 Jahre frühkindliche Erziehungseinrichtungen besuchten (UNESCO 2011: 29).

Auch der Bereich der beruflichen Bildung genießt in den Entwicklungs- und Schwellenländern einen relativ geringen Stellenwert. Lange galt berufliche Bildung in vielen Ländern als Auffangbecken für Schulversager. Erst in den letzten Jahren sind Nachfrage und Beachtung der beruflichen Bildung in Entwicklungs- und Schwellenländern immer mehr gestiegen. Besonders aufgrund des wachsenden informellen Sektors in Entwicklungsländern stellt sich insbesondere für die berufliche Bildung die Herausforderung, Jugendliche in den formellen Arbeitsmarkt zu integrieren, um eine stetige Formalisierung des informellen Sektors zu erreichen. In Hinblick auf die Realisierung der MDG spielt die berufliche Bildung eine besondere Rolle, da durch die Verknüpfung des Bildungssektors mit dem Arbeitsmarkt die Chancen auf eine Anstellung im formellen Sektor zunehmen, über ein festes Einkommen verfügt wird und somit eine soziale Absicherung erfolgen kann. Zudem fördern qualifizierte Arbeitskräfte eine nachhaltige wirtschaftliche Entwicklung.

In sehr vielen Entwicklungs- und Schwellenländern ist eine soziale Absicherung nicht oder in nicht ausreichendem Maß vorhanden, weshalb Kinder für den Familienunterhalt mit aufkommen müssen: In Asien muss jedes 5. Kind arbeiten, in Afrika südlich der Sahara sogar jedes 4. Kind, um den Familienunterhalt zu bestreiten. Hohe *Drop-out-* und Wiederholungsquoten sind die Folge: Wenn ein Kind aus dem niedrigsten Einkommensquintil kommt, ist die Wahrscheinlichkeit, dass es die Schule abbricht, dreimal höher als in der Vergleichsgruppe der nicht-arbeitenden Kinder. Somit wird deutlich, dass die ungenügende Bildungssituation in den Niedrig-Einkommensländern nicht nur auf Hemmnisse der Angebotsseite für Bildung zurückzuführen ist, sondern auch auf der Nachfrageseite Faktoren bestehen, die eine solide Schulausbildung erschweren.

Auch marginalisierte Bevölkerungsgruppen haben immer noch nicht ausreichenden Zugang zu Bildung; so werden zum Beispiel ethnische Minderheiten aufgrund ihres Ursprungs und/oder ihrer Sprachbarrieren weiterhin benachteiligt. Zudem ist die Diskriminierung von Mädchen immer noch immanent, zum Beispiel aufgrund religiöser Gegebenheiten oder wegen fehlender sanitärer Anlagen für Mädchen in den Schulen. Gravierend sind zudem die Unterschiede der Bildungssituation zwischen Stadt und Land. In ländlichen Regionen ist die Zahl der Schulen begrenzt, die Kinder haben oft einen sehr langen Schulweg, weswegen die Mädchen aus Angst der Eltern nicht zur Schule gehen. Zudem sind die ländlichen Schulen schlecht ausgestattet, sie sind für Lehrer aufgrund der Ausstattung und Lage unattraktiv. Gewalt, bewaffnete Konflikte oder Auswirkungen fragiler Staatlichkeit können ebenfalls verhindern, dass Kinder regelmäßig am Unterricht teilnehmen.

Aufgrund hoher *Drop-out*-Quoten in den Grundschulen verstärkt sich das Problem des Erwachsenen-Analphabetismus. Die Analphabetenrate ist zwischen 1970 und 2008 zwar weltweit auf 17 Prozent gesunken, durch das Bevölkerungswachstum ist die absolute Zahl der Analphabeten in vielen Regionen aber weiter gestiegen (UNESCO 2011: 65). Von diesen leben 98 Prozent in Entwicklungs- und Schwellenländern. Hier trifft fehlendes Angebot besonders in ländlichen Gebieten auf unzureichende Nachfrage aufgrund von Stigmatisierung derjenigen, die nicht Lesen und Schreiben können. Somit sind die Chancen auf dem Arbeitsmarkt erschwert, und lediglich der informelle Sektor bleibt als Erwerbsquelle übrig, was mit niedrigem Einkommen, fehlender sozialer Absicherung und für die Angebotsseite mit unzureichenden Steuereinnahmen verbunden ist.

Ein großes Problem in Entwicklungsländern ist die Jugendarbeitslosigkeit; so sind zum Beispiel in Bangladesch 1,5 Millionen junge Menschen arbeitslos gemeldet, 8,5 Millionen sind unterbeschäftigt. Die Jugendarbeitslosigkeit liegt bei 8,1 Prozent und ist doppelt so hoch wie die allgemeine Arbeitslosenquote mit 4,2 Prozent; die Dunkelziffer liegt noch höher (Hamid/Ara 2010).

Durch veränderte Rahmenbedingungen, aufgrund von Globalisierung, Verschiebung der Kräfteverhältnisse und Wettbewerbsvorteilen ist die Bildungssituation in den Niedrig-Einkommensländern mit neuen Herausforderungen konfrontiert. So ist aufgrund des technischen Fortschritts und den Folgen der Globalisierung eine Ausweitung des tertiären Sektors zu beobachten. In Europa werden in der nächsten Dekade voraussichtlich 2,8 Millionen Arbeitsplätze im primären Sektor wegfallen, im sekundären 2,2 Millionen, während im tertiären Sektor 10,7 Millionen neue Jobs überwiegend in den Städten geschaffen werden (UNESCO 2011: 58). Diese intrasektorale Verlagerung von Arbeitsplätzen ist auch in Entwicklungs- und Schwellenländern zu beobachten. Nichtsdestotrotz bleibt der primäre Sektor in Entwicklungs- und Schwellenländern weiterhin ein wichtiger Bestandteil des Arbeitsmarktes, da Exporteinnahmen überwiegend aus Rohstoffen generiert werden. Fehlende Infrastruktur und niedrige Löhne auf dem Land treiben die Menschen in die Städte; um Landflucht zu vermeiden, müssen die ländlichen Gebiete daher mit ausreichend Infrastruktur ausgestattet werden, um auch neue Technologien auf dem Land nutzbar zu machen.

Der Arbeitsmarkt in Entwicklungs- und Schwellenländern ist durch unverhältnismäßig hohe staatliche Lohnnebenkosten sowie einen enormen Bürokratie- und Verwaltungsaufwand für Arbeitgeber und -nehmer gekennzeichnet. Diese Faktoren begünstigen die Ausweitung des informellen Sektors besonders in den Megacities der Niedrig-Einkommensländer. So ist es oft attraktiver, in dem informellen Sektor zu arbeiten, wie beispielsweise für Mütter, die ihre Arbeitszeiten im informellen Sektor nach dem Betreuungsbedarf für ihre Kinder richten können, während im formellen Sektor keine Möglichkeiten bestehen, einer Halbtages-Beschäftigung nachzugehen (Evia/Pacheco 2010: 26).

Auch wenn in Entwicklungsländern weiterhin viele Missstände im Bildungsbereich bestehen, sind mit diversen Instrumenten messbare Erfolge erzielt worden, die weiter ausgebaut und modifiziert werden sollten, um den bestehenden und neu dazugekommenen Herausforderungen zu begegnen.

Neue Konzepte und Instrumente der Bildungszusammenarbeit

In Anbetracht der Verknüpfung von Bildung mit anderen Entwicklungsbereichen und den *Forward* und *Backward Linkages* wurde bereits in der Vergangenheit erkannt, dass in der internationalen Entwicklungszusammenarbeit mehrdimensionale Konzepte erforderlich sind, da Bildung auch Bestandteil anderer Sektorvorhaben ist, ebenso wie Bildung von den Auswirkungen anderer Sektorvorhaben abhängt. So sollten Bildungsprogramme weiterhin in Kombination mit Ernährungsprogrammen Hand in Hand gehen, wie zum Beispiel das peruanische Projekt *La Leche*, bei dem Kinder in der Schule ein Glas Milch erhalten. Auch das brasilianische Projekt *Bolsa Familia*, das Familien eine soziale Grundsicherung zahlt, sofern die Kinder regelmäßig am Unterricht teilnehmen, hat sich bewährt. Reine Bildungsprogramme in Form zum Beispiel des Baus einer Schule sind nur dann sinnvoll, wenn gleichzeitig die Schule in Form von Infrastrukturprojekten mit Schulbussen an bestehende Strukturen angeschlossen wird. Ebenso sind Bildungsprogramme in Form der Ausbildung von Lehrern nur dann nachhaltig, wenn gleichzeitig der Verwaltungsapparat entsprechend modernisiert wird, so dass die Lehrer mit einer regelmäßigen und pünktlichen Zahlung ihrer Gehälter rechnen können und gut ausgebildete Lehrer nicht ins Ausland emigrieren.

Auch die Kombination von Bildungs- und Gesundheitsprogrammen hat sich bewährt, in der Bildung eine so genannte Dienstleistungsfunktion einnimmt: so zum Beispiel der Aufklärungsunterricht über HIV/AIDS in den Schulen oder über Malariaprophylaxe. Kombinierte Sektorvorhaben bergen gleichwohl die Gefahr, dass aufgrund der Vielfalt der beteiligten Organisationen Ressourcen verloren gehen. Da mehrere Institutionen bei der Ausgestaltung der Bildungssysteme beteiligt sind, wird die Organisation bei sektorumgreifenden Projekten ungleich aufwändiger. Somit ist eine Abstimmung aller beteiligten Institutionen – sowohl der Geber-Organisationen als auch der Ministerien vor Ort – maßgeblich für deren Erfolg.

Aufgrund der Differenz zwischen Anforderungen an die Schulabgänger und ihrem tatsächlichen Können wird die Forderung nach neuen Konzepten im Bildungssektor immer lauter. Eine mögliche Alternative zu den klassischen Schularten bildet das Konzept der universellen Grundschule, das statt einer 4–6-jährigen Ausbildung eine Erweiterung auf 9–10 Jahre vorsieht. Der Fokus soll auf der Vermittlung von alltags- und berufsrelevanten Inhalten liegen, um in Vorbereitung auf das Arbeitsleben besonders Qualifikationen für den informellen Sektor zu erwerben, also Maßnahmen, welche die Selbständigkeit stärken.

Der Ansatz der *Inclusive Education* steht im Zusammenhang mit der Stärkung holistischer Bildungsansätze, denn es ist ein einschließendes Bildungskonzept, das auf die Lernbedürfnisse aller Kinder, Jugendliche und Erwachsenen eingeht und besonders dem Schutz vor Vernachlässigung geistig oder physisch behinderter Kinder dient. Dieses Konzept richtet sich somit besonders an marginalisierte Lerngruppen, die entweder in bestehende Schulen aufgenommen werden oder für die eigens Schulen errichtet werden. Dieses Konzept ist auch an ethnische Minderheiten, Betroffene der HIV/AIDS-Pandemie, ebenso wie Lernende aus Konfliktsituationen gerichtet, um ihnen eine Grundbildung mit der Aussicht zu ermöglichen, durch die erlangte Qualifikation auf dem Arbeitsmarkt Fuß zu fassen.

Ein bewährtes Instrument in der Bildungszusammenarbeit ist die Ausbildung von Lehrern und Fachkräften. Besondere Bedeutung erfährt dabei die Lehrerausbildung; Lehrer, die pädagogisch entsprechend geschult sind, können einen qualitativ hochwertigen Unterricht halten, so dass die Lernerfolge der Schüler höher ausfallen können. Herausforderungen für den Lehrerberuf stellen sich insbesondere in Ländern mit einem hohem Anteil indigener Bevölkerung und in ethnischen Gruppen lebenden Personen, denn dort müssen die Lehrer zugleich in Amtssprache und Stammessprache unterrichten, damit es zu Lernerfolgen kommen kann. Bei der Ausbildung der Lehrer sollte zudem darauf geachtet werden, dass aktuelle Lerninhalte vermittelt werden und ihre Ausbildung einem ständigen Modernisierungsprozess unterliegt.

Durch Entsendung und Bereitstellung von Fachkräften in Entwicklungs- und Schwellenländer sowie die Ausbildung einheimischer Fach- und Führungskräfte in den Geberländern sollen Multiplikatoreffekte erzielt werden. Lernen am Arbeitsplatz setzt allerdings voraus, dass Unternehmen den Stellenwert von Weiterbildungsmaßnahmen erkennen und fördern. Bei der Aus- und Fortbildung von Fach- und Führungskräften ist es daher essentiell, dass Aus- und Fortbildungen immer an dem jeweiligen Arbeitsmarkt des Landes und an den Bedürfnissen der Unternehmen ausgerichtet sind, das heißt, dass Veränderungen wahrgenommen und in die Fortbildungsmaßnahmen aufgenommen werden. Laut einer Studie der OECD nehmen unqualifizierte Angestellte tendenziell weniger an Weiterbildungsmaßnahmen teil als qualifiziertere Mitarbeiter. Da jedoch unqualifizierte Mitarbeiter im besonderen Maß von Fortbildungsmaßnahmen profitieren, sollten gerade diese miteinbezogen werden, um dem Fachkräftemangel entgegenzuwirken (OECD 2008).

Fehlende gut ausgebildete Fachkräfte, hohe (registrierte) Arbeitslosigkeit, wachsender informeller Sektor sowie fehlende soziale Sicherungssysteme bilden einen Teufelskreis. Gerade in Entwicklungs- und Schwellenländern mit einem hohen informellen Arbeitsmarkt wird es umso wichtiger, durch berufliche (Aus-)Bildung das Schulsystem mit dem Arbeitsmarkt zu verzahnen. Allerdings ist in vielen Staaten ein System der beruflichen Bildung nur rudimentär vorhanden oder nicht in das Bildungs- und Beschäftigungssystem integriert. Die Unterrichtsangebote sind meist zu theoretisch und nicht an den Bedürfnissen des Arbeitsmarkts ausgerichtet. Deshalb sind im Jahr 2008 nur 6 Prozent der entsprechenden Alterskohorte in den Niedrig-Einkommensländern in beruflichen Bildungsprogrammen integriert gewesen (UNESCO 2011: 54). Und dies entspricht immerhin einer Verbesserung von 47 Prozent zum Jahr 1999, während in den Industrieländern ein Rückgang der Jugendlichen in Ausbildungsprogrammen zu verzeichnen ist, da dort immer mehr Schulabgänger studieren und die duale Ausbildung an Bedeutung verliert.

Mit einem dualen Ausbildungssystem, wie es in Deutschland, Österreich und der Schweiz implementiert ist, werden Schule und Arbeitsmarkt miteinander verbunden; die Berufsschulen können sich auf die theoretischen Inhalte konzentrieren und Kosten für teure Ausrüstungsanschaffungen sparen. Zudem schafft das duale Ausbildungssystem mit einer direkten Einbindung in einen Ausbildungsbetrieb die Basis für einen Einstieg in das Arbeitsleben oder eine weitere Qualifizierung an einer Hochschule, sofern sie staatlich anerkannt ist. Somit kann durch eine bessere Qualifizierung der Jugendlichen Arbeitslosigkeit vorbeugt werden. Das seit dem Beginn der Entwicklungszusammenarbeit Deutschlands in vielen Entwicklungs- und Schwellenländern eingeführte duale Ausbildungssystem ist allerdings häufig gescheitert. Die Gründe sind vielfältig und reichen von fehlender Infrastruktur, mangelnder Ausbildungsbereitschaft der Unternehmen bis hin zu unzureichender Kommunikation zwischen den Unternehmen und Schulen. Um ein Ausbildungssystem zu etablieren, braucht es daher Institutionen, Beratungseinrichtungen zur Berufsorientierung und eine Arbeitsvermittlung, die Kontakt mit Unternehmen herstellen und so angehende Lehrlinge und Unternehmen zusammenbringt, wie beispielsweise bei dem Sportartikelhersteller Nike, der in Bangladesch 40 000 Näherinnen ausbildete (Hamid/Ara 2010).

Aber auch die Nachfrage nach beruflicher Ausbildung von Seiten der Jugendlichen fiel vielerorts dürftig aus, die *Drop-out*-Quoten waren aufgrund finanzieller Engpässe der Lehrlinge sehr hoch. Diesem Problem kann ein Ausbildungssystem in modularisierter Form entgegenwirken, so dass eine zeitweilige Unterbrechung der Ausbildung möglich ist und auch ein Wechseln der Ausbildungsgänge erleichtert wird, indem bereits erfolgreich absolvierte Unterrichtsmodule angerechnet werden können.

Generell müssen bei der Implementierung eines Ausbildungssystems die Bedürfnisse von Wirtschaft und Arbeitsmarkt berücksichtigt werden, weshalb eine direkte Zusammenarbeit mit der Privatwirtschaft in Form eines Forums hilfreich ist. So hat die Nachfrage nach Arbeitskräften indirekten Einfluss auf das Angebot, es wird nach den Arbeitsmarktbedürfnissen ausgebildet, und Technologietransfer und Wissensvermittlung kann stattfinden. Allerdings müssen Rahmenbedingungen und Vorgaben für die Unternehmen bestehen, damit Auszubildende nicht als billige Arbeitskräfte missbraucht werden. Außerdem müssen die Abschlüsse staatlich anerkannt sein, so dass die Lehrlinge nach ihrer Ausbildung die Möglichkeit haben, sich bei anderen Unternehmen zu bewerben und somit einer Ausbeutung durch einen einzelnen Betrieb vorgebeugt wird.

Eine weitere Form der Zusammenarbeit mit der Privatwirtschaft sind *Public Private Partnerships* (PPP) im Bildungssektor. Traditionell wird die Grundschulbildung vom Staat angeboten, jedoch treten immer häufiger privat organisierte Bildungseinrichtungen auf, an denen der Staat quasi als Co-Investor involviert ist. PPP sind in allen Bildungsebenen vertreten und können im unterschiedlichen Ausmaß auftreten. Bei PPP, die auf den Infrastrukturbereich begrenzt sind, wird vertraglich beispielsweise der Bau einer Schule sowie deren Unterhaltung über einen bestimmten Zeitraum mit einem privaten Unternehmen festgesetzt. Das Grundstück, auf dem die Schule gebaut wurde, bleibt üblicherweise im Besitz des Staates; variiert wird diese Art der Kooperation, indem das Grundstück im Besitz des privaten Unternehmens ist und der Staat gegen eine Gebühr an das Unternehmen Boden und Schulgebäude nutzen kann. PPP können auch bei zusätzlichen Serviceleistungen in einer Schule auftreten, so zum Beispiel die Bereitstellung von Schulessen, da private

Unternehmen, die zum Beispiel mehrere Schulen mit Essen versorgen, dies kostengünstiger anbieten können, als dies der Schule mit einer eigenen Küche möglich wäre. Eine dritte Form der PPP im Bildungssektor ist der Betrieb einer Schule allein durch einen privaten Träger. Die Regierung vergibt lediglich Stipendien und zahlt Gebühren je nach Abschluss der Schüler, Qualifikation der Lehrer oder dem Angebot an Ausrüstung in der Schule (o. V. 2009: 2).

PPP im Bildungssektor sind jedoch ein zweischneidiges Schwert: Zwar stellt der private Sektor die Finanzierung, und aufgrund erhöhter arbeitsvertraglicher Flexibilität bei der Anstellung des Schulpersonals ist eine schnellere Anpassung möglich. Auch erzielen die Schüler durch die intensivere Betreuung oftmals bessere Ergebnisse und Abschlüsse, haben somit erhöhte Chancen auf dem Arbeitsmarkt. Aber diese Vorteile können sich auch ins Gegenteil wandeln: Mehr Flexibilität bezüglich des Personals muss mit entsprechendem Kündigungsschutz für die Angestellten einhergehen, um auch ihre Bedürfnisse zu schützen. Der Staat gibt stückweise Kontrolle ab, die gerade das Bildungssystem benötigt. Daher ist eine aktive Ausgestaltung des Staates und Vorgabe der Rahmenbedingungen erwünscht. Dies setzt wiederum einen souveränen und fähigen Staat voraus, der in der Lage sein sollte, ein adäquates öffentliches Bildungsangebot bereitzustellen und vor allem zu finanzieren.

Um die EFA-Ziele in den Niedrig-Einkommensländern bis zum Jahr 2015 zu erreichen, klafft eine jährliche Finanzierungslücke von 11,5 Milliarden Euro; dies macht deutlich, dass die Regierungen vieler Entwicklungsländer mit der öffentlichen Finanzierung überfordert sind. Diese Finanzierungslücke beinhaltet bereits Zusagen der Gebernationen im Rahmen der *Paris Declaration* aus dem Jahr 2005. Noch nicht abgeschätzt werden können jedoch die mittelfristigen Auswirkungen der Weltwirtschaftskrise des Jahres 2008/09. Diese betrifft die Bildungszusammenarbeit in zweierlei Hinsicht, denn einerseits sind Entwicklungs- und Schwellenländer direkt betroffen, indem Staatseinnahmen geringer ausfallen und geplante Investitionen im Bildungssektor nicht stattfinden. Andererseits wurden die Etats für Entwicklungszusammenarbeit der Industrieländer gekürzt, so dass die zusätzlichen Mittel für Bildungsprogramme in den Niedrig-Einkommensländern geringer ausfallen.

Die größten Geber im Bildungsbereich sind neben Deutschland und Frankreich die Weltbank-Tochter *International Development Association* (IDA), die Niederlande und Großbritannien; sie stellen rund 60 Prozent der gesamten Bildungsausgaben zur Verfügung. Im Jahr 2009 bezifferten sich die Ausgaben für Bildungsvorhaben der deutschen Entwicklungszusammenarbeit auf 1,23 Milliarden Euro, was 20 Prozent der gesamten deutschen *Official Development Assistance* (ODA) entsprach und einen Anteil von 17 Prozent der weltweit geleisteten ODA-Mittel für Bildung ausmachte (BMZ 2011: 6). Die internationale Gebergemeinschaft engagiert sich nicht nur in unterschiedlichem Ausmaß mit Bildungsprojekten, sondern sie ist auch mit verschiedenen Schwerpunkten aktiv. Ein Großteil der deutschen Bildungs-ODA wird für Stipendien an Studierende aus Entwicklungsländern vergeben (54 Prozent der ODA-Bildungsleistungen Deutschlands), 11 Prozent entfallen auf die Hochschulbildung, 9 Prozent auf Grundbildung, 6 Prozent auf die Berufsbildung, 5 Prozent auf die Fortbildung von Fach- und Führungskräften und 0,4 Prozent wird in die

Sekundarschulbildung investiert, wohingegen beispielsweise die Niederlande und USA rund 60 Prozent ihrer Ausgaben für den Grundschulsektor bereitstellen (BMZ 2011: 7). In der regionalen Aufteilung der deutschen ODA-Leistungen sticht die Bildungszusammenarbeit mit Asien hervor, wohin 47 Prozent der deutschen EZ-Bildungsaufwendungen vergeben werden, 24 Prozent entfallen auf Afrika, während 12 Prozent der ODA-Bildungsaufwendungen in Projekte in Europa und Lateinamerika fließen.

Das Finanzierungsproblem des Bildungssektors vieler Niedrig-Einkommensländer wird unter anderem durch die allgemeine Schwerpunktsetzung in der internationalen Zusammenarbeit verstärkt. Die weltweit geleisteten Bildungsausgaben stellen nur einen relativ geringen Anteil aller ODA-Leistungen dar: Von insgesamt 114 Milliarden Euro bilateraler Entwicklungshilfe im Jahr 2008 sind nur ca. 6 Prozent (6,88 Milliarden Euro) für den Bildungssektor ausgegeben worden. In die Grundbildung wurden davon ca. 3 Milliarden Euro investiert (BMZ 2011).

Um die Finanzierungslücke der EFA-Initiative zu schließen, schlägt die UNESCO eine Reihe innovativer Finanzierungsmechanismechanismen vor. Sowohl Deutschland als auch Frankreich begrüßen Abgaben im Finanzsektor, die der Entwicklungszusammenarbeit zugute kommen könnten. Mögliche Abgaben könnten demnach auf Finanztransaktionen oder Gewinne der Banken erhoben werden. Die Schätzungen über mögliche Einnahmen gehen allerdings weit auseinander und reichen von ca. 25 Milliarden Euro bis hin zu ca. 300 Milliarden Euro bei einer 0,005%igen Steuer. Inwiefern ein solches Instrument in Anbetracht der Weltwirtschaftskrise der Jahre 2008/09 umzusetzen ist, bleibt offen. Ebenso wird diskutiert, in Anlehnung an die Internationale Finanzfazilität für Impfprogramme (IFFIm) eine *International Facility for Education* (IFFE) zu gründen. Dies beinhaltet eine Vorfinanzierung geplanter öffentlicher Ausgaben in der Entwicklungszusammenarbeit. In Anbetracht einer weiteren Verschuldung und einhergehender Reduzierung zukünftiger Entwicklungsfinanzierung im Bildungssektor scheint auch diese Maßnahme nicht vielversprechend. Zudem wurde bereits die *Fast Track Initiative* im Rahmen der EFA-Initiative gegründet, die für die Finanzierung der sechs Bildungsziele Mittel der G8-Länder und der Europäischen Kommission bündelt und die diese Aufgabe übernehmen könnte.

Alternative Bildungsinstrumente, die komplementär zu formaler Bildung angeboten werden und meist von Bildungseinrichtungen der Nichtregierungsorganisationen bereitgestellt werden, betreffen überwiegend Jugend-Bildungsarbeit, zum Beispiel in Jugendzentren in Form von non-formalen Bildungsprojekten. Ebenso wird der klassische Fernunterricht schon seit langer Zeit eingesetzt, der ebenso wie das *E-Learning* Lerninhalte kostengünstig vermitteln und an viele Menschen gleichzeitig weitergeben kann. Da für *E-Learning* jedoch ein Internetanschluss nötig ist, stellt dies oft ein Ausschlusskriterium für viele Menschen in Entwicklungs- und Schwellenländern aufgrund fehlender Infrastruktur dar. *E-Learning* erfordert zudem ein starkes Engagement der Zielgruppe, selbständig zu lernen, und kann daher kein vollständiger Ersatz für den 1:1-Unterricht sein, sondern sollte komplementär eingesetzt werden.

Ein effektives Mittel in der Bildungszusammenarbeit sind die *Learning by ear*-Programme. So fördert die Deutsche Welle mit finanzieller Unterstützung des Auswärtigen Amtes (AA) Radio-Bildungsprojekte, um das Entstehen einer aktiven Zivilgesellschaft und Demokratie voranzutreiben. Bei dieser Bildungsinitiative in Afrika südlich der Sahara werden zum Beispiel Alltagsprobleme wie die HIV/AIDS-Problematik thematisiert. Der Vorteil des Massenmediums Radio liegt auf der Hand: Tendenziell kann ein Vielfaches der Menschen erreicht werden; so hören 95 Prozent der Menschen aus Tansania mindestens einmal pro Woche Radio, während nur 35 Prozent regelmäßig Fernsehen sehen und nur 31 Prozent Zeitung lesen. Außerdem ist Radio kostengünstig, aufgrund der Nicht-Rivalität im Konsum für mehrere Menschen gleichzeitig erreichbar und auch für nicht-alphabetisierte Menschen ein Medium, über das sie Lerninhalte aufnehmen können. Hochrechnungen zufolge erreicht die Deutsche Welle ca. 40 Millionen Menschen in Afrika. Aber auch bei diesen Projekten werden regionale Kooperationspartner benötigt, die vor Ort die Techniken des Radios an die Moderatoren weitergeben und auf die Programme aufmerksam machen (Schaeffer 2009: 288).

Zusammenfassung

Die bisherige internationale Bildungszusammenarbeit hat unübersehbare Erfolge erzielt; aber es sind auch neue Herausforderungen zu den alten dazugekommen. Unter Bildungszusammenarbeit werden längst nicht mehr nur der Bau von Schulen und die Bereitstellung von Lernmaterialien verstanden, vielmehr muss der Bildungssektor als holistisches Gesamtkonzept gesehen werden, in dem Bildung als mehrdimensionales Konstrukt verstanden wird, die einzelnen Bildungsstufen aufeinander aufbauen, in sich kohärent und vor allem aufeinander abgestimmt sind. Es müssen nicht nur Bildungsformen, sondern auch alle beteiligten Institutionen, komplementäre Politikbereiche und vor allem der Arbeitsmarkt miteinbezogen werden, um Bildungserfolge sowohl auf individueller als auch auf gesamtwirtschaftlicher Ebene zu erzielen (Abbildung 1).

Ein Gesamtkonzept der Bildungszusammenarbeit fängt bei der Förderung der frühkindlichen Erziehung an, welche die Weichen für die spätere Schullaufbahn stellt, und die Versorgung und Pflege von Kleinkindern und Förderung der Kompetenzen und Fähigkeiten bereits in jungen Jahren umfasst. Der Ausbau der Sekundarschulen, denen eine wichtige Brückenfunktion zuteil wird, da sie mit berufsbildenden und berufsorientierten Inhalten an die Grundbildung anknüpft, muss aufgrund der Erfolge im Primarschulsektor verstärkt gefördert werden. Ebenso sollte die berufliche Aus- und Fortbildung eine zentrale Stellung in der Bildungszusammenarbeit einnehmen, da „sie die Menschen befähigt, arbeitsmarktrelevante Kompetenzen zu erwerben, diese zu erhalten und weiter zu entwickeln" (BMZ 2011: 6). In der Hochschulbildung ist eine intensivere Kommunikation zwischen Arbeitsmarkt und Hochschulsektor erforderlich, um die Aus- und Fortbildung von Fach- und Führungskräften mit einhergehender Integration in den Arbeitsmarkt zu ermöglichen.

Abbildung 1: Gesamtkonzept der Bildung

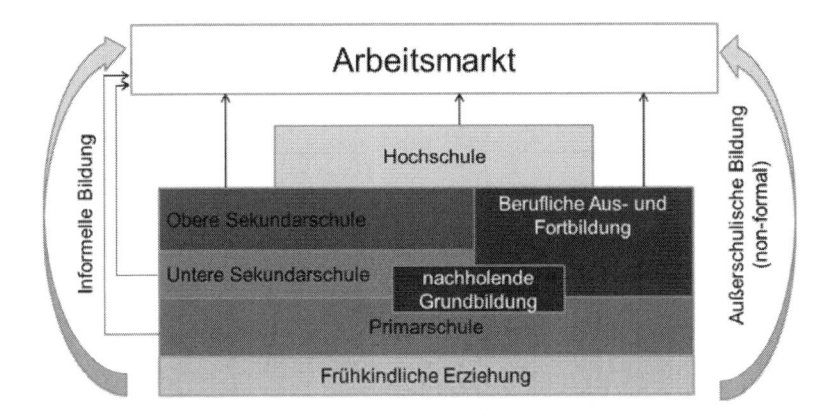

Arbeitsmarkt

- Hochschule
- Obere Sekundarschule
- Berufliche Aus- und Fortbildung
- Untere Sekundarschule
- nachholende Grundbildung
- Primarschule
- Frühkindliche Erziehung

Informelle Bildung | Außerschulische Bildung (non-formal)

Quelle: eigene Darstellung in Anlehnung an BMZ (2011: 5)

Literatur

BMZ [Bundesministerium für wirtschaftliche Zusammenarbeit und Entwicklung] (2011): Nachhaltige Entwicklung in Entwicklungs- und Schwellenländern durch Bildung. Berlin: BMZ.

Evia, José Luís/Pacheco, Mario Napoleón (2010): Bolivia. In: Sector Informal y Políticas Públicas en América Latina. Rio de Janeiro: Konrad Adenauer Stiftung Brasilien.

Hamid, Syed Abdul/Ara, Jinnat (2010): Fortschritt in Bangladesch. In: E+Z Entwicklung und Zusammenarbeit, 51. Jg. Nr. 5, S. 196–198.

Heekerens, Hans-Peter (2010): Die Auswirkung frühkindlicher Bildung auf Schulerfolg – eine methodenkritische Bestandsaufnahme. In: Zeitschrift für Soziologie der Erziehung und Sozialisation, 30. Jg., Nr. 3, S. 311–325.

OECD [Organisation for Economic Co-operation and Development] (2008): Jobs for Youth, United Kingdom. Paris: OECD.

ÖFSE [Österreichische Forschungsstiftung für Entwicklungshilfe] (2007): Ausgewählte Begriffe zum Sektor Bildung. Wien: ÖFSE.

o. V. (2009): Public Private Partnership in School Education. In: http://www.education.nic.in/secedu/ModelSchool/Other_Infomations/From_stakeholders_and_public_on_concept_note_on_possible_models_of_Public_Private_Partnership_in_school_education.pdf (Zugriff: 15.09.2011).

Schaeffer, Ute (2009): Über das Ohr lernen. In: E+Z Entwicklung und Zusammenarbeit, 50. Jg., Nr. 7, S. 288–290.

UNESCO [United Nations Educational, Scientific and Cultural Organization] (2011): EFA Global Monitoring Report – The hidden crisis: Armed conflict and education. Paris.

United Nations (1948): Allgemeine Menschenrechtserklärung, Resolution 217 A (III). In: http://www.un.org/depts/german/grunddok/ar217a3.html (Zugriff: 15.09.2011).

World Bank: World Development Indicators. In: http://data.worldbank.org/data-catalog/world-development-indicators (Zugriff: 15.09.2011).

Erika Günther

Satt und sicher in die Zukunft – Lösungsansätze für die Ernährungssicherung in Entwicklungsländern

Einführung

Die jüngsten Geschehnisse, wie die Dürre in Ostafrika oder das Erdbeben in Haiti, haben die Aufmerksamkeit politischer Entscheidungsträger und der Medien weltweit auf die globale Ernährungssicherheit gelenkt. Es sind extreme Wetterereignisse wie Dürren, Überschwemmungen und Erdbeben sowie steigende Lebensmittelpreise und die Folgen der Wirtschafts- und Finanzkrise, die weltweit zu Ernährungskrisen geführt haben.

Täglich sterben mehr als 6.000 Kinder an Unterernährung und 925 Millionen Menschen leiden an Hunger (FAO 2010). Hinsichtlich des ersten Millenniumsentwicklungsziels, der Halbierung des Anteils der Menschen, die an Hunger leiden, bis zum Jahr 2015, hat es keinen Fortschritt gegeben. Wir leben in einer Welt, in der wir mehr Nahrungsmittel produzieren als jemals zuvor und gleichzeitig so viele Menschen an Hunger leiden wie niemals zuvor.

Dies lässt auf eine Ungleichverteilung immer knapper werdender Ressourcen wie Land, Einkommen, Arbeit und Wasser schließen. Die heutige globale Herausforderung für Entwicklungsländer als auch für die Industrieländer besteht darin, diese Ressourcen gerechter zu verteilen. Zu lange haben Regierungen die nachhaltige Sicherung von Ernährung für ihre Bevölkerung in allen Bereichen ignoriert. Nur wenige von ihnen haben bis heute erkannt, dass nur eine wohlernährte und gesunde Bevölkerung letztlich auch produktiv sein kann. Eine Patentlösung, wie Hunger und Armut bekämpft werden können, die für alle betroffenen Länder gleichermaßen wirkt, kann es allerdings nicht geben. Schließlich sind soziale, politische und wirtschaftliche Strukturen jeder Region und jedes Landes, natürliche Gegebenheiten, Kultur und Religion unterschiedlich, welche daher differenzierte Lösungsansätze auf allen Ebenen der Politik eines Landes erfordern. Diese Ansätze müssen Teil von Armutsbekämpfungsstrategien werden sowie betroffene Bevölkerungsgruppen aktiv miteinbeziehen, um innovative und individuelle Lösungen fördern zu können.

Im Folgenden wird ein Überblick über die Entstehung und die Konzeption von Ernährungssicherheit aus wissenschaftlicher Sicht gegeben; denn ein theoretisches Verständnis ist unabdingbar für die Herausbildung von Lösungsansätzen, um Ernährungssicherheit zu gewährleisten. Diese können aber nicht nach einem einheitlichen Muster erfolgen, denn sie müssen ihren vielfältigen Ursachen entsprechend entworfen werden. Nur auf Grundlage einer situationsspezifischen Untersuchung können problemgerechte Maßnahmen auf den verschiedenen Ebenen durchgeführt werden.

Die Suche nach Lösungsansätzen zeigt, dass solche nicht nur auf globaler Ebene zu finden sind, sondern dass auf lokaler und nationaler Ebene differenzierte und innovative Lösungsansätze existieren, an welche die internationale Entwicklungszusammenarbeit anknüpfen und unterstützende Hilfeleistungen erbringen kann.

Was ist Ernährungssicherheit?

Das Konzept der Ernährungssicherung ist nicht neu. Bereits mit der Welternährungskrise der Jahre 1972 bis 1974 war die Bedeutung der globalen Ernährungssicherheit unmissverständlich klar geworden. Im Anschluss daran entstand in den 1980er Jahren ein Konzept der Ernährungssicherung, als das Problem der Ernährungssicherheit von der Wissenschaft, der Politik der Entwicklungsländer und von der internationalen Gemeinschaft aufgegriffen und diskutiert wurde. Das Konzept der Ernährungssicherung greift auf das Recht auf Nahrung zurück, das bereits im Jahr 1948 in der Allgemeinen Menschenrechtserklärung der Vereinten Nationen in Artikel 25 manifestiert und zentraler Teil des Rechts auf Lebensstandard ist (UN 1948). Im Jahr 1996 wurde schließlich auf dem zweiten Welternährungsgipfel der *Food and Agriculture Organization* (FAO) der Vereinten Nationen in Rom, auf dem 185 Staats- und Regierungschefs zusammentrafen, ein Aktionsplan zur Welternährung verabschiedet. Dieser hat zum Ziel, bis 2015 die Zahl der Hungernden weltweit zu halbieren (FAO 1996).

Die derzeitige Lage der Ernährungsunsicherheit in der Welt ist jedoch erschreckend. Laut FAO leiden derzeit 925 Millionen Menschen an Hunger. 129 Millionen Kinder unter fünf Jahren sind untergewichtig, was die Hauptursache für Kindersterblichkeit und für die körperliche und geistige Unterentwicklung im fortschreitenden Alter ist (UNICEF 2009: 17). Die Anzahl der unterernährten Menschen ist insbesondere in Asien und dem Pazifik mit 578 Millionen sehr hoch. In Afrika südlich der Sahara leiden 239 Millionen Menschen an Hunger, in Lateinamerika und der Karibik sind es 53 Millionen und im Nahen Osten und Nordafrika 37 Millionen Menschen (FAO 2010).

Infolge der Bemühungen im Rahmen der *Millennium Development Goals* (MDGs) der Vereinten Nationen soll entsprechend dem ersten Ziel (MDG 1) der Anteil der Menschen, die an Armut und Hunger leiden, bis zum Jahr 2015 halbiert werden. Im weltweiten Durchschnitt soll dieser Anteil von derzeit 13,5 Prozent auf nur 8 Prozent sinken. Dieser Anteil betrug im Jahr 1990 noch 16 Prozent und ist bis zum Jahr 2010 um lediglich 2,5 Prozentpunkte gesunken (OXFAM 2010: 7). Gleichzeitig ist die absolute Zahl der unterernährten Menschen in den letzten 20 Jahren von 845 Millionen Menschen auf 925 Millionen angestiegen (Abbildung 1). Der Anteil der hungernden Menschen ist zwar gesunken, da die Weltbevölkerung schneller wächst als die absolute Zahl der hungernden Menschen, aber die Wahrscheinlichkeit ist gering, dass das erste Millenniumsentwicklungsziel noch bis 2015 erreicht wird.

Abbildung 1:
Anteil und absolute Zahl der unterernährten Menschen, 2010

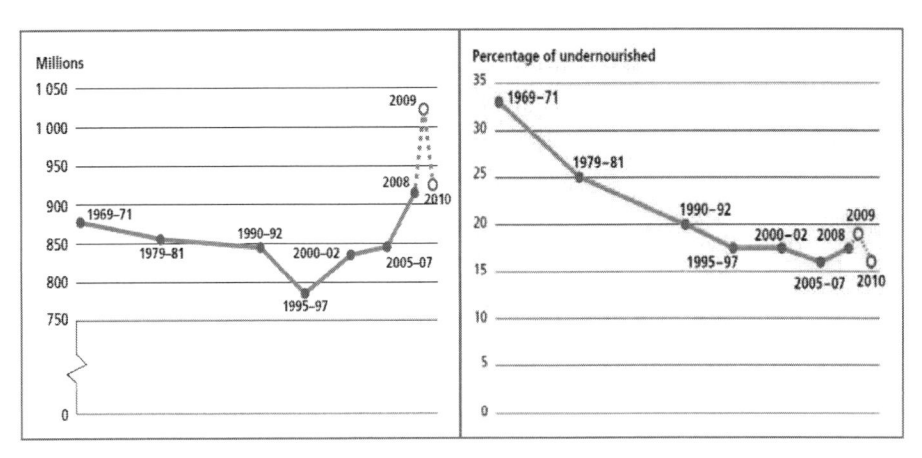

Quelle: FAO (2010: 9)

Die Ursachen, die zu Unterernährung und Hunger führen, sind in den betroffenen Regionen und Ländern sehr unterschiedlich und reichen von fehlender Demokratie und schlechter Regierungsführung, Verletzung von Menschenrechten, Konflikten um Wasser und Land, Überschwemmungen und Dürren als Folge des Klimawandels bis hin zu fehlender Gleichberechtigung und unzureichender Bildung der Frauen. Entsprechende Ursachen sind in den Regionen und Ländern, in denen Ressourcen ohnehin schon knapp sind, häufiger vorzufinden.

Mit dem Konzept der Ernährungssicherung sind im Laufe der Zeit zahlreiche Definitionen und Erklärungen entwickelt worden. Die wohl am häufigsten zitierte Definition für Ernährungssicherheit lautet:

„Food Security exists when all people, at all times, have physical, social and economic access to sufficient, safe and nutritious food that meets their dietary needs and food preferences for an active and healthy life." (FAO 2010: 8).

Food Security hängt ferner von kulturellen, demografischen und geografischen Gegebenheiten ab, also auch von Essgewohnheiten, Alter, dem Gesundheitszustand und dem verfügbaren Angebot an nährstoffreicher und gesunder Nahrung. Eine allgemeingültige Definition für Ernährungssicherheit gibt es aufgrund dieser Unterschiede nicht. Während Ernährungssicherheit auf internationaler und nationaler Ebene bezüglich der Höhe und Beständigkeit der verfügbaren Nahrungsmittel definiert wird, bedeutet der Begriff auf Haushaltsebene und individueller Ebene insbesondere das Recht auf und Zugang zu Nahrung.

Inwiefern Ernährungssicherheit allerdings auf internationaler, nationaler, Haushaltsebene und individueller Ebene erreicht werden kann, hängt wesentlich von vier sich wechselseitig beeinflussenden, aber auch voneinander abhängigen Komponenten ab. Diese vier Komponenten – Verfügbarkeit, Zugang, Nutzung und Stabilität der Nahrungsmittelversorgung – definieren das Konzept von Ernährungssicherung, das für die Entwicklung und Implementierung von Lösungsansätzen unabdingbar ist.

Um die *Verfügbarkeit* von Nahrungsmitteln zu gewährleisten, muss auf der Angebotsseite ein konsistentes und verlässliches Angebot an Nahrungsmitteln für die Haushalte und Individuen bereitgestellt werden, entweder durch eine ausreichende nationale Produktion, durch Importe, Nahrungsmittelhilfen oder durch die Auflösung von Nahrungsmittelbeständen. Der *Zugang* zu Nahrungsmitteln wiederum lässt sich in zwei Dimensionen unterteilen, eine physische und eine ökonomische. Der ökonomische Zugang ist dann sichergestellt, wenn die Menschen über entsprechende Ressourcen wie Einkommen verfügen, um ausreichend Nahrungsmittel erwerben zu können, die ihren täglichen Kalorienbedarf decken. Unter dem physischen Zugang versteht man die Infrastruktur, die beispielsweise Zugang zu Märkten ermöglicht. Bei der dritten Komponente des Konzepts, der adäquaten *Nutzung* von Nahrungsmitteln, geht es um den täglichen Nährstoffbedarf der Haushalte und Individuen, welcher von kulturellen Faktoren, der Qualität der Nahrungsmittel, dem Zugang zu Wasser und sanitären Anlagen sowie dem Zugang zu gesundheitlicher Versorgung abhängt. Letztlich beschreibt die vierte Komponente die Notwendigkeit einer nachhaltigen und stabilen Versorgung mit Nahrungsmitteln. Diese *Stabilität* der Nahrungsmittelversorgung ist sowohl von ökologischen als auch ökonomischen Einflussfaktoren abhängig, die wiederum eine beständige Versorgung mit Nahrungsmitteln beeinflussen können.

Bei einer näheren Betrachtung der einzelnen Komponenten lässt sich feststellen, dass diese stark miteinander verbunden sind und eine Maßnahme zur Verbesserung der einen Komponente nicht losgelöst von den übrigen Komponenten erfolgen kann. Beispielsweise können direkte Einkommenstransfers die Einkommen der Haushalte und ihre Ausstattung verbessern, ihnen den Zugang zu Nahrungsmitteln ermöglichen und schließlich deren Nachfrage nach Nahrungsmitteln erhöhen. Da Zugang und Verfügbarkeit eng miteinander verknüpft sind, sollten die Produktion von Nahrungsmitteln oder deren Importe die erhöhte Nachfrage decken können, sonst hätte in diesem Fall eine Einkommenserhöhung zum Ziel der Verbesserung der Ernährungssicherheit nicht die gewünschte Wirkung.

Messung

Dieses komplexe und multidimensionale Konzept der Ernährungssicherung kann aus unterschiedlichen Wissenschaftsbereichen – den Ernährungswissenschaften, der Medizin wie auch den Sozial- und Wirtschaftswissenschaften – betrachtet werden. Dies ist für die Operationalisierung des Konzeptes prinzipiell eine Herausforderung. Denn Ernährungssicherheit kann mit einem einzigen Indikator holistisch kaum hinreichend erfasst werden, da weder eine eindeutige Definition existiert, die allen Wissenschaftsbereichen gerecht wird, noch quantitative oder qualitative Daten für alle Dimensionen des Konzeptes zur Verfügung stehen. Aussagefähige Indikatoren der Ernährungsunsicherheit sind jedoch für die politische Entscheidungsebene unerlässlich, auf der entsprechende Lösungsansätze und Programme für die Ernährungssicherung zu erstellen und zu implementieren sind.

Zwar gibt es keinen einzelnen adäquaten Indikator, der die Ernährungssicherheit allumfassend darstellt und misst, dennoch existieren zahlreiche Indikatoren, die aggregiert oder einander gegenübergestellt werden können, um so ein anschauliches Bild der Ernährungs*un*sicherheit zu skizzieren. Hierfür wird überwiegend das Ausmaß von Unterernährung – also der Anteil der unterernährten Menschen an der Gesamtbevölkerung – als Anzeiger für Ernährungssicherheit beziehungsweise -unsicherheit verwendet. Häufig werden zur Definition und Messung von Ernährungssicherheit die Begriffe Hunger und Unterernährung synonym verwendet. Während der Begriff Hunger allerdings unzureichend definiert und eher subjektiv zu bewerten ist, kann Unterernährung durch Verwendung eines Schwellenwerts genauer erfasst und gemessen werden. Unterernährung liegt dann vor, wenn die tägliche Energiezufuhr über einen längeren Zeitraum unter einem bestimmten Bedarfsminimum liegt, das für einen gesunden Körper und ein aktives Leben benötigt wird. Dieses liegt je nach Alter, Geschlecht und Klima zwischen 1.700 und 2.000 Kilokalorien pro Person und Tag. Weitere Indikatoren, die zur Messung von Ernährungssicherheit herangezogen werden, sind unter anderem wirtschaftliche Indikatoren wie die Kaufkraftparität des Einkommens, das Bruttoinlandsprodukt pro Kopf, der Anteil der Ausgaben für Nahrungsmittel an den Gesamtausgaben, Preise für Nahrungsmittel und der Anteil der Importe von Grundnahrungsmitteln an den gesamten Nahrungsmittelimporten. Demografische Indikatoren und Indikatoren, die die Verfügbarkeit von Nahrungsmitteln, den Gesundheitszustand, den Ernährungszustand und den Bildungsstand innerhalb einer Bevölkerung messen, werden ebenso zur Messung herangezogen (Bokeloh u. a. 2009: 79 ff.).

Hunger und Armut: ein Teufelskreis

Seit dem Millenniumsgipfel im Jahr 2000, auf dem die Millenniumserklärung verabschiedet und die MDGs beschlossen wurden, sind die Reduzierung von Hunger und Armut gemeinsames Ziel der internationalen Staatengemeinschaft. Fast eine Milliarde Menschen leiden an Unterernährung und etwa 1,4 Milliarden Menschen leben in extremer Armut[1] (Chen/Ravallion 2008: 7). Wenn man die Beziehung zwischen Ernährungssicherheit, Hunger und Armut betrachtet, lässt sich feststellen, dass Hunger und Unterernährung gleichzeitig Erscheinung als auch Folge von Armut zu sein scheinen. Da die tägliche Nahrungs- und Nährstoffaufnahme wesentlich von dem verfügbaren Einkommen abhängt, ist Ernährungsunsicherheit direkte Folge von Armut und einem zu geringen oder unsicheren Einkommen. *Vice versa* gilt, dass Unterernährung eine Erscheinung von Armut ist. Menschen, die arm sind, haben nur

---

1 Entsprechend der internationalen Armutslinie gilt ein Mensch als extrem arm, wenn er weniger als 1,25 US-Dollar pro Tag zur Verfügung hat.

geringe oder gar keine Ressourcen, um ausreichend Nahrung, die ihr Bedarfsminimum decken würden, zu erwerben oder diese selbst anzubauen. Eine chronische Unterversorgung mit Nahrung und notwendigen Nährstoffen führt häufig zu Krankheiten und zu einer Abnahme der physischen Kräfte. Die langfristige Folge ist Unterernährung. Unterernährte Menschen sind weder körperlich stark genug, noch können sie ihre kognitiven Fähigkeiten nutzen, um am produktiven und aktiven Leben teilzuhaben, Beschäftigungsmöglichkeiten wahrzunehmen und letztlich Einkommen zu generieren. Folglich hat Ernährungsunsicherheit einen negativen Einfluss auf die Produktivität, die Armutsreduzierung, die soziale Entwicklung einer Gesellschaft und die Beschäftigung einer Volkswirtschaft.

Die Bekämpfung von Hunger ist damit Voraussetzung für eine nachhaltige Entwicklung und Armutsreduzierung innerhalb einer Gesellschaft. Es ist ein Teufelskreis aus Armut und Unterernährung, den es zu durchbrechen gilt; dies kann durch armutsreduzierende Maßnahmen erfolgen, wie beispielsweise Zugang zu Land und Saatgut, die gleichzeitig Unterernährung bekämpfen und direkt zur Ernährungssicherheit beitragen. Des Weiteren kann die Erreichung von MDG 1 die Chancen zur Zielerreichung der anderen MDGs erheblich verbessern, wie die Verwirklichung der allgemeinen Grundschulbildung (MDG 2), Förderung der Gleichstellung der Geschlechter (MDG 3), Senkung der Kindersterblichkeit (MDG 4) und die Verbesserung der Gesundheit (MDG 5 und 6).

Die Produktion von Nahrungsmitteln ist angestiegen

Weltweit ist die Nahrungsmittelproduktion nicht zuletzt aufgrund einer erhöhten Nachfrage angestiegen. In einigen Regionen wie in Ostasien und im pazifischen Raum, wo der Index der Nahrungsmittelproduktion von 1991 bis 2009 um das Doppelte angestiegen ist, lässt sich dies mit hohen Investitionen in die landwirtschaftliche Produktion infolge der grünen Revolution begründen. Seit 1991 ist die Nahrungsmittelproduktion weltweit auf einen Wert von 77 auf 123 angestiegen (World Bank 2011). Trotz der stetigen Erhöhung der weltweiten Nahrungsmittelproduktion steigt die absolute Zahl der unterernährten Menschen weiter und schneller an.

Die Landwirtschaft, die für die Nahrungsmittelproduktion verantwortlich ist, ist bis heute in Entwicklungsländern wie Bangladesch, Nepal oder Sambia eine der wichtigsten Erwerbsquellen. Ein Großteil der Armen, 70 Prozent der Bevölkerung in den Entwicklungsländern, lebt im ländlichen Raum, dort, wo die Einkommen aus der Landwirtschaft gering sind oder die Menschen Subsistenzwirtschaft betreiben (World Bank 2011).

Abbildung 2:
Index der Nahrungsmittelproduktion nach Regionen 1992–2009

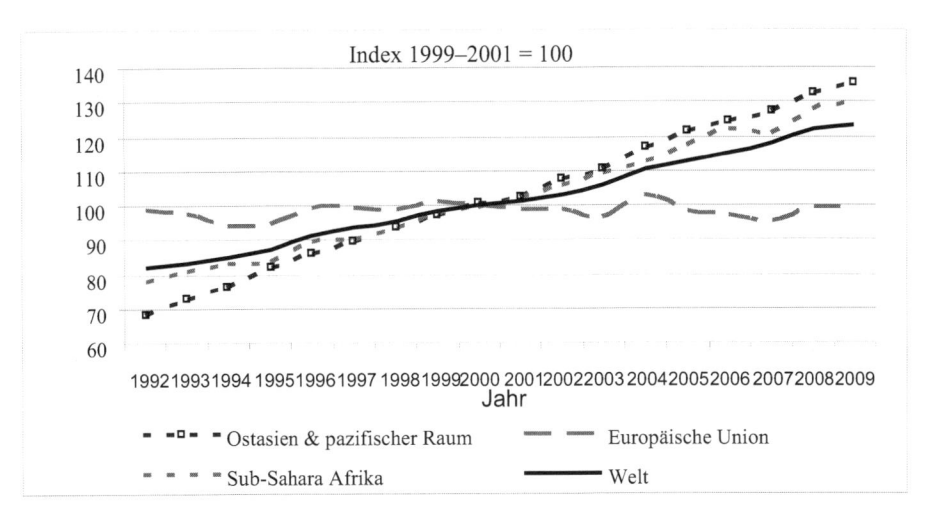

[Diagramm: Index 1999–2001 = 100; Linien für Ostasien & pazifischer Raum, Europäische Union, Sub-Sahara Afrika, Welt; Jahre 1992–2009; Y-Achse 60–140]

Quelle: World Bank, World Development Indicators (2011)

Die Landwirtschaft steht heute und auch in den nächsten Dekaden neuen Herausforderungen auf der Nachfrage- wie auch Angebotsseite gegenüber. Mit einer stetig wachsenden Bevölkerung wird die Nachfrage nach Nahrungsmitteln weiter ansteigen, während der Klimawandel und die gleichzeitige Abnahme natürlicher Ressourcen wie Wasser und Land eine Produktionsausweitung beeinträchtigen, die jedoch ebenfalls Auslöser der Ursache hierfür ist. Eine monokulturelle Produktionsausweitung hat mit der grünen Revolution der 60er und 70er Jahre des 20. Jahrhunderts insbesondere in Asien und mit einer großflächigen Industrialisierung der Landwirtschaft in Amerika zu einer Technologieverbesserung und zu höheren Erträgen aus der Landwirtschaft geführt. Aus einem arbeitsintensiven wurde ein kapitalintensiver Wirtschaftssektor, der auf der einen Seite zu höheren Einkommen, gestiegener Produktivität und niedrigeren Nahrungsmittelpreisen geführt hat, aber auf der anderen Seite die Ungleichheit insbesondere in Asien verschärft hat. Aufgrund erhöhter Investitionen in diesem Sektor konnte die Armut dort dennoch drastisch reduziert werden. Der Landwirtschaftssektor ist folglich in den Entwicklungsländern Schlüsselsektor für Armuts- und Hungerreduzierung. Dessen ungeachtet kann eine reine Produktionssteigerung keine nachhaltige Lösung für die Ernährungssicherheit sein, wenn das Verteilungsproblem weiterhin bestehen bleibt.

Der Agrarsektor als Motor für Armutsreduzierung?

Eine Studie der Weltbank zeigt, dass durch Investitionen im Agrarsektor geschaffenes Wachstum einen positiven Effekt auf die Einkommen der ärmeren und ärmsten Haushalte hat (Ligon/Sadoulet 2007). Höhere Einkommen für diese Haushalte bedeuten im besten Fall die Möglichkeit, aus dem Teufelskreis aus Armut und Hunger ausbrechen zu können. Im Gegensatz dazu bewirkt ein Wachstum in den anderen Sektoren nicht allzu große bis schwindend geringe Einkommenszuwächse für die ärmeren Haushalte. Eine einprozentige Wertschöpfung im Agrarsektor führt zu einer überproportionalen Einkommenssteigerung für die ärmeren und ärmsten Haushalte. Die reicheren Haushalte profitieren hingegen von einem Wachstum in anderen Sektoren mehr als von einem Wachstum im Agrarsektor.

Dieser Nutzen aus einem Wachstum im Agrar- und Nicht-Agrarsektor ist in Abbildung 3 für die entsprechenden Einkommensdezile dargestellt.[2] Armutsreduzierende Maßnahmen im Agrarsektor, welche die Einkommen der ärmeren Haushalte erhöhen, sind demzufolge wirkungsvoller als armutsreduzierende Maßnahmen in nicht-landwirtschaftlichen Sektoren (Ligon/Sadoulet 2007: 17).

Abbildung 3:
Wachstum im Agrarsektor und Einkommenszuwächse

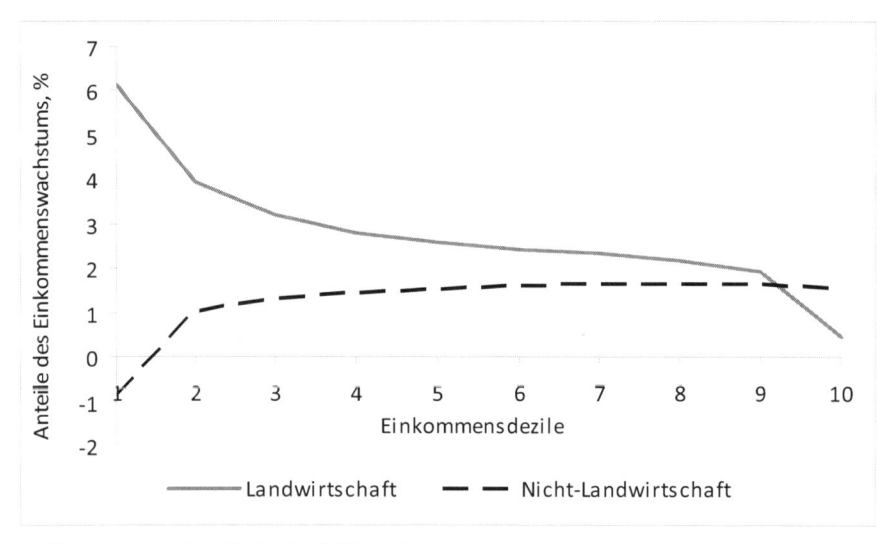

Quelle: Daten aus Ligon/Sadoulet (2007: 16)

---

2 Das 1. Einkommensdezil bezieht sich auf die ärmsten 10 Prozent der Bevölkerung und so weiter.

Voraussetzung für derartige wachstumsfördernde Investitionen im Agrarsektor sind entsprechende politische, rechtliche und wirtschaftliche Rahmenbedingungen sowie eine gute Infrastruktur, effiziente Institutionen, vorhandene Elektrizität, Bewässerungs- und Lagerhaltungssysteme, die ein investitionsfreundliches Klima schaffen. Dabei sind weitere Investitionen zu tätigen, wie Investitionen in die Bildung, Gesundheit, Infrastruktur, und Investitionen, die den Zugang zu sauberem Wasser ermöglichen. Auf diese Weise kann die heimische Produktion insbesondere durch die Förderung von Kleinbauern nachhaltig verbessert und die Bevölkerung ausreichend versorgt werden.

Ein solches durch Investitionen geschaffenes Wachstum im Agrarsektor muss vor allem nachhaltig und ökologisch verträglich sein, denn eine bloße Konzentration auf verbesserte Technologien, ein erhöhter Einsatz von Pestiziden, Dünger und genetisch verändertem Saatgut lässt zwar die Produktion stark ansteigen, hinterlässt jedoch ökologische Spuren. Eine nachhaltige und ökologisch vereinbare Ernährungssicherheit lässt sich mit einem bloßen Anstieg der Nahrungsmittelproduktion nicht erreichen.

Wenngleich die Landwirtschaft in vielen Entwicklungsländern Schlüsselsektor für armutsreduzierende Maßnahmen ist, wurde sie in den vergangenen 20 Jahren sowohl von den nationalen Regierungen als auch internationalen Gebern deutlich vernachlässigt. Dies lässt sich an den Ausgaben für Entwicklungszusammenarbeit für den landwirtschaftlichen Sektor[3] verdeutlichen. Diese Ausgaben sind seitens der *Development Assistance Committee* (DAC)-Länder der *Organisation of Economic Co-operation and Development* (OECD) und den multilateralen Gebern nach Ende der grünen Revolution Mitte der 80er Jahre um 43 Prozent erheblich gesunken. Trotz des Anstiegs der ODA-Leistungen der DAC-Geberländer in den letzten Jahren ist der Anteil für die Landwirtschaft deutlich rückläufig, von 16 Prozent in den 1980er Jahren auf lediglich 5 Prozent im Jahr 2009 (OECD Stats 2011). Seit der Finanz-, Wirtschafts- und Nahrungsmittelkrise 2007/08 rückt die Bedeutung der Landwirtschaft jedoch allmählich wieder in den Mittelpunkt der Entwicklungsagenden und der nationalen Armutsreduzierungspläne, wobei der Anteil der bilateralen ODA-Leistungen für die Landwirtschaft der DAC-Geberländer dessen ungeachtet auf einem sehr geringen Niveau verharrt. Im Jahr 2009 machten die Ausgaben für EZ-Vorhaben der Bundesrepublik Deutschland in den Bereichen Landwirtschaft, Forstwirtschaft und Fischerei lediglich 2,5 Prozent der gesamten bilateralen ODA-Leistungen aus (Abbildung 4).

Die Bedeutung der Landwirtschaft geht weit über die Produktion von Nahrungsmitteln hinaus. Von ihr hängen Gesellschaft, Wirtschaft und Umwelt ab. Ihre Multifunktionalität schafft Arbeitsplätze, ist Teil von Kultur und Tradition, beeinflusst die Gesundheit der Bevölkerung, trägt zum Wohlstand einer Gesellschaft bei und ist für die nachhaltige Nutzung natürlicher Ressourcen wie Böden und Wasser verantwortlich (Stiftung Eine Welt, Zukunftsstiftung Landwirtschaft 2009: 16). Bei der nach-

---

3   Ausgaben für die Landwirtschaft beziehen sich auf Landwirtschaft, Forstwirtschaft und Fischerei.

haltigen Sicherung der Ernährung für zukünftige Generationen spielt der Agrarsektor demnach eine bedeutende Rolle, da er zur Verbesserung von Verfügbarkeit, Zugang, Verwendung und Stabilität von Nahrungsmitteln beitragen kann.

Abbildung 4:
Anteil der ODA-Mittel für Landwirtschaft, Forstwirtschaft und Fischerei, 2009

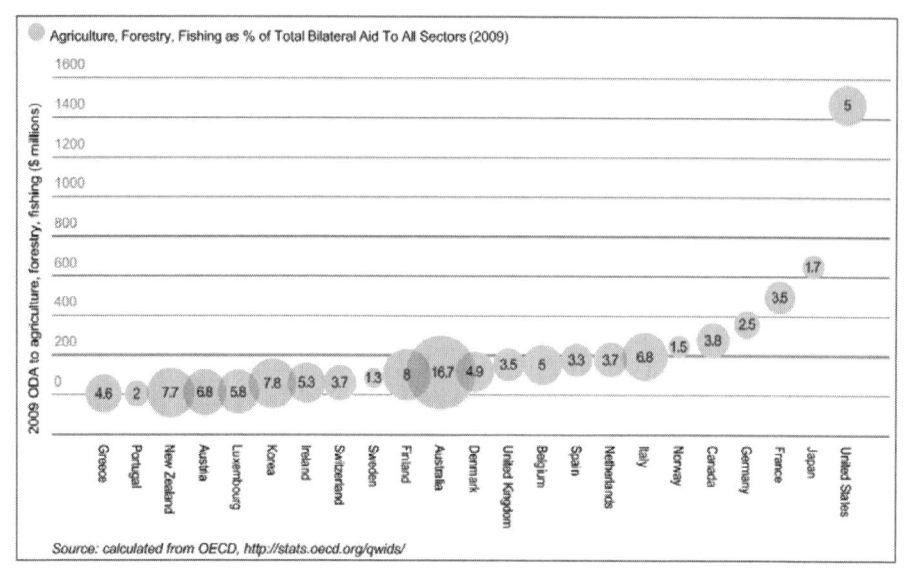

Quelle: Bailey (2011: 56)

Lösungsansätze auf der Makro-, Meso- und Mikroebene

Um problemgerechte Maßnahmen zur Sicherung der Ernährung durchzuführen, müssen vorerst deren Wirkungen auf verschiedenen Ebenen und ihre Akteure analysiert werden. Hierzu werden Lösungsansätze auf drei Ebenen betrachtet: der Makro-, Meso- und Mikroebene. Die Makroebene bestimmt die globale wie auch die nationale Dimension von Wirtschafts-, Finanz-, Sozial- und Gesundheitspolitiken. Diese Politiken können Änderungen auf der Meso- und auf der Mikroebene herbeiführen. Die Mesoebene umfasst auf der einen Seite unterschiedliche Märkte, wie Märkte für Nahrungsmittel, Konsumgüter, Produktionsinputs, Arbeit und Kredite. Auf der anderen Seite bildet sie die wirtschaftliche, soziale, institutionelle und physische Infrastruktur wie Institutionen, Bildungseinrichtungen, Straßen, Gesundheits- und Sozialdienstleistungen ab. Diese beiden Komponenten – die Märkte und die Infrastruktur – sind direkt miteinander verbunden. Auf der dritten Ebene, der Mikroebene, befinden sich die Haushalte und die Individuen, die Zielgruppe von Maßnahmen zur Verbesserung der Ernährungssicherheit sind und die mit Arbeit, Einkommen und Ressourcen ausgestattet sind. Diese können die Märkte über verschiedene Wege der Infrastruktur wie Straßen, Institutionen oder über soziale Sicherungsprogramme erreichen (Bokeloh u. a. 2009: 153 ff.). Abbildung 5 zeigt in vereinfachter Form die Verbindungen zwischen den drei Ebenen auf.

Abbildung 5:
Verbindungen zwischen Makro-, Meso- und Mikroebene

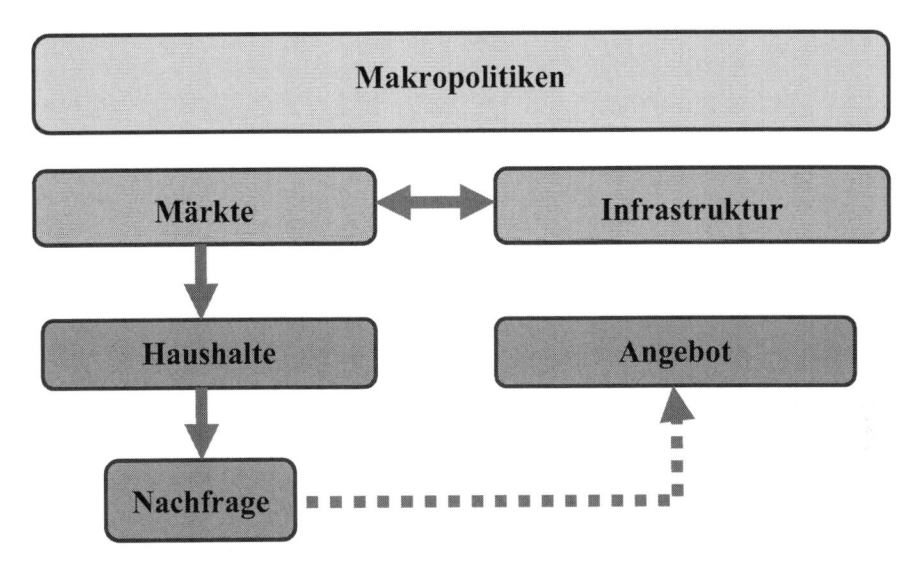

```
                    ┌─────────────────────────────────┐
                    │         Makropolitiken          │
                    └─────────────────────────────────┘

        ┌──────────────┐              ┌──────────────┐
        │   Märkte     │ ◄──────────► │ Infrastruktur│
        └──────────────┘              └──────────────┘
               │
               ▼
        ┌──────────────┐              ┌──────────────┐
        │  Haushalte   │              │   Angebot    │
        └──────────────┘              └──────────────┘
               │                             ▲
               ▼                             ┊
        ┌──────────────┐                     ┊
        │  Nachfrage   │ ┄┄┄┄┄┄┄┄┄┄┄┄┄┄┄┄┄┄┄┄┘
        └──────────────┘
```

Quelle: in Anlehung an Bokeloh u. a. (2009)

Diverse Politiken auf der Makroebene, wie Wechselkurs- und Handelspolitiken, Infrastruktur- und Landwirtschaftspolitiken oder Gesundheits- und Bildungspolitiken beeinflussen indirekt die Märkte und die Infrastruktur auf der Mesoebene. Diese Politiken und die damit induzierten Veränderungen auf der Mesoebene können die Einkommen und die Ausstattung der Haushalte indirekt oder direkt beeinflussen und damit wiederum ihre Nachfrage nach Nahrungsmitteln lenken. Entsprechende Politiken und Programme wirken somit auf verschiedenen Ebenen auf Faktoren ein, die schließlich die Nachfrage der Haushalte nach Nahrungsmitteln bestimmen (Bokeloh u. a. 2009: 153). Das Einkommen ist dabei ausschlaggebend, da hiervon zum einen der Zugang zu Nahrungsmitteln auf den Märkten und zum anderen der Grad der Selbstversorgung abhängt. Die Höhe der Nachfrage lenkt demzufolge die Höhe der Produktion und schließlich das Angebot an Nahrungsmitteln. Die Höhe des Marktangebots hängt somit nicht nur von Produktionsfaktoren ab, sondern ebenso von Nachfragefaktoren. Einseitige Politiken, die lediglich eine Produktionssteigerung zum Ziel haben, werden folglich scheitern, wenn die erhöhte Produktion nicht von einer erhöhten Nachfrage absorbiert wird (Bokeloh u. a. 2009: 154 f.). In der Vergangenheit sind derartige Politiken gescheitert, solange in Folge des Bevölkerungswachstums eine reine Produktionssteigerung die Anzahl hungernder Menschen senken sollte und zur gleichen Zeit sogenannte Nahrungsmittelhilfeprogramme in der internationalen Entwicklungszusammenarbeit sehr populär geworden sind.

Neue Lösungsansätze: *urban farming*

Konkrete Lösungsansätze auf der Makroebene beschränken sich derzeit auf die Einbindung des Konzeptes von Ernährungssicherheit in die nationalen *Poverty Reduction Strategy Papers* (PRSP), in denen Strategien formuliert werden, wie Armut und Hunger auf nationaler Ebene reduziert werden sollen.

Auf der Meso- und Mikroebene existieren unterschiedliche Maßnahmen, welche die Ernährungssicherheit spezifischer Zielgruppen verbessern sollen. Zielgruppen sind dabei die am stärksten verwundbaren Personen und einkommensschwache Bevölkerungsgruppen. Der Erfolg derartiger Maßnahmen hängt maßgeblich von der Beteiligung der Zielgruppe ab, die durch einen *bottom-up*-Ansatz in den Prozess involviert werden soll. Erfolgreiche Maßnahmen, welche die Verfügbarkeit von und den Zugang zu Nahrungsmitteln verbessern, sind soziale Programme der Beschäftigungs- und Einkommensförderung, wie beispielsweise *food-for-work*-Programme, die Unterstützung der Produktion von Kleinbauern oder der direkte Transfer von Nahrungsmitteln. Weitere Maßnahmen, die die Nutzung von Nahrungsmitteln verbessern, sind Ernährungsprogramme wie *school feeding*- und *school gardening*-Programme sowie Bildungs- und Informationsprogramme für diese Zielgruppen. Gezielte Maßnahmen können Teil einer ganzheitlichen Strategie auf nationaler Ebene zur Verbesserung der Ernährungssicherheit der Bevölkerung sein. Da diese Programme stark zielgruppenorientiert sind, werden sie häufig in bestimmten Regionen oder Gebieten implementiert, wo ernährungsunsichere und einkommensschwächere Bevölkerungsgruppen leben, wie zum Beispiel in den Slums urbaner Regionen und der Städte (Bokeloh u. a. 2009: 171).

Die Urbanisierung schreitet mit einer ständig wachsenden Bevölkerung insbesondere in den einkommensschwächeren und bevölkerungsreichen Ländern schnell voran. Mittlerweile leben weltweit 3,49 Milliarden Menschen in den Städten. In Sub-Sahara-Afrika leben etwa 33 Prozent der Menschen in den Städten, etwa 27 Prozent der Bevölkerung sind unterernährt (WWI 2011: 11). Die Preise für Nahrungsmittel sind in den Städten im Vergleich zu den ländlichen Regionen, wo die Menschen sich teilweise noch selbst versorgen können, hoch. Dies hat zur Folge, dass in den Städten bis zu 80 Prozent der Einkommen für Nahrungsmittel ausgegeben werden (WWI 2011: 110). Ferner leidet die städtische und einkommensschwache Bevölkerung, insbesondere in den Slums, unter einem erschwerten Zugang zu Land, Wasser, sanitären Anlagen und Elektrizität. Die arme Bevölkerung dort ist daher anfällig für Unterernährung, Ernährungsunsicherheit und Kriminalität.

Ein Beispiel hierfür ist Kibera in Nairobi/Kenia, einer der größten Slums in Afrika, wo schätzungsweise eine Milliarde Menschen auf engstem Raum leben. Eine

Versorgung der dortigen Bevölkerung mit ausreichend Nahrungsmitteln erfordert neue und innovative Lösungsansätze. Einen solchen Ansatz verfolgt die französischen Nicht-Regierungsorganisation (NRO) *Solidarités International*, indem sie die Gemeinschaft in Kibera und in anderen Slums Kenias mit ihrem „*garden in a sack*"-Projekt unterstützt. In der ersten Phase sollen die Haushalte einen Sack aus recyceltem Material erwerben, während das Saatgut anschließend von *Solidarités* bereitgestellt wird. In den sogenannten Gartensäcken werden vorwiegend Blattgemüse und Tomaten angepflanzt, die primär zur Eigenversorgung oder der Versorgung der Familie verwendet werden und damit den Zugang der Haushalte zu Nahrung verbessern. Falls bei der Ernte ein Überschuss entstanden ist, kann dieser auf den lokalen und naheliegenden Märkten verkauft und zusätzliches Einkommen generiert werden. Der Vorteil eines *garden in a sack* ist, dass dieser kostengünstig ist und nur wenig Wasser und Platz benötigt. Das Management und die Verwaltung übernimmt die Gemeinschaft selbst durch die Ernennung von *community mobiliser*, die für die Kommunikation, das Monitoring und das *follow-up* zuständig sind, sowie in Form von Selbsthilfegruppen, in denen Informationen und Erfahrungen über Anbau, Input und Marktmöglichkeiten ausgetauscht werden. Das Saatgut und die Inputs für den Anbau werden nach einem erfolgreichen ersten Anbau schließlich selbst erworben und in kleinen Baumschulen herangezogen. Dieses *urban farming*-Projekt ist damit selbsttragend und nachhaltig, während es gleichzeitig *capacity building* fördert und die Rolle der Frau als Versorgerin im Haushalt und in der Gemeinschaft stärkt. *Urban farming* trägt dabei maßgeblich zur Ernährungssicherheit vulnerabler Gruppen in den Städten und insgesamt zu einer verbesserten städtischen Versorgung mit Nahrungsmitteln bei, die auch in Krisenzeiten, wenn Lieferungen aus dem Land ausfallen, gesichert werden. Weitere Vorteile ergeben sich aus der direkten Nähe zu lokalen Märkten, denn dort, wo Nahrungsmittel angebaut werden, können sie auch verkauft werden, mit dem Vorteil, dass Transportkosten eingespart werden (WWI 2011: 112 f.).

Dieses erfolgreiche und innovative Projekt gibt Anstoß für weitere Lösungsansätze der Ernährungssicherung in den Städten. Häufig gibt es dort Land oder Flächen, die von der Regierung und der Stadt ungenutzt bleiben, aber für Haushalte ohne ausreichenden Zugang zu Nahrung verfügbar gemacht und kultiviert werden könnten. *Urban farming* kann somit in die Stadtplanung miteinbezogen werden, wenn ungenutzte Flächen identifiziert und an einkommensschwache Stadtbewohner vergeben werden (WWI 2011: 116 f.).

Neue Lösungsansätze: *fome zero*

Die Ernährungssicherheit ist nicht nur ein Ziel, das auf globaler Ebene im Rahmen des ersten MDGs angestrebt wird, sondern ein Ziel, das im Rahmen nationaler Strategien und Sozialprogramme eine immer größere Beachtung erfährt. Beispiele für erfolgreiche Strategien und Programme lassen sich vor allem in Lateinamerika finden, dort, wo Ressourcen und Einkommen innerhalb der Gesellschaft stark ungleich verteilt sind und gleichzeitig der Zugang zu ausreichender und nährstoffhaltiger Nahrung unzureichend ist.

Die Herausforderung der nationalen Regierungen besteht folglich darin, Ungleichverteilung und Armut nachhaltig zu reduzieren. Wichtige Instrumente hierfür sind zielgruppenorientierte staatliche Sozialprogramme. In Brasilien wurde ein solches Programm zur Reduzierung von Hunger im Jahr 2003 initiiert. Die Anzahl der Menschen, die unterernährt sind, betrug in Brasilien im Zeitraum von 1990 bis 1992 noch 17,1 Millionen oder 11 Prozent der Bevölkerung, welche schließlich im Zeitraum von 2006 bis 2008 auf 11,7 Millionen (6 Prozent der Bevölkerung) gesunken ist (FAO 2011). Die damalige Regierung unter Präsident *Luiz Inácio Lula da Silva* hat das Problem der Ungleichverteilung der Einkommen erkannt und das Programm *fome zero* („Null Hunger") gestartet mit dem Ziel, jedem Einzelnen in der Bevölkerung Zugang zu drei Mahlzeiten pro Tag zu gewähren.

Das Programm besteht aus vier Bausteinen, die auf verschiedenen Ebenen Maßnahmen beinhalten, welche die Ernährungssicherheit der Bevölkerung verbessern und besonders einkommensschwache und vulnerable Bevölkerungsgruppen sowie Kleinbauern, Familien und Kinder unterstützen. Auf diese Weise hat die Regierung der Tatsache Rechnung getragen, dass nur eine wohlernährte und gesunde Bevölkerung auch leistungsfähig sein und sich folglich am sozialen und politischen Leben einer Gesellschaft beteiligen und entwickeln kann.

Der erste Baustein, der Zugang zu Ernährung, verfolgt das Ziel, den Zugang zu und die Verwendung von Nahrungsmitteln zu verbessern. Hierzu gehört die Verteilung von mindestens einer kostenlosen Mahlzeit pro Tag in den Schulen, bei gleichzeitiger und vorzugsweiser Verwendung lokaler Produkte. Hiermit und mit Hilfe gezielter Marketingprogramme wird der Kauf regionaler Produkte gefördert und somit Nahrungsmittelabfall vermieden. Überdies sind solche Maßnahmen besonders erfolgreich im Zusammenhang mit gezielten *nutrition education*-Programmen, die ein besseres Verständnis gesunder Essgewohnheiten und einen nachhaltigen Konsum fördern. In einigen Regionen und Städten werden ferner sogenannte Volksküchen von und für die Gemeinde betrieben und günstige Mahlzeiten für einkommensschwache Bevölkerungsgruppen angeboten. Mittels direkter oder indirekter Förderung von Einkommen, dem zweiten Baustein von *fome zero*, werden Maßnahmen realisiert, die Arbeitsplätze und bessere Lohnbedingungen schaffen sollen. Der dritte Baustein strebt die Verbesserung der Verfügbarkeit von Nahrungsmitteln an, indem das (lokale) Angebot und die Produktion begünstigt werden. Insbesondere Familien, die von der Landwirtschaft leben, werden beispielsweise durch einen verbesserten Zugang zu Krediten begünstigt. Der vierte Baustein fördert *social empowerment and mobilisation* der Bevölkerung. Hierbei ist die Zusammenarbeit mit dem privaten Sektor und den NROs maßgeblich für die Umsetzung von Projekten, wie beispielsweise sogenannte *food banks*. Hinter solchen *food banks* steht eine NRO, die von Supermärkten oder Produzenten gespendete Lebensmittel an bedürftige Bevölkerungsgruppen verteilt (FAO 2009: 11 ff.).

Die *fome zero*-Strategie erkennt damit die Notwendigkeit eines neuen Entwicklungsmodells an, das arme und unterernährte Bevölkerungsgruppen in den Entwicklungsprozess inkludiert. Zudem umfasst es unterschiedliche Dimensionen eines ganzheitlichen Lösungsansatzes zur Ernährungssicherheit. Nicht nur auf nationaler Ebene werden grundlegende Strukturpolitiken umgesetzt, sondern besonders auf lokaler Ebene werden dezentralisierte Programme und Initiativen von der Gemeinde oder zivilgesellschaftlichen Organisationen begonnen, implementiert, durchgeführt und überwacht. Unterschiedliche Bausteine des Programms ermöglichen damit genügend Freiraum für innovative Lösungsansätze auf allen Ebenen mit Fokus auf bestimmte Zielgruppen. Die FAO lobt insbesondere den *twin-track*-Ansatz dieser Strategie, der kurzfristige Maßnahmen mit mittel- und langfristigen Maßnahmen kombiniert, wodurch die Ernährungssicherheit der Bevölkerung auf lange Sicht nachhaltig gesichert wird.

Die *fome zero*-Strategie und *urban farming*-Initiativen zeigen, dass es an innovativen Lösungsansätzen der Ernährungssicherheit nicht mangelt. Es ist fehlender politischer Wille, solche neuen Ansätze und erfolgreichen Initiativen einzuleiten.

Zusammenfassung und Ausblick

Für die Ernährungssicherung in Entwicklungsländern gibt es keine Patentlösung. Das Konzept der Ernährungssicherheit ist ein multidimensionales Konzept, für das es letztlich keinen ganzheitlichen Lösungsansatz gibt. Deutlich ist jedoch, dass spezifische lokale und regionale Lösungsansätze benötigt werden, damit benachteiligte, einkommensschwache und vulnerable Bevölkerungsgruppen stärker am Wohlstand teilhaben und in Entwicklungsprozesse inkludiert werden.

Während das Welternährungssystem immer krisenanfälliger wird, verschärft sich die Problematik der Ernährungssicherheit durch unverantwortliches Handeln vieler Regierungen, aber auch multinationaler Unternehmen. Grundlegende politische Reformen im Bereich Handel sind notwendig, um Handelshemmnisse sowie Subventionen für Agrarprodukte aufzuheben, die nachteilig für den Handel von Agrarprodukten aus den Entwicklungsländern sind und zu Preisverzerrungen und Verzerrung des Wettbewerbs auf dem Weltmarkt führen. Erfahrungen aus der Vergangenheit haben gelehrt, dass das Ernährungssicherheitsproblem nicht allein auf ein Problem der Verfügbarkeit reduziert werden kann. Entwicklungsstrategien der letzten Dekaden waren auf reine produktionssteigernde und technologieverbessernde Maßnahmen ausgerichtet, die auf Kosten natürlicher Ressourcen, Umwelt und Gesundheit der Bevölkerung durchgeführt wurden. Erforderlich ist heute ein neuer Ansatz, der nachhaltige Methoden der Landnutzung, der Produktion und die Anpassung an den Klimawandel begünstigt. Weiterhin bleibt als globale Aufgabe die Achtung der Menschenrechte und damit insbesondere des Rechts auf Nahrung und eine gerechtere Verteilung von Ressourcen. Die Reduzierung von Hunger und Unterernährung muss auf der politischen Agenda nationaler Regierungen ganz oben stehen und Teil von Armutsreduzierungsstrategien werden.

Hunger und Unterernährung werden auch in den kommenden Dekaden ein globales Problem bleiben. Globales Ziel sollte die Errichtung einer nachhaltigen Produktion, Handel, Transport und Verwertung von Nahrungsmitteln und nicht die Förderung weiteren Wachstums sein. Letztlich ist es gesamtgesellschaftliche Aufgabe, unsere Konsum- und Produktionsmuster ernsthaft zu überdenken. Damit Ernährungssicherheit kein Mythos bleibt, ist und bleibt die Bekämpfung des Hungers eine der wichtigsten Herausforderungen des 21. Jahrhunderts.

Literatur

Bailey, Robert (2011): Growing a better Future: Food justice in a resource-constrained world. Oxford: Oxfam GB.

Bokeloh, Georg/Gerster-Bentaya, Maria/Weingärtner, Lioba (^{3}2009): Achieving Food and Nutrition Security: Actions to Meet the Global Challenge. Feldafing: InWEnt.

Chen, Shaohua/Ravallion, Martin (2008): The Developing World is Poorer than We Thought, but not Less Successful in the Fight against Poverty (= The World Bank, Development Research Group, Policy Research Working Paper, 4703). Washington, DC.: World Bank.

FAO [Food and Agriculture Organization] (1996): Report of the World Food Summit. In: http://www.fao.org/DOCREP/003/W3548E/W3548E00.htm (Zugriff: 31.10.2011).

FAO [Food and Agriculture Organization] (2009): A Reference for Designing Food and Nutrition Security Policies: The Brazilian *Fome Zero* Strategy. Santiago de Chile: FAO Regional Office for the Latin America and the Caribbean.

FAO [Food and Agriculture Organization] (2010): The State of Food Insecurity in the World: Addressing food insecurity in protracted crises. Rome: FAO Economic and Social Development Department.

FAO [Food and Agriculture Organization] (2011): Hunger Statistics. In: http://www.fao.org/hunger/en/ (Zugriff: 31.10.2011).

Ligon, Ethan/Sadoulet, Elisabeth (2007): Estimating the Effect of Aggregate Agriculture Growth on the Distribution of Expenditures (= Background Paper for the World Development Report 2008). Washington, DC.: World Bank.

OECD [Organisation of Economic Co-operation and Development]) (2011): International Development Statistics Online, DAC-statistics by sector. In: http://stats.oecd.org/Index.aspx?DatasetCode=ODA_SECTOR (Zugriff: 15.10.2011).

OXFAM (Hrsg.) (2010): Halving Hunger: still possible? Building a rescue package to set the MDGs back on track (= OXFAM Briefing Paper, 139). Oxford: OXFAM GB.

Stiftung Eine Welt, Zukunftsstiftung Landwirtschaft (Hrsg.) (2009): Weltagrarbericht. Hamburg: AbL Verlag.

UN [United Nations] (1948): The Universal Declaration of Human Rights. In: http://www.un.org/en/documents/udhr/index.shtml (Zugriff 15.10.2011)

UNICEF [United Nations Children's Fund] (Hrsg.) (2009): Tracking Progress on Child and Maternal Nutrition: A survival and development priority. New York: UNICEF Division of Communication.

World Bank (2011): World Bank Data, World Development Indicators. In: http://databank.worldbank.org/ (Zugriff: 15.10.2011).

WWI [World Watch Institute] (Hrsg.) (2011): State of the World: Innovations that Nourish the Planet. New York: W.W. Norton & Company, Inc.

Julia Rückert

Wasser für alle? Das Integrierte Wasserressourcen-Management

Wasser für alle! Das ist ein Wunsch, aber auch eine gewichtige Forderung, deren Erfüllung eine der wesentlichen Aufgaben der internationalen Zusammenarbeit ist. Dass Wasser eine knappe Ressource ist und vielerorts bereits jetzt, aber noch viel mehr in der Zukunft zu einem begehrten, überlebensnotwendigen Gut avanciert, ist eine kaum bestrittene Tatsache. Dennoch scheint es bei der Umsetzung der Versorgung der Bevölkerung mit qualitativ ausreichendem Trinkwasser und der Ermöglichung eines Zugangs zu Sanitäreinrichtungen in der Vergangenheit in vielen Entwicklungsländern große Probleme gegeben zu haben, unter denen verstärkt auch die Ökosysteme leiden. Inzwischen gibt es Ansätze, die den Versuch unternehmen, dieser Entwicklung entgegenzuwirken. Das Integrierte Wasserressourcen-Management (IWRM) ist ein solcher Ansatz. Auf welcher Grundlage er beruht, was seine Ziele sind und wie er im Rahmen der Bekämpfung von Wasserknappheit eine Rolle auch in der internationalen Zusammenarbeit spielt, wird im Folgenden dargestellt.

Wasserknappheit und die Notwendigkeit des Managements von Wasserressourcen

Im Oktober 2011 hat das Wachstum der Weltbevölkerung mit sieben Milliarden Menschen eine neue Höchstmarke erreicht (Stiftung Weltbevölkerung 2011). Die Bevölkerung wächst mit einem jährlichen Wachstum von 1 Prozent zwar vergleichsweise um etwa 1 Prozent pro Jahr langsamer als noch beispielsweise 1990 (World Bank 2011), aber die immer noch zunehmende Anzahl von Menschen muss dauerhaft mit qualitativ ausreichendem Trinkwasser versorgt werden. Dies stellt eine Herausforderung dar, die scheinbar nicht zu bewältigen ist: eine beständig anwachsende Weltbevölkerung mit stetig, beispielsweise durch Verschmutzung oder Übernutzung, abnehmenden Wasserreserven zu versorgen. Die Wasserkrise wird beispielsweise in fast allen Staaten der vergleichsweise wasserarmen Region Naher Osten/Nordafrika ein dramatisches Ausmaß erreichen; das jährliche Bevölkerungswachstum ist hier im Durchschnitt noch um 1 Prozent höher als das jährliche Wachstum der Weltbevölkerung (Abbildung 1). Ein Anzeichen für die besorgniserregende Entwicklung ist zum Beispiel die Wasserentnahme im Jahr 2007. Sie liegt in dieser Region mit einer Entnahme von 134 Prozent der verfügbaren internen Ressourcen deutlich über dem Zufluss beziehungsweise der Regeneration der Wasserressourcen im selben Zeitraum (Abbildung 2). Wasserkriege scheinen aufgrund solcher Entwicklungen nicht unwahrscheinlich; *Ismail Serageldin* (ehemaliger Vizepräsident der Weltbank, 1992–2000) hat sie schon 1995 in Stockholm prognostiziert: „*The wars of this century have been on oil, the wars of the next century will be on water [...]*" (Serageldin 2006).

Abbildung 1:
Bevölkerungswachstum der Welt und in der Region Naher Osten/Nordafrika 1980–2009 (in Prozent, total)

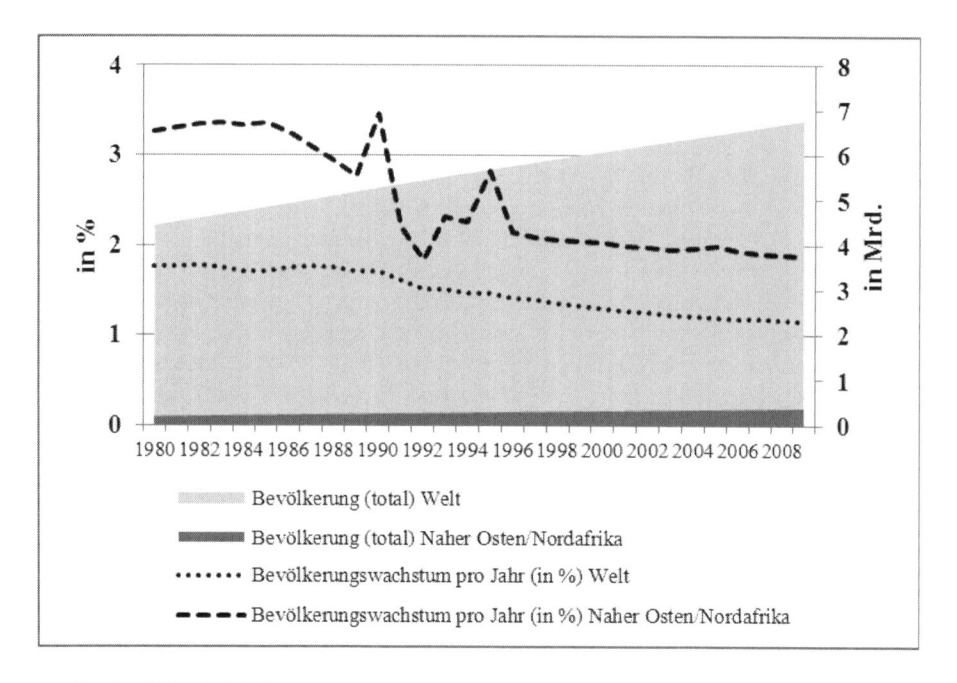

Legende:
- Bevölkerung (total) Welt
- Bevölkerung (total) Naher Osten/Nordafrika
- Bevölkerungswachstum pro Jahr (in %) Welt
- Bevölkerungswachstum pro Jahr (in %) Naher Osten/Nordafrika

Quelle: World Bank (2011)

Zum besseren Verständnis der Problematik der Wasserknappheit, der eventuell daraus resultierenden Konflikte und des unter anderem deshalb notwendigen Handlungsbedarfs, ist es von Bedeutung, den Kreislauf des Wassers der Erde zu betrachten. Die ständig stattfindende Zirkulation des Wassers in Form von abfließenden Oberflächengewässern, versickerndem Grundwasser und der Verdunstung beispielsweise durch die Fotosynthese der Pflanzen sowie fallenden Niederschlägen sorgen theoretisch für eine optimale und konstante Versorgung der Erde mit Wasser. Oft wird die Unterteilung von Wasser in *blaues Wasser* und *grünes Wasser* vorgenommen, die zur Analyse der Ursache von Wasserknappheit einen Beitrag leisten kann; durch sie wird u. a. ersichtlich, um welche Art von Wasserknappheit es sich handeln kann. Unter grünem Wasser wird das Wasser verstanden, das dem Wasserkreislauf durch die Einstrahlung von Sonnenenergie und die dadurch hervorgerufene Evapotranspiration zugeführt wird, der so genannte Verdunstungsverbrauch. Als blaues Wasser hingegen wird die Art von Wasser bezeichnet, die in Oberflächengewässern oder durch Grundwasser dem Wasserkreislauf durch Abfließen zugeführt wird, wie beispielsweise bei Flüssen oder Seen. Blaues Wasser wird durch den Menschen dem Wasserkreislauf entnommen und zum Beispiel für Zwecke in Landwirtschaft, Haushalt oder Industrie eingesetzt. Daher wird diese Art der Wasserentnahme auch als direkter Verbrauch bezeichnet. Wird in einer Region mehr Wasser dem Kreislauf entnommen, als eigentlich durch die Regenerationsfähigkeit des Wassers dort verfügbar ist, dann werden die Vorräte an blauem Wasser angegriffen, die zum Teil auch in abgeschlossenen Aquiferen vorhanden sind, die zu dem nicht erneuerbaren Teil der Wasserressourcen gehören; diese Grundwasservorkommen sind nicht regenerierbar (Abbildung 2).

Wasser erfüllt, wie bei der Entnahme zu unterschiedlichen Zwecken beobachtbar ist, verschiedene, zum Teil lebensnotwendige Funktionen: Natur- und Kulturfunktionen. Unter Naturfunktionen werden die Lebenserhaltungsfunktion, die Lebensraumfunktion sowie die Regelungsfunktion verstanden, die vorrangig darstellen, wie Wasser das Leben auf der Erde ermöglicht und reguliert. Die Kulturfunktionen, Verbrauch und Entnahme, Benutzung sowie Belastung sind hier weitere Unterkategorien, die aufzeigen, dass Wasser und jede Art der Behandlung durch den Menschen und seinen jeweiligen Werte-/Lebenskontext geprägt sind (WBGU 1998: 48 f.).

Abbildung 2:
Wasserentnahme im Vergleich zu der verfügbaren, erneuerbaren Menge an Wasserressourcen in der Region Naher Osten/Nordafrika, 2007 (in Milliarden m^3)

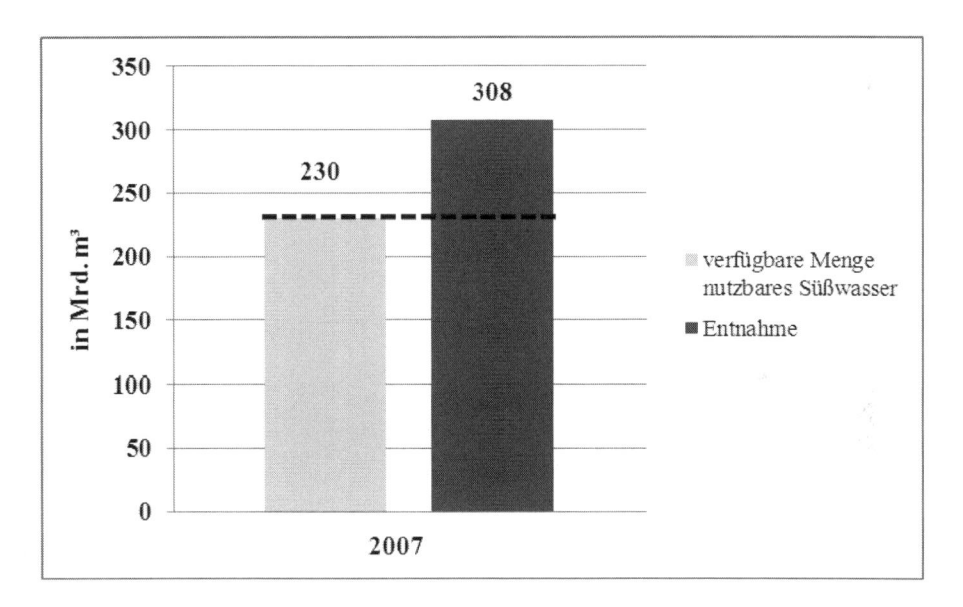

Quelle: World Bank (2011)

Eine wichtige Rolle spielt dabei, neben dem stetig zunehmenden Pro-Kopf-Bedarf (Menniken 2009: 343), das Wasserangebot. Die Menge an Wasser, die zur Erfüllung dieser Funktionen verfügbar ist, ist vergleichsweise gering, vor allem wenn dabei bedacht wird, dass der Anteil an Salzwasser – immerhin 97 Prozent des verfügbaren Wassers – für den Menschen und einen Großteil der Tier- und Pflanzenwelt nicht beziehungsweise nur unter der Aufbringung großer Anstrengungen nutzbar ist. Der Süß- oder Trinkwasseranteil beträgt insgesamt nur knapp 3 Prozent der kompletten Wasservorkommen der Erde. Die Süßwasserreserven sind hauptsächlich aufgeteilt in von Gletschern und in Eisdecken gebundenes Wasser (ca. 69 Prozent) sowie in Grundwasservorkommen (ca. 30 Prozent), die zum Teil nicht erneuerbar sind. Der Anteil von Süßwasser an Oberflächengewässern, zum Beispiel Flüsse und Seen, beträgt nur etwa 0,3 Prozent. Für den Menschen nutzbar, ohne die Ausbeutung der unterirdischen, nicht erneuerbaren Grundwasservorkommen miteinzubeziehen, sind lediglich – in km³ ausgedrückt – 41.000 km³ in Oberflächengewässern und „aktivem" Grundwasser abfließendes Wasser (Gleick 1993: 3; WBGU 1998: 47).

Die Nutzung der weltweit verfügbaren Wasserressourcen, aufgeteilt nach den drei wichtigsten Sektoren und ohne die Beachtung von starken regionalen Unterschieden, stellt sich (im Jahr 2007) wie folgt dar: Knapp 70 Prozent der Wasserentnahme erfolgen durch den landwirtschaftlichen Sektor, etwas mehr als 20 Prozent entfallen auf den industriellen Sektor, und nur etwa 10 Prozent werden durch Haushalte entnommen (World Bank 2011).

Abbildung 3:
Globale Wasserverteilung (in Prozent): Verhältnis Salzwasser/Süßwasser (rechts), weitere Aufteilung des Süßwasseranteils (links)

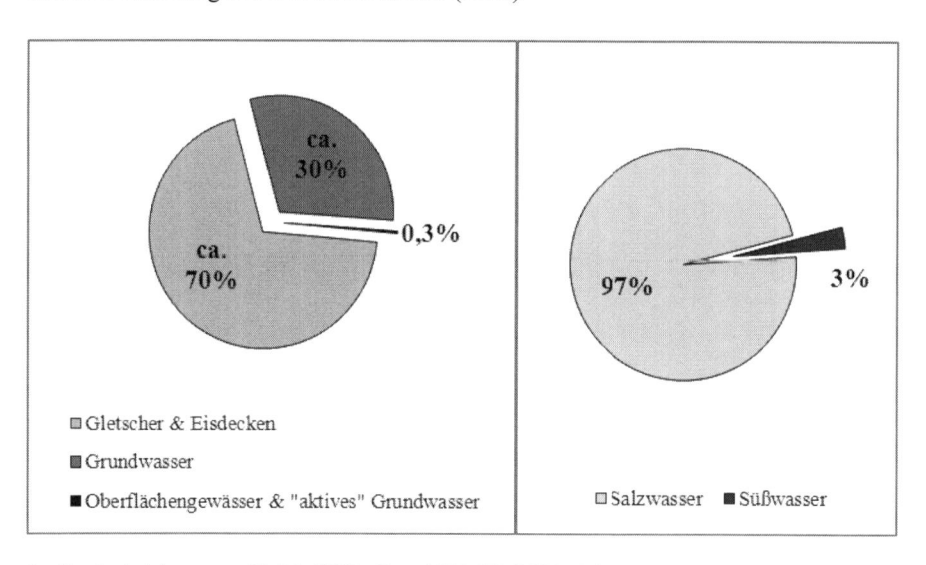

Quelle: in Anlehnung an Gleick (1993: 3) und WBGU (1998: 47)

Es ist jedoch nicht nur von Bedeutung, die Knappheit der Ressource Wasser allein an der Menge der existierenden Wasserreserven festzumachen. Die Knappheit ist vor allem aufgrund der stark unterschiedlichen regionalen und saisonalen Verfügbarkeit von Wasser, zum Beispiel jahreszeitlich oder klimatisch bedingte Niederschlagsmengen, ein Faktor, der für die menschliche Entwicklung und die Erhaltung der Natur nicht zu vernachlässigen ist. Diese Unterschiede werden sich durch den Klimawandel zusätzlich verstärken beziehungsweise zum Teil auch grundlegend verändern. So werden nicht nur immer mehr Menschen in Gebieten leben, die unter enormem Wasserstress leiden, sondern in semi-ariden Gebieten auf mittleren und niedrigeren Breitengraden wird eine ansteigende Trockenheit für weitere Entwicklungshemmnisse sorgen; im Gegensatz dazu wird es in den Tropen wie auch in den hohen Breitengraden zu vermehrten Niederschlägen kommen, die ebenfalls die Nutzungsmöglichkeiten der Wasserressourcen verändern werden (IPCC 2008: 11). Hydrologische Wasserknappheit besteht folglich dann, wenn selbst mit Hilfe effizienter Konzepte und Technologien aus den vorhandenen Wasserressourcen, also dem aktuellen Angebot an Wasser, keine nachhaltige Versorgung mehr gewährleistet werden kann und somit die bestehenden Bedürfnisse, auf kurze wie lange Frist, nicht ausreichend befriedigt werden können (WBGU 2008: 69).

Zur besseren Erkennung der Ursachen für Knappheit und der damit verbundenen Auswirkungen wird neben der bereits erwähnten *hydrologischen* auch nach *ökonomischer* und *ökologischer Wasserknappheit* unterschieden. Unter ökonomischer Knappheit wird in Gebieten, in denen keine hydrologische Wasserknappheit herrscht, das Fehlen von ausreichenden Investitionen in die Wasserinfrastruktur verstanden. Zusätzlich fällt unter diese Art der Knappheit aber auch der Zugang zu Wasser; hat zum Beispiel eine marginalisierte Bevölkerungsgruppe keinen oder nicht ausreichend Zugang zu einer Wasserressource, so leidet sie unter ökonomischer Wasserknappheit. Ökologische Wasserknappheit ist dagegen gekennzeichnet durch eine nachhaltige Schädigung beziehungsweise Gefährdung der Umwelt durch Wassermangel, der zum Beispiel durch eine zu hohe Wasserentnahme entstehen kann und Ökosysteme so schädigt, dass sie ihre Kultur- und Naturfunktionen im Rahmen der Wasserbereitstellung nicht mehr wahrnehmen können und somit auch den Menschen schaden, die von ihnen abhängig sind (WBGU 2008: 69).

Gemessen werden kann Wassermangel bislang nur unzureichend. Die bisherigen Konzepte können nur eine grobe Richtung angeben, da sie zum Beispiel die Qualität des Wassers oder den Grad der Verschmutzung nicht ausreichend widerspiegeln und auch saisonale Schwankungen in der Wasserverfügbarkeit nicht genügend berücksichtigen. Auch ist die Prognose der Veränderung des Wasserangebots durch den Klimawandel nur schwer darzustellen, da sie durch viele Faktoren beeinflusst werden kann, so dass verschiedene Szenarien entstehen können, mit unterschiedlichen Auswirkungen auf die jeweilige Art der Wasserknappheit. Trotzdem bieten zum Beispiel der *Falkenmark-Indikator*[1] oder der *Quotient zwischen Wasserentnahme*

---

1 Benannt nach Malin Falkenmark, einer schwedischen Wissenschaftlerin. Der Indikator ist auf die Verfügbarkeit von Wasser pro Kopf ausgerichtet und bezieht sich in einer langfristigen

*und verfügbarer Menge*² eine unverzichtbare Grundlage bei der Erkennung von wasserarmen Regionen beziehungsweise Ländern, die unter Wasserstress leiden.

Auf den ersten Blick scheint folglich einiges für die Wasserkrieg-These von Ismail Serageldin zu sprechen. Die bestehenden Wasserreserven werden bis an ihre Grenzen oder teilweise darüber hinaus ausgeschöpft, was auch mit der stetig anwachsenden Weltbevölkerung in Verbindung steht. Wasser ist zusätzlich eine knappe Ressource, denn trotz ihrer Eigenschaft der Erneuerbarkeit (mit den genannten Ausnahmen) steht sie für den Menschen nicht unendlich zur Entnahme zur Verfügung, sondern unterliegt regionalen wie saisonalen Schwankungen und benötigt Regenerationsphasen. Bei der Nutzung von Wasserressourcen lassen sich zudem prinzipiell einzelne Nutzer nicht ausschließen (Nicht-Ausschließbarkeit), und es besteht eine Rivalität in der Nutzung zwischen beispielsweise Ober- und Unteranrainer an einem Fluss. Das Volumen an Wasser, das der Oberanrainer dem Fluss entnimmt, steht dem Unteranrainer nicht oder nur mit zeitlicher Verzögerung zur Nutzung zur Verfügung und ist unter Umständen von minderer Qualität (Rivalisierung). Wasser ist dementsprechend ein öffentliches Gut, und Ober- und Unteranrainerkonflikte durch Übernutzung und Verschmutzung sind keine ungewöhnlichen Situationen. Gefördert wird dies durch eine weitere Eigenschaft von Wasser: Es hält sich nicht an nationale Grenzen. Es gibt mehr als 260 Oberflächengewässer, die nationale Grenzen überschreiten und zwei oder mehr Staaten als direkte Anrainer haben. Diese grenzüberschreitenden Gewässer bieten mehr als 40 Prozent der Weltbevölkerung eine Heimat, und dieser Anteil wird in Zukunft weiter ansteigen (Bundesministerium für wirtschaftliche Zusammenarbeit und Entwicklung 2006: 9). Der Druck auf die weltweiten Wasserressourcen und somit auch das daraus resultierende Konfliktpotenzial wird durch weitere Faktoren zukünftig erhöht, wie zum Beispiel zunehmende Urbanisierung, steigendes Wirtschaftswachstum, erhöhter Energiebedarf, Klimaveränderungen oder der bereits angesprochene Klimawandel.

In Bezug auf mögliche Wasserkonflikte muss allerdings stark zwischen der Intensität der Konflikte und den möglichen Lösungsszenarien differenziert werden; und selbst Serageldin ist der Auffassung, dass nicht gleich Wasserkriege entstehen müssen. Er führt seine These der kommenden Wasserkriege in diesem Jahrhundert noch weiter aus, indem er schreibt: „*[...] Unless, we change the way we manage water*" (Serageldin 2006). Wassermanagement beziehungsweise eine Änderung des bisherigen Wassermanagements ist der Schlüssel zu Konfliktvermeidung und nachhaltiger Entwicklung. Darunter fallen auch eine Erhöhung der Kommunikation und der Kooperation zwischen Staaten, was besonders bei größeren Wassereinzugsgebieten von

---

Sichtweise auf die durchschnittlich verfügbare Menge an erneuerbarem Wasser im Vergleich zur Bevölkerungszahl (Wasserverfügbarkeit > 1.700 m³/Kopf/Jahr → regional kurzfristige Knappheiten, 1.000–1.700 m³/Kopf/Jahr → Wasserstress, < 1.000 m³/Kopf/Jahr → chronischer Wassermangel, < 500 m³/Kopf/Jahr → absolute Wasserknappheit) (Falkenmark/Rockström 2004: 89 f.).

2 Der Quotient aus Wasserentnahme und verfügbarer Wassermenge; Wasserstress liegt dann vor, wenn die Entnahme mehr als 40 Prozent der verfügbaren Menge beträgt, das heißt Indexwert > 0,4 (WBGU 2008: 69).

Bedeutung ist (zum Beispiel Kooperationsverträge zwischen Staaten zur Festschreibung von Mindestdurchflussmengen bei grenzüberschreitenden Flüssen). Die inter- und supranationale Ebene spielt insbesondere im Bereich der Bewusstseinsbildung eine wichtige Rolle, da dort auf die Bedeutung der Ressource Wasser und einem schonenden Umgang mit ihr nachdrücklich und global hingewiesen werden kann. Ein Beispiel ist die im Juli 2010 mit großer Mehrheit verabschiedete Resolution der Vereinten Nationen A/RES/64/292, die das *Menschenrecht auf Wasser und Sanitärversorgung* festschreibt. Das neue Menschenrecht ist zwar nicht einklagbar, da die Resolution völkerrechtlich nicht verbindlich ist, aber die Aufnahme in den Katalog der Menschenrechte zeigt den Bedeutungsgewinn innerhalb der Gesellschaft auf und ermöglicht einzelnen Staaten, ihre nationalen Wasserpolitiken vor diesem Hintergrund neu zu strukturieren.

Integriertes Wasserressourcen-Management

Mehr Bewusstsein und Engagement bei dem Management von nationalen und grenzüberschreitenden Wasserressourcen ist nicht nur notwendig, um Menschen mit quantitativ wie qualitativ ausreichend Wasser zu versorgen oder Konflikte zu vermeiden. Es ist auch notwendig im Hinblick auf den Erhalt der Ökosysteme, die von der Ressource abhängig sind. Der Druck auf die Wasserressourcen ist vielfältig und wird nicht nur durch externe Einflüsse beeinflusst, wie zum Beispiel ein steigendes Bevölkerungswachstum oder den Klimawandel. Viele verschiedene Akteure haben ein Interesse an der Nutzung der Ressource, und diese Interessen können sich durchaus sehr gegensätzlich gegenüberstehen. Beispielsweise Industrie, Tourismus, Wasserwirtschaft, Fischerei, Energiewirtschaft, Schifffahrt oder Landwirtschaft beanspruchen alle die Nutzung der Ressource für ihre Zwecke, genauso wie Umweltverbände für ihren Erhalt eintreten und sich oft gegen jegliche Form der Nutzung aussprechen. Um den bestehenden Druck auf die Gewässer zu mindern und ihren Erhalt nachhaltig und langfristig zu fördern, ist es wichtig, die unterschiedlichen Interessen nicht einzeln zu betrachten, sondern sie durch einen ganzheitlichen Ansatz zu analysieren und der jeweiligen Situation angepasste Lösungskonzepte zu entwickeln.

Eine dieser Strategien, die sich seit Beginn der 1990er Jahre bei der Bewirtschaftung von Wasserressourcen zunehmend durchsetzt, ist das Integrierte Wasserressourcen-Management (IWRM). Die Basis dieses integrierten Ansatzes entstand aus den Ergebnissen der *Konferenz der Vereinten Nationen über Umwelt und Entwicklung* in Rio de Janeiro 1992 und der *International Conference on Water and the Environment (ICWE)* in Dublin sowie den daraus hervorgegangenen Reformagenden der *Lokalen Agenda 21* und den *Dublin-Prinzipien*.

Die Lokale Agenda 21 sieht in Kapitel 18 zum *Schutz der Güte und Menge der Süßwasserressourcen* die *Anwendung integrierter Ansätze zur Entwicklung, Bewirtschaftung und Nutzung der Wasserressourcen* vor. Eine ausreichende Menge an qualitativ gutem Wasser für die gesamte Bevölkerung der Welt soll verfügbar werden, ohne dabei das Ökosystem in seiner Funktion zu beeinträchtigen; es soll dabei vielmehr zusätzlich geschützt werden. Des Weiteren sollen Krankheitsüberträger wasserinduzierter Krankheiten bekämpft werden und vieles mehr (United Nations 1992).

Die vier Dublin-Prinzipien fordern Ähnliches und sind zum Teil deckungsgleich mit den Forderungen und Zielen der Lokalen Agenda 21 (GWP 2011a):

1. Trinkwasser ist eine endliche und empfindliche Ressource, die notwendig zur Aufrechterhaltung von Leben, Entwicklung und der Umwelt ist.
2. Wasserentwicklung und Wassermanagement sollten auf einem partizipatorischen Ansatz beruhen, der Nutzer, Planer und die Politik auf allen Ebenen mit einbezieht.
3. Frauen spielen eine zentrale Rolle bei der Bereitstellung, dem Management und dem Schutz von Wasser.
4. Wasser hat einen wirtschaftlichen Wert in jeder seiner konkurrierenden Nutzungsweisen und muss als ökonomisches Gut gesehen werden.

Das Erste Prinzip wird in der deutschen Entwicklungszusammenarbeit durchgehend angewandt. Vor allem in Projekten der Siedlungswasserwirtschaft, die schon in der ersten Planungsphase Machbarkeitsstudien einschließen, welche auf alle möglichen Auswirkungen und Folgen eines Projekts, auch im Bereich des nachhaltigen Umgangs mit der Natur, achten sollen, oder wenn es darum geht, die Ressource so zu bewirtschaften, dass beispielsweise viel Wert auf die Reduzierung von technischen Wasserverlusten gelegt wird und eine entsprechende Aufbereitung des Wassers bei der Abwasserreinigung angestrebt wird. Dabei sollte auch beachtet werden, dass verschiedene Arten der Wassernutzung miteinbezogen werden; Wasser, das der Landwirtschaft zur Verfügung gestellt wird, steht dann eventuell nicht zur Erhaltung der Natur zur Verfügung. Im Zweiten Prinzip, in dem es vorrangig um Partizipation geht, ist inzwischen immer deutlicher geworden, dass die Bevölkerung (also die Hauptnutzer einer Wasserressource) in die Vorhaben im Wassersektor mit einbezogen werden muss, um diese zu einem erfolgreichen und nachhaltigen Abschluss zu bringen. Es reicht zum Beispiel nicht aus, eine Kläranlage in einer landwirtschaftlich genutzten Region zu bauen, wenn den Betreibern der angrenzenden landwirtschaftlichen Nutzflächen nicht erklärt wird, weshalb es wichtig ist, das Abwasser nicht bereits vor dem Erreichen der Anlage zur Bewässerung der Felder abzuzweigen. Die Berücksichtigung von Frauen, dem Dritten Prinzip, ist bei Vorhaben im Wassersektor und in allen anderen Bereichen der Entwicklungszusammenarbeit inzwischen *commonsense* geworden, zumindest in der Theorie. Für die Bewirtschaftung von Wasserressourcen ist die Beteiligung von Frauen wichtig, da sie in vielen Ländern für die Versorgung mit Wasser zuständig und somit direkt betroffen sind, wenn Brunnen versiegen oder Gewässer stark verunreinigt und damit nicht mehr nutzbar sind. Die größte Bedeutung wird aber dem Vierten Prinzip zugemessen, das die bedeutendste Änderung mit sich bringt. Die Wahrnehmung von Wasser als einem wirtschaftlichen Gut war und ist immer noch umstritten und wird in den Dublin-Prinzipien zum ersten Mal in einer internationalen Vereinbarung festgehalten. Dahinter steht das Prinzip der Kostendeckung, was neben einer erhöhten

Wirtschaftlichkeit für einen bewussteren Umgang mit der Ressource sorgen soll. Die Um- und Durchsetzung dieses Prinzips ist allerdings sehr problematisch. Zum einen, weil die Dublin-Prinzipien rechtlich nicht verbindlich sind, und zum anderen, weil in vielen Ländern der Erde Wasser keinen besonders hohen Stellenwert besitzt beziehungsweise ihm kein sehr großer Wert zugemessen wird, sondern vielmehr als eine vorhandene Selbstverständlichkeit angesehen wird.

Die Formulierung der Lokalen Agenda 21 und der Dublin-Prinzipien legen aber den Grundstein dafür, dass Wasser auf internationaler Ebene als ein integraler Bestandteil des Ökosystems betrachtet und als solcher offiziell anerkannt wird. Die Leitlinien sind nicht verbindlich, und ihre Durchsetzung ist aufgrund dessen immer wieder strittig; aber zusammen ergeben sie die tragenden Säulen des Integrierten Wasserressourcen-Managements und somit eine Grundlage zum Handeln, die als neuer wasserpolitischer Konsens bezeichnet wird.

Eine einheitliche Definition von IWRM gibt es nicht, jedoch ist häufig eine Orientierung an der Erläuterung der *Global Water Partnership (GWP)*, einer Organisation, die 1996 als Resultat der Konferenzen in Rio und Dublin speziell zur Forcierung des IWRM gegründet wurde, zu erkennen.

„Integrated Water Resources Management (IWRM) is a process which promotes the coordinated development and management of water, land and related resources in order to maximise economic and social welfare in an equitable manner without compromising the sustainability of vital ecosystems and the environment." (GWP 2011a).

Der Prozess des IWRM ist im Umgang mit der Wasserressource demnach auf drei Dimensionen ausgerichtet: ökonomische Effizienz, ökologische Nachhaltigkeit und soziale Gerechtigkeit (Abbildung 4). Hervorzuheben ist außerdem, dass es sich bei dem IWRM nicht um einen statischen Zustand handelt, sondern um eine prozessuale und koordinierte Weiterentwicklung der Bewirtschaftung der Ressource Wasser, die immer das Oberziel, nämlich die optimale Nutzung der Ressource unter den drei genannten Dimensionen, im Blick hat. Erreicht werden soll dieser nachhaltige Ressourcenumgang durch verschiedene Maßnahmen, wie der Implementierung von institutionellen Rahmenbedingungen sowie *Capacity Building*, damit die Politiken adäquat umgesetzt werden können; außerdem die Anpassung und Schaffung von Gesetzen und Politiken, welche den Erhalt der Umwelt ausreichend berücksichtigen beziehungsweise sogar befördern. Um diese Maßnahmen auch ökonomisch effizient zu gestalten, soll parallel zu den anderen Maßnahmen ein Set an Instrumenten bereitgestellt werden, das von den neu geschaffenen Institutionen genutzt werden kann (GWP 2011b).

Die Einbindung aller Interessen und Akteure, die den Druck auf die Wasserressource konstant hoch halten, ist keine einfache Aufgabe. Jedoch sollen die verschiedenen Säulen dafür Sorge tragen, dass dieser Druck durch die Einbeziehung der verschiedenen Dimensionen und der damit zusammenhängenden Möglichkeiten zur Genüge kanalisiert und abgemildert wird. Der holistische Ansatz ermöglicht somit einen umfassenden Interessenausgleich im Sinne der Ressource selbst. Die Vorgehensweise bei der praktischen Umsetzung ist im Vergleich zur Theorie nicht so transparent und deutlich, denn ein ganzheitliches Konzept zu operationalisieren stellt die Verantwortlichen meist vor scheinbar unüberwindbare Hindernisse, ganz gleich mit welchen Mitteln sie ausgestattet sind und welches Set an Instrumenten ihnen zur Verfügung steht. Die internationale Entwicklungszusammenarbeit ist davon genauso betroffen wie die lokalen oder nationalen Akteure der Gewässereinzugsgebiete.

Abbildung 4:
Die drei Säulen des Integrierten Wasserressourcen-Managements

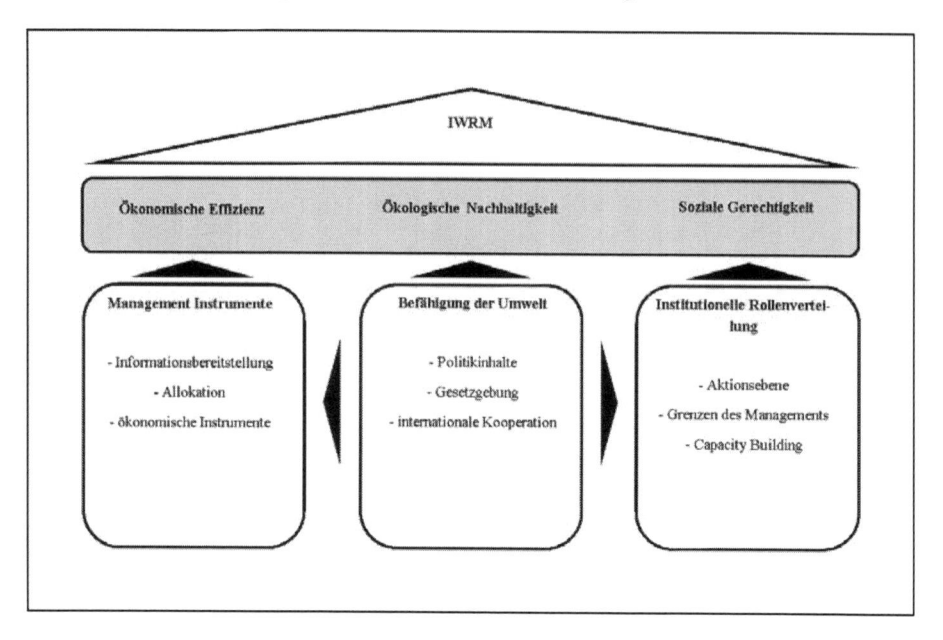

```
                           IWRM
    ┌──────────────────────────────────────────────────┐
    │ Ökonomische Effizienz │ Ökologische Nachhaltigkeit │ Soziale Gerechtigkeit │
    └──────────────────────────────────────────────────┘

    Management Instrumente      Befähigung der Umwelt      Institutionelle Rollenverteilung

    - Informationsbereitstellung   - Politikinhalte         - Aktionsebene
    - Allokation                   - Gesetzgebung           - Grenzen des Managements
    - ökonomische Instrumente      - internationale         - Capacity Building
                                     Kooperation
```

Quelle: in Anlehnung an GWP (2011b)

Anspruch oder Wirklichkeit? – IWRM in der Entwicklungszusammenarbeit

Die Entwicklung des Wasserressourcenmanagements über die Zeit kann durch eine Zunahme des Einzugsgebiets (lokal hin zu basinübergreifend/global) und einer Zunahme der Managementkomplexität (von der einfachen Wassermengenbewirtschaftung bis hin zum Integrierten Wasserressourcen-Management und darüber hinaus) beschrieben werden (Abbildung 5). Ziel ist es, nicht auf Dauer eine bestimmte Art des Managements festzuschreiben, wie zum Beispiel IWRM, sondern das Management von Wasserressourcen immer weiter zu entwickeln, zum Beispiel in Richtung einer *Mehr-Ebenen-Governance*.

Abbildung 5:
Veränderung der Bewirtschaftung von Wasserressourcen

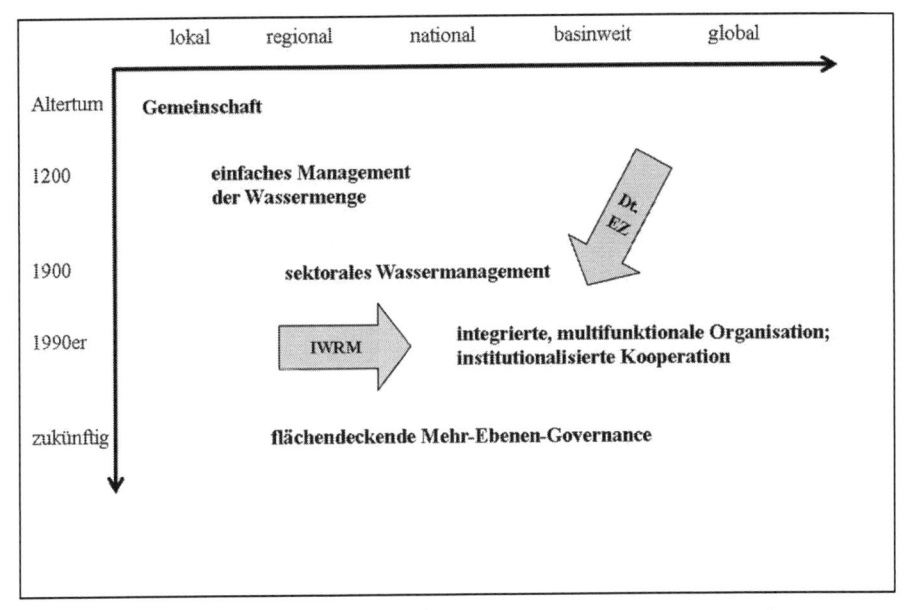

	lokal	regional	national	basinweit	global
Altertum	**Gemeinschaft**				
1200		**einfaches Management der Wassermenge**			Dt. EZ
1900			**sektorales Wassermanagement**		
1990er		IWRM →	**integrierte, multifunktionale Organisation; institutionalisierte Kooperation**		
zukünftig			**flächendeckende Mehr-Ebenen-Governance**		

Quelle: in Anlehnung an Thalmeinerova (o. J.)

Die aktuelle und zukünftige Ausrichtung der Entwicklungszusammenarbeit, speziell der deutschen, sieht die Orientierung aller Maßnahmen im Wassersektor an dem Konzept des Integrierten Wasserressourcen-Managements vor. Die bilaterale Programm-/Projektförderung, und Deutschland zählt in diesem Bereich zu den drei größten Gebern der Welt, beträgt jährlich etwa 350 Millionen Euro im Wassersektor; regionaler Schwerpunkt ist dabei der Nahe und Mittlere Osten sowie der afrikanische Kontinent (ca. 40 Prozent der bilateralen Mittel), thematischer Fokus sind die Wasserversorgung und das Abwassermanagement (mehr als 80 Prozent der bilateralen Mittel) (Bundesministerium für wirtschaftliche Entwicklung und Zusammenarbeit 2006: 5).

IWRM bietet als Konzept der Entwicklungszusammenarbeit neue Möglichkeiten. Das Aufbrechen des tradierten, sektoralen Schubladendenkens ist grundlegend für eine adäquate Anpassung der entwicklungspolitischen Strukturen an die Herausforderungen einer globalisierten Welt. Der integrierte Ansatz zur Bewirtschaftung von Wasserressourcen erlaubt eine effizientere Zusammenarbeit, die auf mehreren Ebenen Früchte tragen kann, wie zum Beispiel bei der Konfliktprävention, der Ressourcenschonung oder der Partizipation von allen Statusgruppen. Auch zur Durchsetzung von *Good Governance* ist das IWRM ein anwendbares Konzept, dass die *ownership*, ein Kernelement von *Good Governance*, vor allem in den Entwicklungs-, aber auch in den Industrieländern stärken kann. Konfliktprävention und Konfliktbearbeitung sind dabei durch verstärkte Kooperationen geprägt, die auf lokaler und regionaler, aber auch auf nationaler und internationaler Ebene wirken sollen. Dies verhilft den Maßnahmen der Entwicklungszusammenarbeit zu mehr Nachhaltigkeit, und die Entwicklungszusammenarbeit kann langfristig wirkungsvoller werden. Insgesamt kann die Entwicklungszusammenarbeit durch IWRM von der Betrachtung der reinen Angebotseite der Wasserwirtschaft wegkommen und durch eine verstärkte Partizipation aller beteiligten Akteure zu einer Politik gelangen, die die Nachfrageseite stärker miteinbezieht; dadurch wird ein besseres Informationsmanagement möglich und die Ressource Wasser zusätzlich effizienter und effektiver genutzt, aber auch geschont. Eine weitere Chance des Strategiewechsels ist die Einbeziehung aller Nutzungsarten einer Wasserressource, so dass auch die Folgen der jeweiligen Nutzung mit einbezogen werden. Es wird auf diese Weise zum Beispiel nicht nur die Wasserversorgung einer Region durch ein IWRM-Projekt sichergestellt, sondern auch die damit zusammenhängenden ökologischen und gesellschaftlichen Kosten und Nutzen werden analysiert und einkalkuliert.

Dieser Prozess des Umdenkens hat bereits vor einiger Zeit eingesetzt (Rio-Prozess etc.), jedoch verläuft die Umsetzung bislang eher langsam (Abbildung 5). Es gibt einige Pilotprojekte im Bereich IWRM (wie zum Beispiel in der Mongolei), und in den entwicklungspolitischen Projekten und Programmen der deutschen Entwicklungszusammenarbeit im Wassersektor ist das Konzept als Basis inzwischen fest verankert. Allerdings bleibt dabei die sektorale Trennung weitgehend aufrechterhalten. Der holistische Ansatz des IWRM steht dieser sektoralen Gliederung gegenüber, und seine eigentliche Stärke, nämlich die flexible Anpassung an die jeweilige Situation und den jeweiligen Kontext, kann dadurch unter Umständen nicht ausreichend umgesetzt werden. Das Konzept des IWRM bietet keine Blaupause, kein festes Set an Vorgehensweisen, sondern muss in der Praxis immer wieder neu angepasst und bewertet werden, was die Umsetzung in der Entwicklungszusammenarbeit zusätzlich erschwert. Auch bei der Frage nach *Wasser für alle* ist IWRM nicht die optimale Lösung; diesen Anspruch erhebt das Konzept jedoch nicht.

Der zusätzliche Wasserbedarf der Weltbevölkerung kann durch IWRM allein nicht gedeckt werden, allerdings besteht die Möglichkeit, die Effizienz einer Wasserressource zu steigern und somit einen Teil dazu beizutragen. Ebenfalls reduziert es, trotz möglicher Effizienzsteigerungen, durch die ganzheitliche Herangehensweise und die erhöhte Kooperation einen erheblichen Anteil des Drucks, der auf einer Wasserressource lastet. Zusätzlich zu den Maßnahmen im Rahmen des IWRM sollten, je nach geografischen, technischen und finanziellen Möglichkeiten, auch nach anderen, ökologisch nachhaltigen und ökonomisch effizienten und effektiven Lösungen gesucht werden, die ein Plus an Wasser bereitstellen, das für den Menschen nutzbar ist. Eine Möglichkeit, die jedoch nicht den Kriterien der ökonomischen Effizienz und ökologischen Effektivität genügt, ist die Meerwasserentsalzung. Sie ermöglicht eine zusätzliche Erhöhung der Wassermenge, ist im Sinne des IWRM jedoch keine empfehlenswerte Option.

Fazit

Integriertes Wasserressourcen-Management ist ein Konzept, das bei konsequenter Implementation der Maßnahmen unter Einhaltung der beschriebenen Grundvoraussetzungen den kurz- bis mittelfristigen Druck von den stark übernutzungsgefährdeten Wasserressourcen nehmen kann und bestehende Probleme im Management der Wasserressourcen lösen soll. Wasserkonflikte können dabei durch eine adäquate und schnelle Reaktion vorläufig bis ganz vermieden werden, denn IWRM schließt als wichtigen Faktor Kooperation mit ein. IWRM sollte als Leitlinie in der künftigen Bewirtschaftung der weltweiten Wasserressourcen dienen, und die im Rahmen des Konzepts verwendeten Instrumente müssen immer an den jeweiligen Kontext angepasst werden. Der prozessuale Charakter und die ständige, immanente Verbesserung von IWRM sind dabei wichtige Attribute des Konzepts. Dennoch gehört als eine der wichtigsten Grundvoraussetzungen für eine erfolgreiche Entwicklungszusammenarbeit in diesem Sektor, aber auch für ein erfolgreiches nationales Wasserressourcenmanagement der einzelnen Regierungen, der notwendige politische Wille dazu. Ohne ausreichende Unterstützung und Förderung durch nationale Politiken und Institutionen kann IWRM nicht funktionieren.

IWRM kann jedoch nicht allein für sich stehen. Es muss im Rahmen einer ganzheitlichen Politik gesehen werden, und zusätzlich sollten weitere technische Lösungen zur Bewältigung der Knappheit gefunden werden. Jeder Versuch, der unternommen wird, ist ein wichtiger Beitrag zur Erhaltung der Wasserressourcen und der damit verbundenen Funktionen, die die Ressource Wasser erfüllt – die Option, nichts zu tun, hilft im Kampf gegen zunehmende Wasserknappheit nicht weiter.

Literatur

Barlow, Maude/Clarke, Tony (2003): Blaues Gold. Das globale Geschäft mit dem Wasser. München: Kunstmann.

BMZ [Bundesministerium für wirtschaftliche Entwicklung und Zusammenarbeit] (2006): BMZ-Materialien. Der Wassersektor in der deutschen Entwicklungszusammenarbeit. Bonn: BMZ.

Falkenmark, Malin/Rockström, Johan (2004): Balancing Water for Humans and Nature. The New Approach in Ecohydrology. London: Earthscan.

Gleick, Peter H. (Hrsg.) (1993): Water in crisis. A guide to the world's fresh water resources. New York: Oxford University Press.

GWP [Global Water Partnership] (2011a): What is IWRM? In: http://www.gwp.org/en/The-Challenge/What-is-IWRM (Zugriff: 25.07.2011).

GWP [Global Water Partnership] (2011b): IWRM Pillars. In: http://www.gwp.org/en/The-Challenge/What-is-IWRM/IWRM-pillars (Zugriff: 26.07.2011).

IPCC [Intergovernmental Panel on Climate Change] (2008): Klimaänderung 2007. Synthesebericht. Berlin: IPCC-Sekretariat.

Menniken, Timo (2009): Good Water Governance in der deutschen und internationalen Entwicklungszusammenarbeit. Auf der Überholspur in die Sackgasse? In: Weiland, Heribert (Hrsg.): Good Governance in der Sackgasse? Baden-Baden: Nomos, S. 339–360.

Serageldin, Ismail (2006): GWP: Working for a water secure world. In: http://www.serageldin.com (Zugriff: 12.07.2011).

Stiftung Weltbevölkerung (2011): Fast sieben Milliarden Menschen leben auf der Erde. In: http://www.weltbevoelkerung.de (Zugriff: 12.07.2011).

Thalmeinerova, Danka (o. J.): Introduction to IWRM. In: http://www.sswm.info/category/concept/iwrm (Zugriff: 27.07.2011).

United Nations (1992): Agenda 21: A Programme for Action for Sustainable Development. Report of the United Nations Conference in Environment and Development, Annex II, UN Doc. A/Conf. 151/26. Rio de Janeiro.

WBGU [Wissenschaftlicher Beirat der Bundesregierung Globale Umweltveränderungen] (1998): Welt im Wandel. Wege zu einem nachhaltigen Umgang mit Süßwasser. Berlin/Heidelberg: Springer.

WBGU [Wissenschaftlicher Beirat der Bundesregierung Globale Umweltveränderungen] (2008): Welt im Wandel. Sicherheitsrisiko Klimawandel. Berlin/Heidelberg: Springer.

World Bank (2011): World databank. In: http://databank.worldbank.org/ddp/home.do (Zugriff: 12.07.2011).

Silke Weinlich

Die Entwicklungszusammenarbeit der Vereinten Nationen: Reformbedarf und aktuelle Reformansätze*

Die Vereinten Nationen (*United Nations*/UN) sind ein etablierter und facettenreicher Akteur in der Entwicklungszusammenarbeit. Sie verfügen über zahlreiche Vorzüge, von denen sich viele aus ihrer universellen Mitgliedschaft und der Gleichberechtigung ihrer Mitglieder ergeben. In den UN sind die derzeit 193 Mitgliedstaaten unabhängig von Bevölkerungsgröße oder Wirtschaftsstärke formell auf der Basis souveräner Gleichheit vertreten. Daraus ergibt sich eine besondere Legitimität und eine globale Zuständigkeit des UN-Systems.

So sind etwa viele der entwicklungspolitisch tätigen Fonds, Programme und Sonderorganisationen weltweit präsent. Sie genießen eine hohe Akzeptanz in Entwicklungsländern und gelten als neutraler im Vergleich zu anderen Entwicklungspartnern. Darüber hinaus verfügen die UN über die Fähigkeit, viele Akteure zusammenzuführen (etwa in den Weltkonferenzen) und sie setzen weltweit gültige Normen und Standards. Prägnante Beispiele sind etwa die Millenniumserklärung (2000) und die daraus abgeleiteten Millenniumsentwicklungsziele (*Millennium Development Goals*/MDGs), die Beschlüsse der Weltkonferenzen für nachhaltige Entwicklung (2002) und für Entwicklungsfinanzierung (2002, 2008), aber auch Normen im Bereich des Menschen- und Arbeitsrechts oder der Geschlechtergerechtigkeit.

Einige dieser Vorzüge haben auch unter den neuen Vorzeichen Bestand, die sich durch den Wandel in der internationalen Entwicklungszusammenarbeit ergeben (Severino/Ray 2009, 2010). Aber die UN bekommen zunehmend Konkurrenz, sei es auf Länderebene, wo Geber- und Partnerländer aus einer Vielzahl von Entwicklungsakteuren wählen können, sei es in ihrer Funktion als Forum, die nun auch vom Entwicklungsausschuss (*Development Assistance Committee*/DAC) der Organisation für Entwicklung und Zusammenarbeit (OECD) oder der Gruppe der 20 (G-20) wahrgenommen wird. Verschärft wird diese Wettbewerbssituation durch den vielfach schlechten Ruf, den das UN-System in Bezug auf die Fragmentierung, die mangelnde Effizienz und Effektivität der Entwicklungsanstrengungen oder der Reaktionsfähigkeit der Organisationen besitzt.

Das UN-System ist seit Jahrzehnten Ziel von Reformbestrebungen, die unter anderem darauf gerichtet sind, den institutionellen Wildwuchs einzuhegen. Allerdings blieben erfolgreiche, groß angelegte Reformvorhaben, wie die Zusammenlegung

---

* Dieses Kapitel basiert auf einer umfangreichen Studie, die 2010 am Deutschen Institut für Entwicklungspolitik unter dem Titel „Die Reform der Entwicklungszusammenarbeit der Vereinten Nationen. Eine Analyse des Verhaltens und der Positionierung wichtiger Staaten gegenüber Reformoptionen" erschienen ist (Weinlich 2010).

einzelner Organisationen, bisher eine Ausnahme. Stattdessen sind kleinteilige, aber durchaus erfolgreiche Schritte zu verzeichnen, die die Entwicklungszusammenarbeit der Vereinten Nationen sukzessive effektiver und effizienter machen. Allerdings setzt das Verhalten der Mitgliedstaaten diesen Reformen enge Schranken. Im Folgenden werden zunächst die Grundzüge des UN-Systems in der Entwicklungszusammenarbeit beschrieben, um danach die Probleme und Herausforderungen zu skizzieren, denen sich das System aktuell gegenübersieht. Im Anschluss werden aktuelle Reformansätze umrissen, und es wird über den Stand und die Aussichten auf Umsetzung berichtet.

Grundzüge der Entwicklungszusammenarbeit der Vereinten Nationen

Das Gründungsdokument der UN, die Charta, formuliert das Ziel, „internationale Probleme wirtschaftlicher, sozialer, kultureller und humanitärer Art zu lösen" (Artikel 1), und erteilt der Weltorganisation damit ein umfassendes Mandat im Bereich der Entwicklungszusammenarbeit. Die Dekolonialisierungsprozesse in den 1960er und 1970er Jahren und der damit einhergehende starke Anstieg von Entwicklungsländern in der Mitgliedschaft der ursprünglich von 53 Staaten gegründeten UN haben dazu beigetragen, dass das Politikfeld Entwicklung neben der Sicherheit und den Menschenrechten eine zentrale Bedeutung in den UN innehat. Neben der Charta dienen weitere Verträge – wie etwa die Allgemeine Erklärung der Menschenrechte oder internationale Konventionen zu Menschenrechten, Arbeitsstandards und Umweltschutz – als normative Grundlage für die inhaltliche Ausrichtung der UN-Entwicklungszusammenarbeit.

Das UN-System deckt ein sehr breites Aufgabenspektrum ab. UN-Organisationen arbeiten sowohl operativ im Bereich Technischer und Finanzieller Zusammenarbeit als auch im Bereich der Norm- und Standardsetzung und -implementierung. Sie leisten darüber hinaus aber auch Analyse- und Wissensgenerierungsdienste, beispielsweise indem sie die Umsetzung der MDGs national, regional und global prüfend begleiten. Darüber hinaus beanspruchen UN-Organisationen vielfach die Rolle des Anwalts für die Interessen der Ärmsten der Armen und anderer benachteiligter Gruppen. Dies tun sie nicht zuletzt durch inhaltlich-konzeptionelle Beiträge zu entwicklungspolitischen Diskursen, die dadurch um Alternativkonzepte bereichert werden. Zu den prominenteren Beispielen zählen die Studie des Kinderhilfswerks UNICEF „Anpassung mit menschlichem Gesicht", die Arbeit des Weltbevölkerungsfunds (*United Nations Fund for Population Activities*/UNFPA) zu *Gender Economics*, die Studien der Internationalen Arbeitsorganisation (*International Labour Organization*/ILO) zu den sozialen Auswirkungen der Globalisierung oder die Berichte zur menschlichen Entwicklung des Entwicklungsprogramms der Vereinten Nationen (*United Nations Development Programme*/UNDP) (Jolly et al. 2004, 2009).

Innerhalb des komplexen und vielschichtigen UN-Systems lassen sich vier Kategorien von entwicklungspolitisch relevanten Akteuren unterscheiden (Abbildung 1).

Abbildung 1:
Institutionelle Struktur des Systems der Entwicklungszusammenarbeit der Vereinten Nationen

Zwischenstaatliche Gremien	Sonderorganisationen	Fonds und Programme	Sekretariat
Generalversammlung ECOSOC (mit funktionalen Kommissionen, u. a. zu nachhaltiger Entwicklung, Sozialentwicklung, und Regionalkommissionen und dem *Development Cooperation Forum/DCF*) Menschenrechtsrat (UNHCR) Kommission für Friedenskonsolidierung (PBC)	FAO WHO ILO IFAD UNESCO UNIDO UNWTO ICAO IMO WMO IAEA Weltbankgruppe IWF	UNDP UNFPA UNICEF WFP UNEP UN-Habitat UNHCR UN WOMEN	UN DESA
Hauptaufgabe: Meinungsbildung und Beschlussfassung Steuerung der Fonds, Programme und Koordinierung der Sonderorganisationen	**Hauptaufgabe:** Normsetzung*, aber auch operative Durchführung Sind den UN vertraglich verbunden, aber autonom, unterstehen nicht der Kontrolle der Generalversammlung * ausgenommen Weltbankgruppe	**Hauptaufgabe:** operative Durchführung Technischer Zusammenarbeit Stehen unter Aufsicht und Steuerung durch die Generalversammlung	**Hauptaufgabe:** Unterstützung der zwischenstaatlichen Gremien Analyse und Wissensgenerierung Technische Zusammenarbeit

Quelle: Weinlich (2010: 23)

Zwischenstaatliche Gremien wie die Generalversammlung sind Foren für globale Diskussions-, Meinungsbildungs- und Aushandlungsprozesse zu normativen Fragen sozialer und wirtschaftlicher Entwicklung und besitzen die Fähigkeit, weltweit gültige Normen und Standards zu setzen. Darüber hinaus üben die Generalversammlung wie auch der Wirtschafts- und Sozialrat (*United Nations Economic and Social Council*/ECOSOC) Aufsichtspflicht und formale Koordinierungsaufgaben für die der UN-Familie zugehörigen Organisationen aus. Dem ECOSOC zugeordnet erarbeiten regionale und Fachkommissionen Studien und Empfehlungen zu entwicklungspolitischen Fragestellungen. Menschenrechtsrat und Friedenskonsolidierungskommission haben zwar kein hauptsächlich entwicklungspolitisches Mandat, allerdings bestehen Überlappungen mit entsprechenden Fragestellungen.

Sonderorganisationen, wie die ILO oder die Weltgesundheitsorganisation (*World Health Organization*/WHO sind eigenständige internationale Organisationen, die mit dem UN-System vertraglich verbunden sind. Ursprünglich lagen die Hauptaufgaben der Sonderorganisationen bei Analysetätigkeiten und Norm- und Standardsetzung. Allerdings haben viele Organisationen ihr Tätigkeitsspektrum um operative Aktivitäten erweitert, auch wenn Entwicklungspolitik nach wie vor nur einen Teil ihres breiten Aufgabenbereichs ausmacht. Ein Sonderstatus kommt der Weltbankgruppe zu. Sie ist Mitglied des UN-Systems, besitzt aber eigenständige *Governance*- und Finanzierungsarrangements, die sich unter anderem durch die unterschiedliche Stimmgewichtung der Mitgliedstaaten vom restlichen UN-System unterscheiden.

Fonds und Programme wie UNDP oder der *United Nations International Children's Emergency Fund* (UNICEF) unterstehen anders als die Sonderorganisationen der Autorität der Generalversammlung und sind juristisch betrachtet deren Nebenorgane. Die Generalversammlung steuert sie durch die Wahl von zwischenstaatlichen Exekutivräten, in denen Mitgliedstaaten nach dem in den UN üblichen Regionalproporz vertreten sind. Die Tätigkeitsschwerpunkte der Fonds und Programme liegen im Bereich Technischer Zusammenarbeit.

Die Hauptabteilung für Ökonomische und Soziale Angelegenhei*ten (United Nations Department of Economic and Social Affairs*/DESA) im UN-Sekretariat unterstützt die Arbeit der zwischenstaatlichen Gremien nicht nur administrativ, sondern ist auch für inhaltliche Zuarbeiten zuständig. Damit hat die Abteilung zum Beispiel auch die Verantwortung für die Nachbereitung der Weltkonferenzen. Darüber hinaus leistet sic im kleinen Rahmen technische Hilfe in Entwicklungsländern.

Die operative Entwicklungszusammenarbeit im Rahmen der UN finanziert sich vor allem durch freiwillige Beiträge. Der Großteil der Mittel an das UN-System ist staatlichen Ursprungs und wird von westlichen Gebern beigetragen. Die Mitglieder des *Development Assistance Committee* (DAC) der OECD kamen 2009 für 63 Prozent der Zuwendungen für operative Tätigkeiten (insgesamt 21,9 Milliarden US-Dollar) auf (United Nations 2011a: 15, 11). Die Vereinigten Staaten von Amerika führen die Liste der Beitragszahler seit Jahren an, mit Abstand gefolgt von Großbritannien, Japan, den Niederlanden und Norwegen (Weinlich 2010: 44). Das UN-System zeichnet sich auch dadurch aus, dass sich eine Reihe von Entwicklungsländern an den freiwilligen Beitragszahlungen beteiligt. Die Beiträge von Nicht-

Industriestaaten belaufen sich im gleichen Zeitraum auf neun Prozent der Gesamtsumme. Dies bedeutet auch, dass finanzstarke, nicht-traditionelle Geber wie China oder Brasilien bislang nur sehr eingeschränkt Zahlungen an das UN-System leisten (Weinlich 2010: 65–73). Andere Akteure, wie der Globale Fonds, Nichtregierungsorganisationen, Entwicklungsbanken oder der Privatsektor, trugen 19 Prozent der Gesamtmittel bei. Der Beitrag der Europäischen Union sticht mit immerhin acht Prozent der Gesamtsumme hervor (United Nations 2011a: 15).

Im Jahr 2009 gab das UN-System insgesamt 22,1 Milliarden US-Dollar für operative Tätigkeiten, d. h. für Entwicklungszusammenarbeit und humanitäre Hilfe, aus (United Nations 2011a: 36). Der Anteil für entwicklungspolitische Aktivitäten belief sich dabei auf rund 67 Prozent der Gesamtsumme, also auf ungefähr 14,7 Milliarden US-Dollar (United Nations 2011a: 36, eigene Berechnung). Insgesamt sind die dem UN-System zur Verfügung gestellten Mittel zwischen 1993 und 2009 jährlich um rund 6 Prozent gestiegen (United Nations 2011a: 16). Diese Steigerungsrate ist deutlich höher als der jährliche Anstieg der weltweiten Gesamtmittel für öffentliche Entwicklungszusammenarbeit (*Official Development Assistance*/ODA).

Die universelle Mitgliedschaft, das breite Tätigkeitsspektrum und die überaus komplexe Organisationsstruktur zeichnen die Vereinten Nationen einerseits aus. Diese Merkmale können aber andererseits unter Effektivitäts- und Effizienzblickpunkten die größte Angriffsfläche bilden. Die folgenden Abschnitte benennen die wichtigsten Probleme und den Reformbedarf der Entwicklungszusammenarbeit der Vereinten Nationen.

Problemlagen und Reformbedarf

Das UN-System sieht sich im Bereich Entwicklungspolitik vor folgende Problemlagen gestellt: Das System ist stark fragmentiert; seit Ende der 1990er Jahre gibt es eine zunehmende Bilateralisierung der UN-Entwicklungszusammenarbeit, die deren eigentlich multilateralen Charakter auszuhöhlen droht; die Finanzierung der entwicklungspolitischen Tätigkeiten ist prekär, und nicht zuletzt bestehen bei vielen Gebern Zweifel an der Effektivität und Effizienz vieler entwicklungspolitischer UN-Aktivitäten.

Fragmentierung des UN-Systems

Das UN-System ist im Lauf der Jahrzehnte inkrementell gewachsen. Bereits vor der Gründung der UN existierten Sonderorganisationen wie die ILO, die dem System zugeordnet wurden. Mit der Bedeutungszunahme von Entwicklung für die Mitglieder der Vereinten Nationen im Laufe der 1960er und 1970er wurden die Errichtung neuer Hilfsprogramme beziehungsweise die entwicklungspolitische Ausrichtung bereits existierender UN-Einrichtungen durchgesetzt. Die Organisationen orientierten sich in den nachfolgenden Jahren über ihr oft ohnehin breites Mandat an verwandten oder neuen Themen; sie entwickelten ein Eigenleben und expandierten

(Stokke 2009). Heute besteht eine komplexe und fragmentierte Institutionenlandschaft, in der es häufig zu Überlappungen in den Tätigkeitsbereichen und Mandaten der Organisationen kommt. An der operativen Arbeit der UN sind 36 Organisationen beteiligt, die in der *UN Development Group* (UNDG) organisiert sind. Allerdings bestehen bedeutende Größenunterschiede zwischen den Organisationen. 2009 flossen rund 84 Prozent der Gesamtsumme für entwicklungspolitische Aktivitäten an lediglich acht Organisationen, von diesen stechen abermals UNDP, das Welternährungsprogramm (*World Food Programme*/WFP) und UNICEF *(United Nations International Children's Emergency Fund)* deutlich hervor (United Nations 2011: 18). Dennoch sind auf Länderebene oftmals deutlich mehr als zehn UN-Organisationen aktiv, was zu Doppelarbeit, Inkohärenzen und Wettbewerb führt.

Verstärkt wird diese Problematik dadurch, dass das System weitgehend dezentral organisiert ist und es keine autoritative Steuerungsinstanz gibt. Der ECOSOC ist zwar formal mit der Koordinierung und Steuerung der wirtschaftlichen und sozialen UN-Politik betraut, allerdings ist er der Autorität der Generalversammlung unterstellt; er kann lediglich Empfehlungen abgeben und keine verpflichtenden Entscheidungen fällen, so dass er den Koordinierungsanspruch kaum einlösen kann. Außerdem darf nicht vergessen werden, dass sich die Sonderorganisationen aufgrund ihres autonomen Charakters weitestgehend dem Einfluss der Generalversammlung und des ECOSOCs entziehen. Diese Geburtsfehler schränken die Möglichkeiten einer erfolgreichen Steuerung und Koordinierung des Systems stark ein (Rosenthal 2005; Weiss 2010). Es wäre an den Mitgliedstaaten, durch eine kohärente und strategische Politik in allen Aufsichtsgremien das UN-System dezentral zu steuern. Da aber auch hier die Zuständigkeiten oft zwischen verschiedenen Ministerien aufgeteilt sind, ist nicht selten das Gegenteil der Fall.

Bilateralisierung der UN-Entwicklungszusammenarbeit

Seit den 1980er Jahren ist verstärkt zu beobachten, dass Staaten, insbesondere Geberstaaten, die die UN-Entwicklungszusammenarbeit konstituierenden multilateralen Entscheidungsverfahren umgehen, um das System stärker für die Verwirklichung der eigenen entwicklungspolitischen Prioritäten zu nutzen. Besonders deutlich wird dies an dem Trend, die Verwendung der finanziellen Beiträge an bestimmte Regionen, Länder oder Themen zu binden. Von einer derartigen Zweckbindung machen Geber bei den UN deutlich stärker Gebrauch als bei anderen multilateralen Organisationen (OECD 2010: 15). 1993 wurden noch 53 Prozent aller Beiträge für operative Tätigkeiten an die Kernhaushalte der UN-Organisationen geleistet (United Nations 2010: 17). Derartige Kernbeiträge verlieren ihre nationale Identität und sind gemäß der multilateralen Richtungsentscheidungen der jeweiligen Aufsichtsgremien zu verwenden. 2009 waren im Kontrast dazu mehr als 70 Prozent der Beiträge zweckgebunden (United Nations 2011: 14). Dies hat gravierende Konsequenzen für das UN-System. Die Fragmentierung wird weiter angefacht, da die Organisationen gehalten sind, sich in ihrer inhaltlichen Ausrichtung an den von Geberseite nachgefragten Themen zu orientieren. Transaktionskosten steigen, da individuelle Abkommen ausgehandelt und abgeschlossen werden und eine gesonderte und individuell angepasste Berichterstattung erfolgt. Mittel- und langfristig werden außerdem die multilaterale Prioritätensetzung und Entscheidungsfindung, die die Basis für die Neutralität der UN bilden, untergraben. Wichtige Entscheidungen werden in informellen Parallelstrukturen getroffen, die Entwicklungsländer vielfach außen vor lassen. Damit wird auch die besondere Legitimität der Vereinten Nationen auf das Spiel gesetzt.

Unzuverlässige finanzielle Basis

Im Laufe der letzten beiden Jahrzehnte sind die Beiträge für entwicklungspolitische und humanitäre Aktivitäten des UN-Systems beeindruckend angestiegen. Zwischen 1993 (7,9 Milliarden US-Dollar) und 2009 (21,9 Milliarden US-Dollar) hat sich die Summe nahezu verdreifacht. Es ist aber nicht nur die Quantität der Mittel von Bedeutung, das heißt, das Finanzvolumen im Verhältnis zum geografisch und thematisch breiten Mandat der UN-Organisationen. Genauso wichtig ist die Qualität der Finanzierung, sprich, die Verlässlichkeit und freie Verfügbarkeit über die Verwendung der Beiträge. Anders als bei der Weltbankgruppe werden finanzielle Zusagen an UN-Organisationen in der Regel lediglich für ein Jahr gemacht. Die Weltorganisation erhält in vielen Geberländern den Residualbetrag, der nach der Versorgung von Organisationen mit höherer Priorität übrig bleibt. Ohne mehrjährige und dadurch zuverlässige und vorhersagbare Zusagen wird aber eine strategische Planung erschwert, die auch unter Kohärenz-, Effektivitäts- und Effizienzgesichtspunkten von Bedeutung ist. Viele UN-Organisationen, wie zum Beispiel UNDP, formulieren mittlerweile mehrjährige Strategiepläne, um Geber zu einem längerfristigen finanziellen Engagement zu ermutigen. Trotz einiger Verbesserungen beklagen sie allerdings nach wie vor die mangelnde Vorhersagbarkeit der Mittel, insbesondere in Zeiten wirtschaftlicher Krisen (UNDP 2010: 8–9). Da ein Großteil der Ressourcen zweckgebunden ist und oftmals auch dezentral auf Länderebene an die Organisationen fließt, stehen viele UN-Organisationen im Wettbewerb zueinander. Viel Energie fließt in *fundraising* vor Ort und auf Hauptquartiersebene, so dass für die eigentliche entwicklungspolitische Arbeit weniger Zeit bleibt.

Schlechter Ruf bei Wirksamkeit und Effizienz

Der Entwicklungszusammenarbeit der UN haftet der Ruf an, nicht besonders kosteneffizient zu sein. Durch die Vielzahl der Organisationen, die teilweise Programme mit relativ geringem Finanzvolumen durchführen, fallen hohe Verwaltungskosten an. Auch für die Geber- und Partnerländer entstehen mehr Transaktionskosten, da sie beispielsweise mit diversen Ansprechpartnern in Kontakt stehen und unterschiedlichen Regularien Genüge tun müssen. Viele UN-Organisationen erbringen in den Augen der Geber zudem nach wie vor nur unzureichend Nachweise über den kosteneffizienten Einsatz der Mittel. Vor allem Sonderorganisationen wie die FAO oder ILO reagieren nicht schnell genug auf den gestiegenen Reformdruck (DFID 2010: 173, 186).

Ein pauschaler Vorwurf gegenüber dem UN-System ist aber nicht gerechtfertigt. Die operativ tätigen UN-Organisationen haben die in Paris und Accra vereinbarte Wirksamkeitsagenda aufgegriffen und bemühen sich mit nachweislichem Erfolg darum, die eigene Leistungsfähigkeit zu verbessern und die Harmonisierung innerhalb des UN-Systems voranzutreiben. Einige UN-Organisationen haben in den letzten Jahren weitreichende und beeindruckende Reformen unternommen und beispielsweise ergebnisorientierte Haushaltsverfahren erfolgreich eingeführt, auch wenn weitere Fortschritte gemacht werden müssen. Aber es zeigen sich erhebliche Defizite bei der Ausrichtung an den Prioritäten und Verwaltungsstrukturen der Partnerländer sowie bei der Koordination mit Gebern außerhalb des UN-Systems (Fues 2010; Vatterodt 2007). Das UN-System ist insgesamt schwerfällig in der Umsetzung effizienzsteigernder Maßnahmen. Es sieht sich zudem mit dem Vorwurf einer aufgeblähten Verwaltung konfrontiert (Easterly/Pfutze 2008). Viele UN-Organisationen üben normative und operative Aktivitäten aus, erbringen Dienstleistungen für den zwischenstaatlichen Politikprozess und engagieren sich in Analyse- und Fürspracheaktivitäten. Solche Tätigkeiten erfordern personalintensivere Unterstützung durch Hauptquartiersstrukturen als etwa die Finanzielle Zusammenarbeit (Browne 2011: 92–107).

Auch die Effektivität der entwicklungspolitischen Aktivitäten der UN ist nicht unumstritten. Obwohl es bisher an zufrieden stellenden Instrumenten zur Bewertung der Effektivität multilateraler Organisationen inklusive der UN mangelt (Scott et al. 2008; Browne 2011), bestehen bei vielen Gebern Vorbehalte gegenüber der Wirksamkeit der UN-Entwicklungszusammenarbeit. In der Tat scheint im Fall der UN die generelle Skepsis gegenüber multilateralen Entwicklungsorganisationen besonders stark zu sein. Jene generelle Skepsis gründet sich nach Einschätzung des OECD/DAC nicht so sehr auf Fakten, da in der Regel nicht weniger oder schlechtere Informationen über Resultate und Wirksamkeit zur Verfügung stehen als bei bilateralen Entwicklungsakteuren. Stattdessen scheint oft ein Kommunikationsproblem die Ursache für den schlechten Ruf multilateraler EZ zu sein (OECD 2010: 4). Das UN-System leidet auch hier an seiner Zersplitterung: Bislang werden noch keine einheitlichen Informationen detailliert und systemübergreifend erhoben, gebündelt und ausgewertet. Allerdings wird momentan die Einrichtung eines systemübergreifenden Evaluierungsmechanismus und einer zentralen Verwaltungsstelle für detaillierte und einheitliche Daten über operative Aktivitäten vorbereitet (United Nations 2011b: 11–12). Obwohl sicherlich noch viel Verbesserungsbedarf bei der Wirksamkeitsorientierung von UN-Organisationen besteht, mag der schlechte Ruf der UN auch mit allgemeinen Faktoren zu tun haben, wie etwa den als schwerfällig und polarisiert geltenden Abstimmungsprozessen, die allerdings den Preis für Konsensfindung in der internationalen Gemeinschaft darstellen. Auch haben in bestimmten Fällen Entwicklungsländer ihre Stimmenmehrheit bei der Programmgestaltung genutzt, um aus westlicher Perspektive besonders relevante Werte und Konzepte wie Menschenrechte und gute Regierungsführung abzuschwächen, da sie nicht mit Regierungsinteressen im Süden kompatibel sind (Fues 2010).

Aktuelle Reformansätze

Viele der Probleme der UN-Entwicklungszusammenarbeit sind seit langem erkannt. Die Problembehebung krankt aber an den Partikularinteressen der Mitgliedstaaten, der schwierigen Konsensfindung zwischen 193 Staaten und an den institutionellen Beharrungskräften der Organisationen des UN-Systems (Browne 2011: 126–138). Über die Jahre wurden immer wieder Vorschläge formuliert, wie die Fragmentierung des Systems überwunden und seine Relevanz und sein Einfluss erhöht werden können (Hüfner/Martens 2000). Ausgangspunkt ist dabei häufig die Input-Legitimität der UN. Wegen ihres universellen Charakters und des neutralen Mandats argumentieren Wissenschaftler(innen) und Nichtregierungsorganisationen vor allem aus dem Süden, dass die UN aufgewertet werden und beispielsweise eine koordinierende Rolle im globalen System der Entwicklungszusammenarbeit einnehmen müssten (Morton 2005; Riddell 2007: 389–414). Damit soll das umfassende UN-Mandat im Bereich Wirtschaft und Soziales wieder mit Leben gefüllt werden. In diesen Vorschlägen spiegelt sich oft auch die Forderung, die Vorherrschaft der *Bretton Woods*-Institutionen und die Dominanz der Industriestaaten zu überwinden. Auch wird immer wieder die Idee artikuliert, den ECOSOC in ein machtvolleres Gremium umzuwandeln – manchmal sogar mit dem Sicherheitsrat ähnlichen Durchsetzungsbefugnissen (Dervis 2005; Messner et al. 2005). Andere ziehen aus der Legitimität der UN gegenteilige Schlüsse. Zwar sollen die UN weiterhin Normen und Standards setzen, die Reichweite ihrer operativen Aktivitäten soll aber eingeschränkt werden. Einigen westlichen Gebern zufolge sollen sich die UN beispielsweise auf Nischenbereiche (zum Beispiel fragile Staaten und humanitäre Hilfe) konzentrieren. Hier könnten die UN effektiver als andere Akteure, die als weniger legitim und neutral gelten, auftreten.

Die jüngste Reformrunde der UN-Entwicklungszusammenarbeit wurde 2005 auf dem Weltgipfel der Staats- und Regierungschefs eingeläutet. Der damalige Generalsekretär *Kofi Annan* wurde beauftragt, Vorschläge für eine straffere Organisation des Systems in den Bereichen Entwicklung, Nothilfe und Umwelt zu erarbeiten. Er berief daraufhin 2006 eine hochrangige Expertengruppe ein und bat deren 15 Mitglieder, eine Bestandsaufnahme der operativen UN-Aktivitäten vorzunehmen, um die komparativen Vorteile des UN-Systems herauszuarbeiten und Duplizierungen zu identifizieren. Die so genannte hochrangige Gruppe für Kohärenz des UN-Systems auf dem Gebiet der Entwicklung, der humanitären Hilfe und der Umwelt, der unter anderem die Regierungschefs von Mosambik, Norwegen und Pakistan angehörten, legte 2006 ihren Bericht vor. Die Schlüsselbotschaft des Berichts lautete, dass die UN einheitlicher auftreten müssten (*deliver as one*). Damit müsse nicht die sofortige Fusion von Organisationen einhergehen, aber es sei unabdingbar, dass sich alle beteiligten Organisationen auf die Verfolgung gemeinsamer Ziele und Strategien einigten. Alles in allem vermied es die Expertengruppe, eine umfassende Reformblaupause mit konkreten Fusionsvorschlägen vorzulegen. Lediglich im Bereich Frauen/*Gender* formulierte sie den Vorschlag, vier bestehende Einrichtungen zu einer neuen, schlagkräftigeren Organisation zusammenzufassen, und setzte sich im

Bereich Umwelt für die Aufwertung des Umweltprogramms *(United Nations Environment Programme*/UNEP) ein. Weitere Vorschläge umfassten die Einrichtung eines Rats für nachhaltige Entwicklung, in den mittelfristig bestehende Aufsichtsgremien der Fonds und Programme integriert würden. Ein neues *Global Leaders Forum* des ECOSOC würde eine globale Führungsrolle in der entwicklungspolitischen Normsetzung übernehmen und auf Ebene der Staats- und Regierungschefs jährlich tagen (Rohner 2007; United Nations 2006).

Der Bericht sorgte für viele Kontroversen zwischen den Mitgliedstaaten, wobei die zentralen Konfliktlinien zwischen den Entwicklungsländern und den Industriestaaten verliefen. Ein wahrgenommener starker Einfluss bestimmter Geber auf den Panel-Prozess und den Bericht verstärkte die Polarisierung zwischen Nord und Süd (Müller 2010: 46–49; Deen 2007). Während verschiedene westliche Staaten einzeln und gemeinsam der Expertengruppe institutionelle Reformvorschläge unterbreitet hatten, war die Gruppe der Entwicklungs- und Schwellenländer in der Debatte von vornherein eher reaktiv und nahm die aktuelle Reformagenda als aufgezwungen und vom Westen dominiert wahr (Center of Concern 2007). Während viele westliche Staaten das Anliegen teilten, durch eine stärkere Zentralisierung die Fragmentierung des UN-Systems zu überwinden und die Vielfalt von Organisationen und Funktionen im UN-System zu rationalisieren, wurden diese Vorschläge von den Interessenorganisationen der Entwicklungsländer, der Gruppe der 77 (G-77) und der Bewegung der Blockfreien (*Non-Aligned Movement*/NAM) abgelehnt. Sie befürchten, dass eine solche Maßnahme die Rolle der Weltorganisation auf Dienstleistungen im Bereich Nothilfe und Entwicklung reduzieren würde – und somit die Stimmen der Entwicklungsländer und aufstrebenden Mächte in der Weltpolitik geschwächt würden. Ähnliche Ablehnung formulierten sie gegenüber der von einigen westlichen Gebern befürworteten stärkeren Fokussierung der UN-Entwicklungszusammenarbeit, da auch hieraus eine weitere Marginalisierung resultieren würde, die zudem aller Wahrscheinlichkeit nach mit finanziellen Einbußen einherginge. Aus Perspektive der Entwicklungs- und Schwellenländer sollte bei Reformen vor allem die Aufwertung der Rolle der Vereinten Nationen in der Weltpolitik, insbesondere in den Bereichen Wirtschaft, Handel und Finanzen, im Mittelpunkt stehen.

Da die Positionen der Staaten sehr weit auseinanderliegen, war der Beschluss von kleinteiligen Reformen der einzige Ausweg (Weinlich 2010: 66–117). Weder ließen sich die Entwicklungsländer davon überzeugen, dass ein rationalisiertes UN-System auch in ihrem Interesse wäre, noch konnten sich Industrieländer dazu durchringen, die UN in wirtschaftlichen Fragen jenseits von Entwicklungspolitik aufzuwerten. Nach einem langen Verhandlungsprozess (Freiesleben 2008; Müller 2010: 54–69, 73–74) konnte sich die Generalversammlung 2010 auf eine Resolution mit greifbaren Ergebnissen einigen. Die wichtigste Entscheidung betrifft die Gründung der *UN Entity for Gender Equality and the Empowerment of Women* (kurz *UN Women*), in der vier bestehende Institutionen zusammengeführt wurden, um die Themen *Gender* und Frauen prominenter in den UN zu verankern. Weiterhin wurden Beschlüsse im Bereich der Finanzierung und *Governance* entwicklungspolitischer UN-Aktivitäten gefasst (Weinlich 2010: 98–99).

Erwähnenswert ist auch die vorsichtige Unterstützung der *Delivering as One*-Pilotinitiative durch die Generalversammlung. Nach der Veröffentlichung des Expertenberichts 2006 hatten sich acht Länder bereiterklärt, dessen Schlüsselbotschaft in die Praxis umzusetzen und unterschiedliche Wege zu erproben, wie das UN-System besser koordinierte Entwicklungshilfe bereitstellen kann. Seit 2007 sind Pakistan, Mosambik, Tansania, Ruanda, Uruguay, die Kapverden, Albanien und Vietnam Pilotländer. Hier agiert das UN-System auf Landesebene mit einem Leiter, einem gemeinsamen Programm, einem Budgetrahmen und häufig mit einem Büro. Oft gibt es einen zusätzlichen, von mehreren Gebern gespeisten Fonds, der die Autorität des Leiters stärken, Anreize für Zusammenarbeit schaffen und Geberländer veranlassen soll, ihre zweckgebundenen Beiträge zu bündeln. Erste Evaluierungen der Pilotversuche sind ermutigend. Trotz großer regionaler, wirtschaftlicher und geografischer Unterschiede haben die Pilotländer einhellig und wiederholt festgestellt, es gäbe „keinen Weg zurück". Das Vorgehen der UN vor Ort scheint strategischer, flexibler und ergebnisorientierter geworden zu sein. Einsparungen wurden möglich, und die Eigenverantwortung der Regierungen wurde gestärkt. Allerdings stiegen die Transaktions- und Koordinationskosten für UN-Organisationen durch gestiegenen Bedarf an Absprachen zum Teil stark an, und der Nachweis größerer entwicklungspolitischer Wirksamkeit steht noch aus (UNDG 2011). Obwohl auch gegen die *Delivering as One*-Initiative, die von einigen Gebern stark finanziell unterstützt wurde, Widerstand von Seiten der G-77 und der Bewegung der Blockfreien bestand, gab es weniger starken Gegenwind als bei anderen Reformfragen. Zwar haben die größeren Entwicklungsländer klar gemacht, dass sie sich keine straff durchorganisierte UN-Vertretung als Gegenüber wünschen, sondern lieber getrennt mit einzelnen Organisationen verhandeln. Die Regierungen der Pilotländer aber wurden zu Fürsprechern der Initiative, und mehr als zehn weitere Entwicklungsländer haben bereits begonnen, in ihrer Zusammenarbeit mit den Vereinten Nationen ähnliche Prinzipien anzuwenden. Auch in den Hauptquartieren der beteiligten UN-Organisationen wurden Prozesse zur Harmonisierung und Vereinfachung von administrativen Regeln innerhalb des Systems erfolgreich angestoßen. Im Herbst 2012 wird die Generalversammlung prüfen, welche Lehren aus der Pilotinitiative für das gesamte System der UN-Entwicklungszusammenarbeit gezogen werden können.

Auch wenn diese Entwicklungen deutlich weniger spektakulär erscheinen als die Abschaffung oder Zusammenlegung von UN-Organisationen, können sie mittel- und langfristig die Entwicklungspolitik der Vereinten Nationen fundamental verbessern. So wächst das System von unten zusammen, wie bereits ersichtlich an der Harmonisierung von Geschäftspraktiken und Budgetverfahren für die Fonds und Programme. Allerdings sind dem Versuch, die Schwächen des UN-Systems durch technische Verbesserungen, Harmonisierung und Koordinierung zu überwinden, Grenzen gesetzt. Es bedarf einer politischen Lösung dafür, dass Geberländer durch die Politik der Zweckbindung eben jene Kohärenz, Effizienz und Effektivität unterlaufen, die sie vom UN-System ansonsten einfordern. Koordinierung innerhalb des UN-Systems kann zwar mehr Kohärenz bringen, löst aber nicht notwendigerweise Interessenkonflikte zwischen UN-Organisationen oder fördert die Arbeitsteilung mit anderen Entwicklungsakteuren. Zudem führt die Nord-Süd-Dynamik weiterhin zu Kompromissen gemäß kleinstem gemeinsamem Nenner, die viel zu oft den UN-Organisationen keine klare Orientierung vorgeben.

Schlussfolgerungen

Das System der Entwicklungszusammenarbeit der Vereinten Nationen ist über die Jahre schrittweise gewachsen und hat nun eine fragmentierte Struktur, die von Doppelung, Ineffizienz und Wettbewerb zwischen den einzelnen Organisationen gekennzeichnet ist. Seine dezentralen Aufsichtsstrukturen und die Notwendigkeit, die Interessen von 193 Staaten in Konsens zu übersetzen, erschweren seine Ausrichtung hin zu größerer Kohärenz und Entwicklungswirksamkeit. Seine aus Finanzzwängen geborene Angebotsorientierung gibt westlichen Geberstaaten großen Einfluss auf die thematische und regionale Ausrichtung. Dies schmälert den Beitrag, den die UN leisten können, um globale entwicklungspolitische Herausforderungen anzugehen. Zurzeit besteht kaum Übereinstimmung zwischen den Staaten, wie das UN-System reformiert werden sollte; es fehlen eine gemeinsame Vision und eine Wertschätzung dessen, was die UN als entwicklungspolitischer Akteur und als Kernstück der *Global Governance*-Architektur zu bieten haben. Die Verhandlungen in New York und Genf spiegeln immer noch die Weltordnung nach Ende des Kalten Krieges wider, auch wenn der Nord-Süd-Gegensatz die globalen Machtstrukturen nicht länger abbildet und in Zeiten weltweiter Krisen eine innovative Entwicklungspolitik notwendig geworden ist. Allerdings sollte nicht übersehen werden, dass der heute anachronistisch anmutende Antagonismus auf der Entscheidung der Industriestaaten basiert, den UN eine Nebenrolle in der Wirtschaftspolitik zuzuweisen. Die Universalität und Neutralität der UN, ihr umfassendes Mandat und die ihr zugrunde liegende Idee eines regelbasierten internationalen Systems – dies sind wichtige Trümpfe, die die Welt in Zeiten globaler Krisen dringend benötig. Schwerfällig und angebotsgetrieben, wie es zurzeit ist, muss sich das UN-System stark verändern, damit es Entwicklungsanforderungen besser antizipieren und zu inklusiven, multidimensionalen und sektorübergreifenden Antworten beitragen kann. Der Schlüssel dazu liegt vor allem bei den Mitgliedstaaten.

Literatur

Browne, Stephen (2011): The UN Development Program and System. London: Routledge.

Center of Concern (2007): A Civil Society Response to the Report of the UN High-Level Panel on System-Wide Coherence, In: <http://www.un-ngls.org/IMG/pdf/UN_Coh_Panel_response-final.pdf> (Zugriff: 27.02.2012).

Deen, Thalif (2007): Systemweite Kohärenz – aus der Sicht des Südens. Die G-77 lehnt eine Verbindung von Entwicklungshilfe und Menschenrechten ab. In: Vereinte Nationen, Jg. 55, Nr. 2, S. 52–55.

Dervis, Kermal (2005): A Better Globalization: Legitimacy, Reform and Governance. Washington D.C.: Centre for Global Development.

DFID [Department for International Development] (2010): Multilateral Aid Review. Ensuring Maximum Value for Money for UK Aid through Multilateral Organisations. London: DFID.

Easterly, William/Pfutze,Tobias (2008): Where does the money go? Best and Worst Practices in Foreign Aid. In: Journal of Economic Perspectives, Jg. 22, Nr. 2, S. 29–52.

Freiesleben, Jonas von (2008): System-Wide Coherence. In: Center for UN Reform Education (Hrsg.): Managing Change at the United Nations. New York: Center for UN Reform Education.

Fues, Thomas (2010): Die Entwicklungszusammenarbeit der Vereinten Nationen: Wirksamkeit, Defizite, Reformperspektiven. In: Faust, Jörg/Neubert, Susanne (Hrsg.): Wirksamere Entwicklungspolitik. Befunde, Reformen, Instrumente. Baden-Baden: Nomos, S. 403–430.

Hüfner, Klaus/Martens, Jens (2000): UNO-Reform zwischen Utopie und Realität: Vorschläge zum Wirtschafts- und Sozialbereich der Vereinten Nationen. Frankfurt am Main: Europäischer Verlag der Wissenschaften.

Jolly, Richard et al. (Hrsg.) (2004): UN Contributions to Development Thinking and Practice. Bloomington: Indiana University Press.

Jolly, Richard et al. (2009): UN Ideas that Changed the World. Bloomington: Indiana University Press.

Messner, Dirk et al. (2005): Governance Reform of the Bretton Woods Institutions and the UN Development System. Washington: Friedrich Ebert Stiftung.

Morton, Bill (2005): Southern Writing on Reform of the International Development Architecture: A Review. Ottawa: The North-South Institute.

Müller, Joachim (Hrsg.) (2010): Reforming the United Nations. Leiden: Martinus Nijhoff Publishers.

OECD (2010): 2010 DAC Report on Multilateral Aid. Paris: OECD.

Riddell, Roger (2007): Does Foreign Aid Really Work? Oxford: Oxford University Press.

Rohner, Francois (2007): Systemweite Kohärenz – aus der Sicht des Nordens. Die Reformvorschläge zu den UN-Entwicklungsaktivitäten sind wegweisend. In: Vereinte Nationen, Jg. 55, Nr. 2, S. 45–51.

Rosenthal, Gert (2005): The Economic and Social Council of the United Nations. An Issues Paper. New York: Friedrich Ebert Stiftung.

Scott, Allison et al. (2008): Assessing Multilateral Organisation Effectiveness (= Evaluation Study 2008/3). Kopenhagen: Ministry of Foreign Affairs of Denmark.

Severino, Jean-Michel/Ray, Olivier (2009): The End of ODA: Death and Rebirth of a Global Public Policy. Washington D.C.: Center for Global Development.

Severino, Jean-Michel/Ray, Olivier (2010): The End of ODA (II): The Birth of Hypercollective Action. Washington D.C.: Center for Global Development.

Stokke, Olav (2009): The UN and Development. From Aid to Cooperation. Bloomington: Indiana University Press.

UNDG [United Nations Development Group] (2011): Country-Led Evaluations. In: http://www.undg.org/index.cfm?P=1292 (Zugriff: 25.10.2011).

UNDP [United Nations Development Programme] (2010): Status of Regular Funding Commitments to the United Nations Development Programme and its Associated Funds and Programmes for 2010 and onward. Report for the Executive Board's Annual Session 2010, 24.05.2010. New York: UNDP.

United Nations (2006): Delivering as One. Report of the High-Level Panel on United Nations System-wide Coherence in the Areas of Development, Humanitarian Assistance and the Environment, A/61/583, 20.11.2006. New York: United Nations.

United Nations (2010): Analysis of the Funding of Operational Activities for Development of the United Nations System for 2008. Report of the Secretary-General, A/65/79-E/2010/76, 14.05.2010. New York: United Nations.

United Nations (2011a): Analysis of the Funding of Operational Activities for Development of the United Nations System for 2009. Report of the Secretary-General, A/66/79–E/2011/107, 06.05.2011. New York: United Nations.

United Nations (2011b): Results Achieved and Measures and Processes Implemented in Follow-Up to General Assembly Resolution 62/208 on the Triennial Comprehensive Policy Review of Operational Activities for Development of the United Nations System. Report of the Secretary-General, E/2011/112, 09.05.2011. New York: United Nations.

Vatterodt, Martina (2007): Die Umsetzung der Paris-Erklärung zur Wirksamkeit der Entwicklungszusammenarbeit der Vereinten Nationen: Stand und weiterer Reformbedarf (= Studies 31). Bonn: Deutsches Institut für Entwicklungspolitik.

Weinlich, Silke (2010): Die Reform der Entwicklungszusammenarbeit der Vereinten Nationen: eine Analyse des Verhaltens und der Positionierung wichtiger Staaten gegenüber Reformoptionen (= Studies 55). Bonn: Deutsches Institut für Entwicklungspolitik.

Weiss, Thomas G. (2010): ECOSOC is Dead, Long Live ECOSOC. New York: Friedrich Ebert Stiftung.

Hartmut Sangmeister

Pekinger *Package Deals*:
die Entwicklungszusammenarbeit der Volksrepublik China[1]

1. Die Auslandshilfe der Volksrepublik China während der Mao-Ära

Am 10. August 2010 wurde in der Messehalle des Pekinger Handelszentrums in Anwesenheit führender chinesischer Politiker eine Ausstellung eröffnet, mit der unter dem Motto „Große Wege kennen keine Grenzen" 60 Jahre chinesische Auslandshilfe gewürdigt wurden. Tatsächlich ist die Volksrepublik China nicht mehr nur ein *emerging donor*, als der sie lange Zeit in der *development community* wahrgenommen wurde. Schon bald nach ihrer Gründung 1949 hat die Volksrepublik China anderen Staaten Hilfe geleistet: Bereits 1954 half China den Nachbarländern Nordvietnam und Nordkorea bei dem Wiederaufbau kriegszerstörter Straßen, Eisenbahnen und Häfen sowie bei der Errichtung kompletter Industrieanlagen. Nach der Bandung-Konferenz von 1955 wurde die chinesische Auslandshilfe zunehmend auch anderen Entwicklungsländern angeboten. Auf der Konferenz im indonesischen Bandung hatten die dort vertretenen 23 asiatischen und sechs afrikanischen Staaten versucht, sich auf der weltpolitischen Bühne als „Dritte Welt" zu positionieren, zwischen der „Ersten Welt", dem von den USA geführten westlichen Bündnis, und der „Zweiten Welt" unter Führung der Sowjetunion. Eine wichtige Rolle bei der Formulierung der „Zehn Prinzipien friedlicher Koexistenz", die auf der Bandung-Konferenz verabschiedet wurden, spielte Chinas Ministerpräsident *Zhou Enlai* (1898–1976), der die Chance erkannt hatte, die „blockfreien Staaten" als Verbündete zur Durchsetzung ideologischer, politischer und wirtschaftlicher Ziele zu gewinnen (Sasse 1958: 52–54; Lütt 2005: 143). Grundsätze der Bandung-Konferenz – wie Achtung der Souveränität und territorialen Integrität aller Staaten, Nichteinmischung in die inneren Angelegenheiten anderer Nationen, Gleichberechtigung und gegenseitiger Nutzen – finden sich auch heute noch immer wieder in offiziellen Erklärungen der chinesischen Außenpolitik.

Für die chinesische Auslandshilfe legte Ministerpräsident *Zhou Enlai* 1964 bei seinem Besuch in Somalia acht Prinzipien fest, die auch als Grundsätze der wirtschaftlichen und technischen Unterstützung anderer afrikanischer Länder gelten sollten (Matthies 1969: 30–31):

---

1 Wertvolle Hinweise zu diesem Beitrag und wichtige Informationen aus chinesischen Quellen verdanke ich Junhong Meng, M. A.

1. Grundsatz der Gleichheit und des gegenseitigen Nutzens.
2. Respekt vor der Souveränität des Empfängerlandes und Verzicht auf mit der Hilfe verbundene Bedingungen und Privilegien.
3. Gewährung langfristiger, zinsvergünstigter Kredite.
4. Hilfeleistung ohne das Ziel, das Empfängerland von China abhängig zu machen.
5. Förderung von Projekten mit geringem Investitionsaufwand, aber schneller Produktionsaufnahme.
6. Bereitstellung höchstqualifizierten Materials zu Weltmarktpreisen und Ersatz für Fehllieferungen.
7. Ausreichende Ausbildung einheimischen Fachpersonals bei Lieferung spezieller Ausrüstungen.
8. Verbot für chinesische Experten, auf höherem Niveau zu leben als die Bevölkerung im Empfängerland.

Mit diesen acht Prinzipien wollte sich China vor allem in den jungen afrikanischen Staaten, die ihre Unabhängigkeit erst seit kurzem von den jeweiligen europäischen Kolonialmächten errungen hatten, deutlich von der Entwicklungshilfe westlicher Geberländer unterscheiden.

Bis zu Beginn der Öffnungspolitik unter *Deng Xiaoping* (1904–1997) Ende der 1970er Jahre standen für die chinesische Auslandshilfe ideologische und politische Interessen im Vergleich zu wirtschaftlichen Interessen eindeutig im Vordergrund. „Bruderländer", die gegen die „imperialistische Unterdrückung" kämpften, sollten unterstützt werden, und es galt, Verbündete in den Entwicklungsländern für *Mao Zedongs* (1893–1976) Vorstellungen für den Aufbau des Sozialismus zu gewinnen. Folgerichtig war beispielsweise Kuba nach dem Sieg der Revolution auf der Karibikinsel das erste lateinamerikanische Land, mit dem die Volksrepublik China 1960 diplomatische Beziehungen aufnahm. Bereits 1956 waren mit Ägypten als erstem Land auf dem afrikanischen Kontinent diplomatische Beziehungen aufgenommen worden, dessen Staatspräsident *Gamal Abdel Nasser* (1918–1970) sich auf der Bandung-Konferenz als eine der zentralen Figuren der blockfreien Staaten profiliert hatte. Auch Albanien erhielt nach 1961 chinesische Auslandshilfe, nachdem der albanische Staatspräsident *Enver Hoxha* (1908–1985) mit der Sowjetunion gebrochen und sich China zugewandt hatte. Als größtes und populärstes Projekt der chinesischen Auslandshilfe während der *Mao*-Ära gilt der Bau der *Tanzam*-Bahn in den Jahren 1968 bis 1976; mit dieser fast 2.000 km langen Eisenbahnstrecke zwischen Sambia und Tansania erhielt Sambia eine Exportroute für sein Kupfererz zum Hafen in Dar-es-Salaam, um sich damit unabhängig von dem Wohlwollen der damaligen weißen Minderheitsregierungen in Südrhodesien und Südafrika zu machen.

2. Pragmatische Verfolgung von Wirtschaftsinteressen statt Ideologieexport

Mit der chinesischen Öffnungspolitik von *Deng Xiaoping* und seinem „Sozialismus chinesischer Prägung" konzentrierte sich die Volksrepublik China auf die Entwicklung und Modernisierung der eigenen Wirtschaft, was gleichzeitig einen deutlichen Rückgang der Ausgaben für Auslandshilfe bedeutete. Erst seit den 1990er Jahren hat China seine Mittel für wirtschaftliche Zusammenarbeit und Entwicklung allmählich wieder erhöht, um nun aber vor allem wirtschaftliche Interessen durchzusetzen. Entsprechend den 1983 von dem damaligen Premierminister *Zhao Ziyang* festgelegten vier Prinzipien für die wirtschaftliche und technische Zusammenarbeit mit Afrika sollten dabei 1. der gegenseitige Nutzen und die Gleichberechtigung der Partner stehen; 2. sind mit kleineren Investitionen und deren Fertigstellung in kürzerer Zeit schnellere Ergebnisse zu erzielen; 3. bedient sich die Zusammenarbeit einer Vielzahl von Methoden und Instrumenten; und 4. soll die Zusammenarbeit der gemeinsamen Entwicklung dienen (Beijing Review 1983: 19).

Seit Beginn der chinesischen Auslandshilfe wird immer betont, dass die Zusammenarbeit auf dem Prinzip des gegenseitigen Nutzens und der Gleichberechtigung der Partner basiere. Diesen partnerschaftlichen Sprachstil pflegt Peking allerdings nicht bei der Durchsetzung seiner „Ein-China-Doktrin". Mit dieser Doktrin als eine Konstante der chinesischen Außenpolitik begründet Peking seinen Alleinvertretungsanspruch gegenüber Taiwan (*Republic of China*) und nutzt daher auch sein entwicklungspolitisches Engagement als außenpolitisches Instrument in der diplomatischen Rivalität mit Taiwan. Auslandshilfe erhalten nur Staaten, die keine diplomatischen Beziehungen zu Taiwan unterhalten beziehungsweise die bereit sind, den Partner zu wechseln. So brach beispielsweise der karibische Inselstaat Dominica 2004 nach über zwanzig Jahren die diplomatischen Beziehungen zu Taiwan ab, nachdem die Volksrepublik China dem Inselstaat 122 Millionen US-Dollar Entwicklungshilfe in Aussicht stellte – mehr als das Zehnfache der Mittel, die Taiwan bislang bezahlt hatte. Auch Costa Rica brach im Juni 2007 nach fast 60 Jahren die diplomatischen Beziehungen zu Taiwan ab und nahm stattdessen Beziehungen zu der Volksrepublik China auf, was Staatspräsident *Oscar Arias* damit rechtfertigte, dass sein Land das Verhältnis zu der asiatischen Großmacht China stärken müsse, um ausländische Investitionen anzuziehen (Sangmeister/Zhang 2008: 11).

Im Zuge der zunehmenden Integration Chinas in die weltwirtschaftliche Arbeitsteilung und dem damit einhergehenden rasanten wirtschaftlichen Aufstieg der chinesischen Volkswirtschaft wurden gegenüber früheren Jahren erheblich mehr finanzielle Mittel für wirtschaftliche und technische Zusammenarbeit mit anderen Entwicklungsländern bereitgestellt; zugleich wurde die inhaltliche Ausrichtung der Zusammenarbeit der veränderten Interessenlage Pekings angepasst. Dies bedeutet, durch Süd-Süd-Kooperationen auch die Deckung des wachsenden Bedarfs an Rohstoffen der chinesischen Wirtschaft und die Erschließung neuer Märkte zu fördern. Die aktualisierte Devise, die Chinas Staatspräsident *Hu Jintao* anlässlich des 60. Jahrestages der Gründung der Vereinten Nationen 2005 festlegte, lautete: „Die weltweite Entwicklung fördern, um gemeinsamen Wohlstand zu erreichen!" Zur Intensivierung der Zusammenarbeit mit Entwicklungsländern stellte *Hu Jintao* fünf Maßnahmen in Aussicht (Hu Jintao 2005):

1. Zollfreiheit für bestimmte Produkte aus den 39 *Least Developed Countries* (LDC), die diplomatische Beziehungen mit der Volksrepublik unterhalten.
2. Ausweitung der Zusammenarbeit mit den *Heavily Indebted Poor Countries* (HIPC) und den LDC; bilaterale Schuldenreduzierung oder Schuldenerlass der Ende 2004 fälligen Kredite von HIPC, mit denen diplomatische Beziehungen bestehen.
3. Bereitstellung finanzieller Mittel in Höhe von 10 Milliarden US-Dollar innerhalb von drei Jahren für zinsvergünstigte Kredite an Entwicklungsländer, um die dortige Infrastruktur zu verbessern und die Zusammenarbeit zwischen Unternehmen beider Länder zu fördern.
4. Ausweitung der Hilfe für Entwicklungsländer, insbesondere in Afrika, innerhalb von drei Jahren durch Bereitstellung von Anti-Malaria-Medikamenten und anderen Arzneien, durch Verbesserung medizinischer Einrichtung und Ausbildung medizinischen Personals.
5. Ausbildung von 30.000 Fachkräften verschiedenster Berufsrichtung innerhalb von drei Jahren, um den Entwicklungsländern zu helfen, den Ausbau ihrer Humanressourcen zu beschleunigen.

Tatsächlich hat China seine Mittel für Entwicklungszusammenarbeit in den zurückliegenden Jahren erheblich ausgeweitet. Nach Angaben des *Development Assistance Committee* (DAC) der OECD – dem „Club" der westlichen Geberländer – war die Volksrepublik China von den Nicht-DAC-Staaten der Geber, der 2009 nach Saudi-Arabien die meisten Mittel für Entwicklungsfinanzierung zur Verfügung stellte (DAC 2011). Vermutlich auch als Antwort auf die DAC-Kritik an mangelnder Transparenz der chinesischen Entwicklungszusammenarbeit hat der Staatsrat der Volksrepublik im April 2011 ein Weißbuch zu „China's Foreign Aid" veröffentlicht. Darin wird betont, dass China selbst ein Entwicklungsland sei, aber stets sein Bestmögliches getan habe, um anderen Entwicklungsländern mit wirtschaftlichen Schwierigkeiten Hilfe anzubieten und seine internationalen Verpflichtungen zu erfüllen. Das Weißbuch bietet erstmalig einen Überblick über Umfang, Struktur und Modalitäten der chinesischen Zusammenarbeit mit Entwicklungsländern und liefert statistische Daten bis zum Jahr 2009 (The State Council of The People's Republic of China 2011).

Chinas Selbstdarstellung seiner Entwicklungszusammenarbeit

Auf Bitten des *Development Assistance Committee* der OECD hat die Volksrepublik China einen Standardfragebogen zu Süd-Süd-Kooperationen ausgefüllt. Hier einige der Fragen und Antworten:

„1. What are the main objectives and elements of your South-South Cooperation policy?
As a developing country striving for its own socio-economic development, China has been actively engaged itself in economic and technical cooperation with other developing countries, under the framework of South-South Cooperation, sincerely helping recipient countries in their economic and social development and self-reliance capacity building, and enabling the local people benefit directly and extensively from aid projects. In providing assistance to other developing countries, China follows the principles of equality and mutual benefit, strictly respecting recipient countries' sovereignty and noninterference of their internal affairs. China highly values the fulfillment of MDGs. China's assistance is committed to helping other developing countries for poverty reduction, popularizing primary education, improving health conditions, environmental protection and realizing sustainable development. China will fully support the UN as always and actively promote the earlier materialization of MDGs.
Since 1950, China has provided assistance to more than 100 countries of Africa, Asia, Latin America and Pacific Region. China has helped these countries complete about 2,000 projects closely linked with local people's production activity and daily life, covering such fields as industry, agriculture, culture and education, sanitation, communication, electric power, energy, transportation, social and public facilities, etc. In addition, China has provided large quantities of goods and materials and a small amount of foreign currency cash assistance. About 10,000 officials, managerial and technical personnel have received training in China. China has also provided emergent humanitarian assistance, and dispatched medical teams to some developing countries. In recent years, China has unconditionally cancelled 374 debts for 49 countries.
2. Do you specifically address TRADE-RELATED activities in your overall Cooperation policy?
Various trade-related elements are part of our Cooperation policy: (1) Duty-free and quota-free market access to products that related Least Developed Countries have the ability to export, covering 95 % of their total exports to China; (2) Focus on supply side constraints of other developing countries through assistance to large construction projects such as roads, ports and factories; (3) the training programmes to personnel of other developing countries to share our experience of economic and trade development.
7. How do you measure the success of your trade-related cooperation activities? For example, do you use specific monitoring and evaluation guidelines of ensure effectiveness?
During over 50 years' practice and development, China has established a complete set of evaluation system for its development cooperation activities, including the trade related ones. The evaluation system includes the whole process from inspection before project approval, professional inspection after project approval, mid-term examination during project execution, project completion acceptance and post-project evaluation etc. Meanwhile, China is making continuous adjustment and improvement to this evaluation system according to the requirement of recipients and the ever changing conditions, to ensure the best aid effects. China always takes recipient countries' degree of satisfaction towards the projects as one of the most important indicators of evaluating aid effectiveness."

Quelle: http://www.oecd.org/dataoecd/43/8/43148076.pdf (Zugriff: 08.12.2011)

Den Angaben des Weißbuches „China's Foreign Aid" zufolge hat die Volksrepublik bis Ende 2009 im Rahmen der Süd-Süd-Zusammenarbeit Leistungen an 161 Entwicklungsländer sowie Organisationen der multilateralen Entwicklungszusammenarbeit (wie zum Beispiel das *United Nations Development Programme*/UNDP) im Gesamtwert von ca. 39 Milliarden US-Dollar erbracht.[2] Der mit Abstand größte Anteil entfiel mit rund 46 Prozent auf Staaten in Afrika, gefolgt von asiatischen Ländern, die knapp ein Drittel der chinesischen Auslandshilfe erhielten (Abbildung 1). In dem Weißbuch wird betont, dass 41 Prozent der Leistungen als Schenkung erbracht worden seien, weitere 29 Prozent in Form zinsloser Kredite und 30 Prozent als Kredite zu Vorzugskonditionen.

Abbildung 1:
Geographische Verteilung der chinesischen Auslandshilfe bis Ende 2009

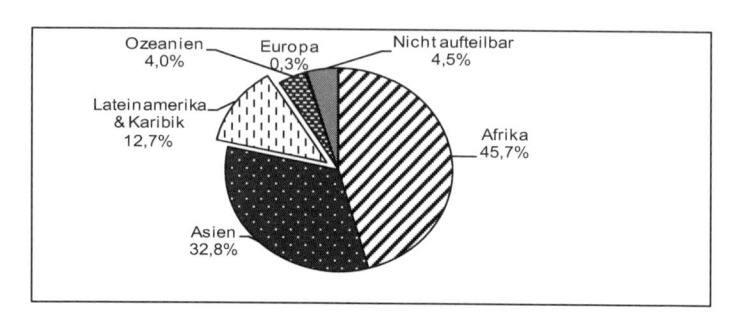

- Ozeanien 4,0%
- Europa 0,3%
- Nicht aufteilbar 4,5%
- Lateinamerika & Karibik 12,7%
- Afrika 45,7%
- Asien 32,8%

Quelle: The State Council of The People's Republic of China (2011: 10)

Wie viele Mittel China einzelnen Ländern im Rahmen seiner Entwicklungszusammenarbeit bereitstellt, lässt sich aus den verfügbaren Angaben nicht systematisch überprüfen. Die Transparenz der chinesischen Geberleistungen ist begrenzt, zumal die Übergänge zwischen Entwicklungszusammenarbeit, chinesischen Direktinvestitionen sowie Investitions- und Handelskrediten fließend sind. Auch die Abgrenzungskriterien zwischen humanitärer Hilfe, technischer und finanzieller Zusammenarbeit sowie Exportförderung sind nicht eindeutig. Die von amtlicher chinesischer Seite veröffentlichten Daten zu den Leistungen der chinesischen Entwicklungszusammenarbeit sind mit entsprechenden Angaben der DAC-Geberländer aus mehreren Gründen nicht vergleichbar. Während sich in den westlichen Geberländern Entwicklungspolitik als eigenständiges, abgrenzbares Politikfeld herausgebildet hat, ist dies in China (noch?) nicht der Fall (Fues/Grimm/Laufer 2006: 2). Die Volksre-

---

2 In dem Weißbuch „China's Foreign Aid" werden die Gesamtausgaben bis Ende 2009 auf 256,29 Milliarden Yuan beziffert; allerdings ist nicht der Beginn der Berechnungsperiode genannt (The State Council of The People's Republic of China 2011: 4). Unter der stark vereinfachenden Annahme eines durchschnittlichen Umrechnungskurses für den gesamten Berichtszeitraum von 1 US-Dollar = 6,6 Rimbini ergibt sich die Summe von 38,83 Milliarden US-Dollar.

publik versteht ihr entwicklungspolitisches Engagement in einem anderen Land nicht lediglich als *Official Development Finance* (ODF) im Rahmen eines Geber-Nehmer-Verhältnisses, sondern sieht Unterstützungsangebote in den Gesamtkomplex ihrer wirtschafts- und außenpolitischen Zielsetzungen für Süd-Süd-Kooperationen eingebunden. Integraler Bestandteil der chinesischen Politik ist die enge Verzahnung der Entwicklungszusammenarbeit mit Elementen der Außen- und Wirtschaftspolitik (Gehrold/Tietze 2011: 111).

Eine mit den Rechenschaftsberichten der DAC-Geberländer vergleichbare Bestandsaufnahme der chinesischen Entwicklungszusammenarbeit gestaltet sich schwierig, da sie sich nicht an DAC-Kriterien wie beispielsweise denjenigen für *Official Development Assistance* (ODA) orientieren kann, die in der amtlichen chinesischen Berichterstattung keine Anwendung finden. Zwar sieht China die *Millennium Development Goals* (MDG) der Vereinten Nationen als verbindlich für seine Entwicklungszusammenarbeit an und hat 2005 auch die *Paris Declaration on Aid Effectiveness* unterzeichnet – dies aber lediglich in der Eigenschaft als Empfängerland von ODA-Leistungen der DAC-Staaten und nicht als Geberland selbst.

3. Institutionen und Instrumente der chinesischen Entwicklungszusammenarbeit

Wie die Entwicklungszusammenarbeit in den Gesamtzusammenhang der chinesischen Außen- und Wirtschaftspolitik einzuordnen ist, wird an den institutionellen Zuständigkeiten deutlich (Abbildung 2). Allerdings sind die Zuständigkeiten innerhalb der staatlichen chinesischen Entwicklungszusammenarbeit stark fragmentiert. Parallelstrukturen mit unklarer Abgrenzung der Befugnisse sowie mangelnde Transparenz der Zuständigkeiten erschweren die Koordination zwischen den beteiligten Akteuren und verunsichern auch die Partner in den Empfängerländern. Zudem ändert sich das Organigramm der chinesischen Entwicklungszusammenarbeit häufig. Im Interesse einer effizienten und effektiven Entwicklungspolitik der Volksrepublik plädieren chinesische Wissenschaftler für eine einheitliche, gut organisierte und staatliche Institution mit alleiniger Zuständigkeit für die Durchführung der Entwicklungszusammenarbeit auf der operativen Ebene (Meng 2010: 151).

Unterhalb des *State Council*, dem generell die Befugnisse für die Festlegung politischer Strategien und Richtlinien zustehen, ist das *Ministry of Finance* (MOF) zuständig für die Zuweisung der finanziellen Mittel an nachgeordnete Instanzen der wirtschaftlichen Kooperation und der Entwicklungszusammenarbeit. Dies sind insbesondere das *Ministry of Commerce* (MOFCOM), die *Export-Import-Bank of China* (EXIM-Bank) sowie die *China Development Bank* (CDB). MOFCOM verwaltet alle Leistungen mit einem vollständigen Schenkungselement. Die EXIM-Bank ist zuständig für die Vergabe zinssubventionierter Kredite an Entwicklungsländer sowie von zinsvergünstigen Krediten an Käufer chinesischer Produkte in Entwicklungsländern. Für diese Kreditgeschäfte erhält die EXIM-Bank den Zinszuschuss von dem MOF beziehungsweise dem MOFCOM und refinanziert die Kapitalauslagen durch Emission eigener Anleihen. Die Vermittlungsfunktion zwischen China und den Empfängerländern chinesischer Leistungen der Entwicklungszusammenarbeit nimmt das *Ministry of Foreign Affairs* (MFA) wahr, das auch Beratungsfunktionen bei Vorhaben und bei entwicklungspolitischen Konferenzen ausübt. Innerhalb des MOFCOM ist das *Department of Foreign Aid* als leitendes Organ zuständig für die Festlegung von Vorschriften und Regeln im Bereich der Entwicklungszusammenarbeit. Management, Durchführung und Evaluierung der chinesischen Entwicklungsprojekte auf der operativen Ebene sind dem *Executive Bureau of International Economic Cooperation* des MOFCOM übertragen. Das *Department of Outward Investment and Economic Cooperation* steuert die chinesischen Unternehmen, die in Entwicklungsländern Projekte umsetzen. Lediglich beratende Funktionen für die chinesische Zusammenarbeit mit Entwicklungsländern haben innerhalb des MOFCOM die Regionalabteilungen *Asian Affairs*, *Western Asian & African Affairs* sowie *American and Oceanian Affairs*.

Abbildung 2:
Das Institutionengefüge der chinesischen Entwicklungszusammenarbeit

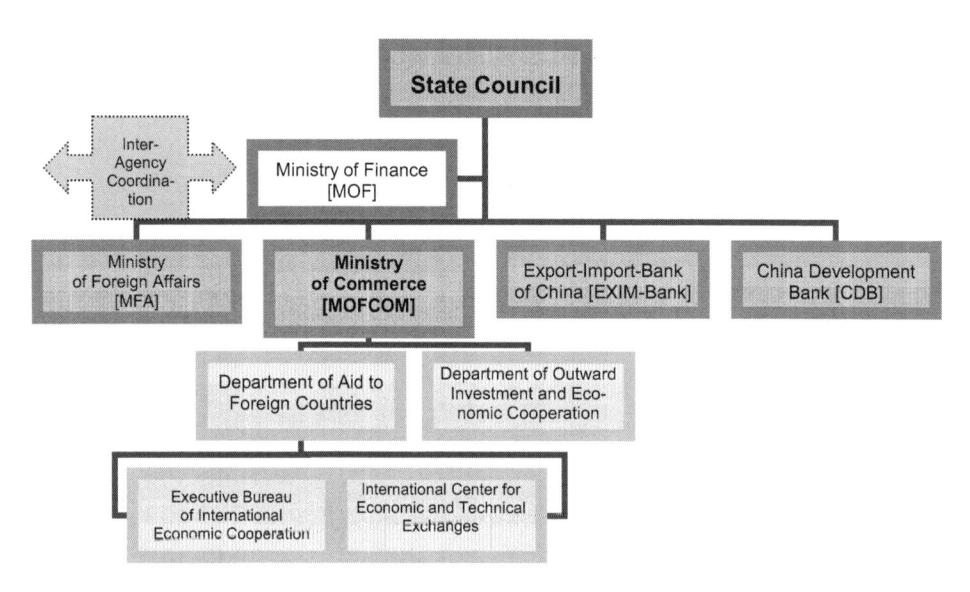

Quelle: Sangmeister (2011a: 3)

> **Die Aufgaben des MOFCOM-Department of Aid to Foreign Countries**
>
> „To formulate and implement plans and policies of foreign aid, to boost the reform on China's foreign aid methods, to organize negotiations on foreign aid and sign related agreements, to tackle inter-governmental aid affairs; to formulate and implement foreign aid plans; to supervise and inspect the implementation of foreign aid projects."

Quelle: http://yws2.mofcom.gov.cn/ (Zugriff: 08.12.2011)

Abhängig von dem jeweiligen Partnerland und dem Vorhaben, das im Rahmen der Entwicklungszusammenarbeit durchgeführt werden soll, bietet China folgende Finanzierungsmodalitäten an:

- Nicht rückzahlbare Zuschüsse *(grant aid)*, die überwiegend als Sachwerte aus chinesischer Produktion bereitgestellt werden (beispielsweise für Krankenhäuser sowie für Ausbildung und humanitäre Hilfe).
- Zinsfreie Kreditfinanzierung der chinesischen Regierung, insbesondere für Infrastrukturprojekte im Partnerland.
- Kredite der EXIM-Bank mit vergünstigten Zinssätzen (in der Regel zwei bis drei Prozent *per annum*, mit Laufzeiten von 15 bis 20 Jahren bei fünf bis sieben tilgungsfreien Jahren); die Bank erhält die Differenz zwischen Marktzins und konzessionärem Zins als Subvention von MOFCOM.

Von den gesamten Finanzmitteln, die bis 2009 im Rahmen der chinesischen Auslandshilfe bereitgestellt worden waren, entfielen 41,4 Prozent auf nichtrückzahlbare Zuschüsse, 28,7 Prozent auf zinsfreie Kredite und 29,9 Prozent auf Kredite zu konzessionären Zinssätzen (The State Council of The People's Republic of China 2011: 4). Zudem hat China bis Ende 2009 offiziellen Angaben zufolge 50 Entwicklungsländern Schulden in Höhe von insgesamt umgerechnet 38,8 Milliarden US-Dollar erlassen (The State Council of The People's Republic of China 2011: 9).[3]

---

3   Die chinesische Regierung beziffert den gesamten Schuldenerlass auf 255,8 Milliarden Yuan; dies entspricht unter der Annahme eines durchschnittlichen Umrechnungskurses für den gesamten Berichtszeitraum von 1 US-Dollar = 6,6 Rimbini 38,76 Milliarden US-Dollar; siehe hierzu Fußnote 2.

Abbildung 3:
Sektorale Verteilung der bis Ende 2009 mit konzessionären Krediten Chinas finanzierten Vorhaben in Entwicklungsländern

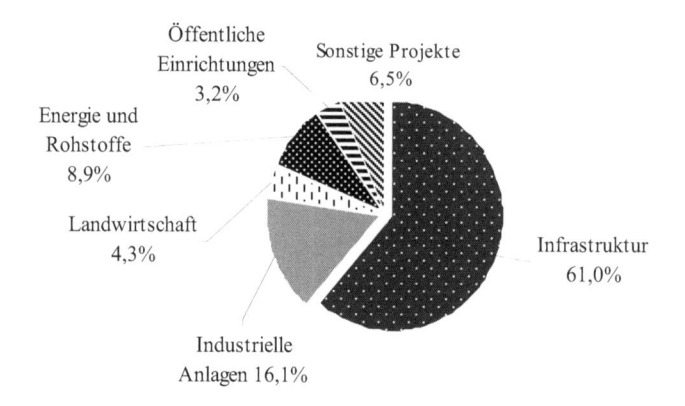

Öffentliche Einrichtungen 3,2%
Sonstige Projekte 6,5%
Energie und Rohstoffe 8,9%
Landwirtschaft 4,3%
Industrielle Anlagen 16,1%
Infrastruktur 61,0%

Quelle: The State Council of The People's Republic of China (2011: 5)

Die Finanzierungsmodalitäten sind auf Einzelprojekte abgestimmt, die in der bilateralen Entwicklungszusammenarbeit Chinas die Regel sind. Programm- oder Budgethilfen, wie sie westliche Geberländer bereitstellen, werden von China nicht angeboten. Projektfinanzierungen werden in der Regel im Rahmen umfassender Abkommen zur wirtschaftlichen Zusammenarbeit vereinbart und sind insofern Teil des Handels- und Investitionsengagements Chinas in dem betreffenden Entwicklungsland (Asche/Schüller 2008: 35). Schwerpunkte des entwicklungspolitischen Engagements der Volksrepublik in Entwicklungsländern waren und sind Projekte zum Ausbau der Infrastruktur (Abbildung 3); dies gilt insbesondere für die chinesische Zusammenarbeit mit Staaten Afrikas wie Angola, Nigeria, Sudan und Äthiopien (Dieterich 2007; Foster et al. 2008: 20). Häufig stehen solche Infrastrukturprojekte in engem Zusammenhang mit der Erschließung und Ausbeutung von Rohstofflagerstätten oder Energieressourcen durch chinesische (meist halbstaatliche) Unternehmen. Zur Finanzierung von Infrastrukturprojekten in Entwicklungsländern stellt China wesentlich mehr Mittel bereit als andere Geber. So wurden beispielsweise in dem Zeitraum 2001 bis 2006 von der Weltbank und der Afrikanischen Entwicklungsbank 2,1 Milliarden US-Dollar für Infrastrukturprojekte in Afrika bereitgestellt, von China im selben Zeitraum aber mit 12 Milliarden US-Dollar ein Vielfaches (Seifert 2008: 13).

Neben Infrastrukturprojekten finanziert China in Entwicklungsländern auch konventionelle Projekte der Technischen Zusammenarbeit, vor allem in den Bereichen ländliche Entwicklung und medizinische Versorgung, bei der auch Behandlungsmethoden der traditionellen chinesischen Medizin vermittelt werden. An der Zusammenarbeit im Gesundheitswesen sind chinesische Provinzen beteiligt, die Ärzteteams in andere Entwicklungsländer entsenden; so waren beispielsweise medizinische Teams der chinesischen Provinz Shaanxi in Mauretanien, Guinea und im Sudan tätig (Drew 2005: 5). In den Bereichen Bildung und Kultur bietet China eine breite Palette der Zusammenarbeit mit anderen Entwicklungsländern an, wie den Bau von Schulen, Vergabe von Stipendien oder die Ausbildung von Fachkräften in China. Im Rahmen des chinesischen TCDC-Programms (*Technical cooperation among developing countries*) besteht die Möglichkeit der kostenlosen Teilnahme an Trainingskursen in Bereichen wie Agrarwirtschaft, Informatik, Solarenergie, medizinische Schulung; Interessenten aus Entwicklungsländern können sich bei der Wirtschaftsabteilung der chinesischen Botschaft in dem jeweiligen Land bewerben und müssen lediglich die Reisekosten nach China selbst tragen. Vor allem in afrikanischen Ländern hat China seine bildungs- und kulturpolitischen Kooperationsangebote in den zurückliegenden Jahren erheblich ausgeweitet. Bis Ende 2009 vergab die chinesische Regierung fast 30.000 Stipendien an Studierende aus Afrika, insbesondere für technische und naturwissenschaftliche Studiengänge (Presseamt des Staatsrates der Volksrepublik China 2011).

4. Chinesische Spezialitäten: *complete projects* und das Angola-Modell

Etwa 40 Prozent der chinesischen Vorhaben im Rahmen der Entwicklungszusammenarbeit werden als *complete projects* durchgeführt, überwiegend Infrastrukturprojekte, die von chinesischer Seite mit nicht rückzahlbaren Zuschüssen oder zinsfreien Krediten finanziert werden (The State Council of The People's Republic of China 2011: 5). Für *complete projects* ist auch die Bezeichnung *turnkey projects* oder *package deals* üblich; jedoch wird dieser Begriff wegen der negativ besetzten Konnotation der englischen Bezeichnung *package deals* in der internationalen *development community* von offizieller chinesischer Seite vermieden. *Complete projects* sind umfassende Problemlösungsangebote im Rahmen komplexer Finanzierungs-, Investitions- und Sachleistungsgeschäfte. Alle Komponenten des gesamten Projektlebenszyklus – von der Planung bis zur Fertigstellung des Vorhabens – werden von China geliefert; lokale Projekt*inputs*, wie Arbeitskraft und Materialien, finden dabei meist nur in relativ geringem Maße Verwendung. Solchen *complete projects* wird zugute gehalten, dass sie eine effiziente Durchführung garantieren und in kürzerer Zeit fertig gestellt werden als vergleichbare Projekte westlicher Geberländer, deren Planungs- und Ausschreibungsverfahren zeitaufwändiger sind; sie gelten auch als weniger korruptionsanfällig, da Geld „vor Ort" nicht direkt fließt. So erklärte der senegalesische Staatspräsident *Abdoulaye Wade* in der Zeitung „Financial Times", dass Verhandlungen mit der Weltbank zur Finanzierung von Infrastrukturprojekten bis zu fünf Jahre in Anspruch nehmen würden, während solche Verhandlungen mit China nur drei Monate dauerten. Und darauf käme es an, denn Afrika benötige eine solide Infrastruktur, und zwar nicht erst morgen, sondern bereits heute (Scheen 2008).

Die Aufträge zur Durchführung von *complet projects* werden überwiegend an Unternehmen in China vergeben; jedoch stößt diese Form der *tied aid*, gegen die sich die DAC-Geberländer für ihre Entwicklungszusammenarbeit schon vor längerer Zeit ausgesprochen haben, immer häufiger auf Kritik auch in den Empfängerländern selbst. Kritisiert wird vor allem der Einsatz chinesischer anstelle lokal verfügbarer Arbeitskräfte, ebenso wie die Vergabe der Bauaufträge an Unternehmen aus China. Zweifel an der Qualität der von China geplanten Bauten werden ebenso geäußert wie der Vorwurf unzureichender Anpassung an lokale Gegebenheiten wie Klima und Baustil. Zu Konflikten in der Implementierungsphase der Vorhaben führt auch die Verletzung nationaler Vorschriften, da bei der Planung die in China geltenden Bau- und Umweltstandards zugrunde gelegt werden. Immer wieder kommt es daher zu Protestaktionen lokaler Bevölkerungsgruppen, die zu Verzögerungen bei der Fertigstellung der Infrastruktur- und Bauprojekte führen.

Abbildung 4:
Das chinesische „Angola-Modell" der Zusammenarbeit

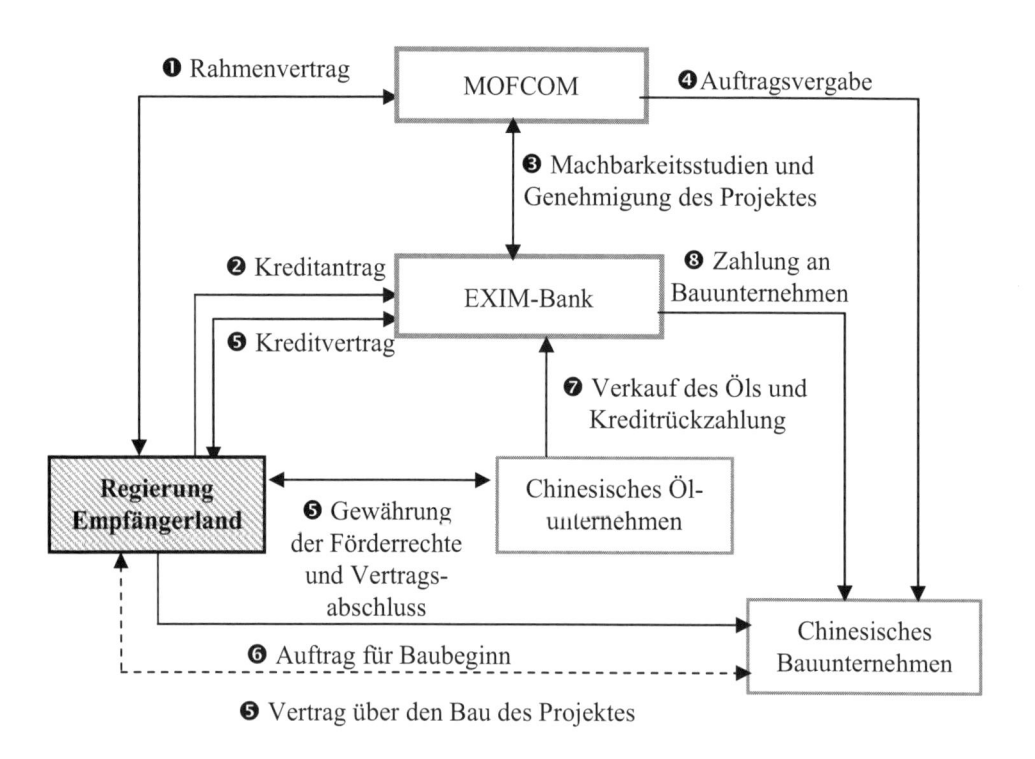

❶ Rahmenvertrag — MOFCOM — ❹ Auftragsvergabe
❸ Machbarkeitsstudien und Genehmigung des Projektes
❷ Kreditantrag — EXIM-Bank — ❽ Zahlung an Bauunternehmen
❺ Kreditvertrag
❼ Verkauf des Öls und Kreditrückzahlung
Regierung Empfängerland — ❺ Gewährung der Förderrechte und Vertragsabschluss — Chinesisches Ölunternehmen
❻ Auftrag für Baubeginn — Chinesisches Bauunternehmen
❺ Vertrag über den Bau des Projektes

Quelle: Nach Asche/Schüller (2008: 36)

Bei Projekten, deren Finanzierung China entsprechend dem sogenannten *Angola-Mode* anbietet, werden natürliche Ressourcen des Empfängerlandes als Sicherheiten für Darlehen der EXIM-Bank verpfändet oder Infrastrukturbauten mit der Lieferung von Rohstoffen (zum Beispiel Erdöl oder Kupfer) bezahlt. Ein solches *reserves-backed-lending* hat China erstmals 2004 mit Angola nach dem Ende des dortigen Bürgerkrieges vereinbart, später auch mit anderen Ländern Afrikas und Lateinamerikas (Asche 2010: 123–124; Sangmeister 2011b: 7).

Projektverträge Chinas mit einem Entwicklungsland nach dem *Angola-Mode* sind in einen Rahmenvertrag über die Bedingungen der Zusammenarbeit eingebunden (Abbildung 4). Für das konkrete Projekt (meist Infrastrukturprojekte) stellt das Entwicklungsland einen Kreditantrag an die chinesische EXIM-Bank, die Machbarkeitsstudien für das Vorhaben durchführen lässt und bei dem Finanzministerium (MOFCOM) die Genehmigung für Finanzierung und Durchführung des Vorhabens einholt. Anschließend erfolgt die Auftragsvergabe an ein Bauunternehmen in China. In dem Kreditvertrag der EXIM-Bank mit dem Entwicklungsland wird vereinbart, dass die Rückzahlung des Kredits durch Lieferung von Rohstoffen (zum Beispiel Erdöl) erfolgt. Dementsprechend überträgt die Regierung des Entwicklungslandes einem chinesischen Unternehmen die Förder- und Vermarktungsrechte an dem betreffenden Rohstoff. Dieses Unternehmen übernimmt aus dem Verkaufserlös der Rohstoffe die Bedienung des Kredits bei der EXIM-Bank; diese wiederum finanziert das chinesische Unternehmen, das den Vertrag zur Realisierung des Projektes erhalten hat.

Projektfinanzierungen nach dem *Angola-Mode* – die Verknüpfung von Kreditzusagen für Infrastrukturprojekte mit der Lieferung von Rohstoffen – sind keine chinesische Erfindung, sondern wurden bereits früher auch von westlichen Banken praktiziert (Dittrich 2009: 25). China hat diese Finanzierungsmodalitäten nicht nur mit mehreren Ländern Afrikas vereinbart, sondern beispielsweise auch mit Costa Rica und Surinam (Sangmeister 2011a: 4). Das Volumen dieser Finanzierungsform und die vom Partnerland jeweils zu erbringenden Gegenleistungen lassen sich allerdings aus den amtlichen chinesischen Angaben nicht entnehmen. Strittig ist zudem, ob Projektfinanzierungen entsprechend dem *Angola-Mode* als ODF im Sinne der DAC-Kriterien gelten können. Kritiker verweisen auch darauf, dass mit dem chinesischen *Angola-Mode* die Partnerländer daran gehindert würden, die Förderung, Weiterverarbeitung und Vermarktung ihrer natürlichen Ressourcen entlang der Wertschöpfungskette selbst zu übernehmen und folglich in der Rolle der Rohstofflieferanten verharren müssten.

Ein großer Vorteil der chinesischen Auslandshilfe im Unterschied zu der Entwicklungszusammenarbeit der DAC-Geber ist aus der Sicht vieler Partnerländer in Afrika, Asien und Lateinamerika der Verzicht Chinas auf die Verknüpfung von Finanzierungsangeboten mit Forderungen nach *Good Governance*, Achtung der Menschenrechte und Demokratisierung. Zudem wird China zugute gehalten, dass es als verantwortlich handelnde Nation auf der Grundlage von Gleichberechtigung und wechselseitigem Respekt agiere, die Unabhängigkeit und das Selbstbestimmungsrecht anderer Staaten achte und sich nicht in deren innere Angelegenheiten einmische. Mit diesen Prinzipien, die seit der Bandung-Konferenz eine bemerkenswerte Konstante der chinesischen Außenpolitik bilden, entspricht Peking den Erwartungen und Empfindlichkeiten in der politischen Kultur vieler Entwicklungsländer.

Andererseits wird aber in den Partnerländern Chinas erwartet, dass breitere Bevölkerungskreise von dem chinesischen Engagement unmittelbar profitieren können, als dies bislang der Fall ist. So hat beispielsweise Sambias Präsident *Michael Sata* bereits am Tag seiner Amtsübernahme dem Botschafter Chinas mitgeteilt, dass chinesische Investoren sich an das Arbeitsrecht Sambias zu halten hätten und den gesetzlichen Mindestlohn zahlen müssten (Mulowa 2011: 438). Die Haltung gegenüber China ist inzwischen auch in anderen Partnerländern kritischer geworden: Man will nicht zum Abladeplatz chinesischer Billigprodukte werden und verzichtet auf chinesische Dienstleistungen geringer Qualität. Wie in der Entwicklungszusammenarbeit mit den DAC-Geberländern gilt auch für den Kooperationspartner China, Chancen und Risiken einer engeren Zusammenarbeit gleichermaßen abzuwägen. China wiederum wäre gut beraten, zukünftig die ökologischen und sozialen Auswirkungen seiner Projekte der Entwicklungszusammenarbeit schon in der Planungsphase stärker zu berücksichtigen, um die Akzeptanz seiner Süd-Süd-Kooperationen mittelfristig nicht zu gefährden.

Literatur

Asche, Helmut (2010): Chinas Funktionen in Afrika. In: Stehnken, Franziska/Daniel, Antje/Asche, Helmut/Öhlschläger, Rainer (Hrsg.): Afrika und externe Akteure – Partner auf Augenhöhe? Baden-Baden: Nomos, S. 11–138.

Asche, Helmut/Schüller, Margot (2008): Chinas Engagement in Afrika – Chancen und Risiken für Entwicklung. Eschborn: Deutsche Gesellschaft für Technische Zusammenarbeit.

Beijing Review (1983): Zhao Ziyang's four principles of economic and technological cooperation, January 24, S. 19. In: Brautigam, Deborah (2009): The dragon's gift. The real story of China in Africa. Oxford: Oxford University Press, Appendix 2.

DAC [OECD Development Assistance Committee] (2011): Expanding DAC data on development finance. In: DAC news – Ideas on Aid, April. http://www.oecd.org/dataoecd/ 6/59/47628081.htm#transparentaid (Zugriff: 10.12.2011).

Dieterich, Johannes (2007): Die neuen Herren Afrikas. In: Brand Eins, 9. Jg., Nr. 3, S. 142–147.

Dittrich, Andreas (2009): Chinas Erdölsicherung in Sub-Sahara Afrika. München: Grin Verlag.

Drew, Thompson (2005): China's soft power in Africa: From the ‚Beijing Consensus' to health diplomacy. In: China Brief, 5, No. 21, October 13. The Jamestown Foundation.

Foster, Vivien et al. (2008): Building bridges. China's growing role als infrastructure financier for Sub-Saharan Africa (= Trends and Policy Options, 5). Washington, D.C.: The World Bank.

Fues, Thomas/Grimm, Sven/Laufer, Denise (2006): Chinas Afrikapolitik: Chance und Herausforderung für die europäische Entwicklungszusammenarbeit. Bonn: Deutsches Institut für Entwicklungspolitik.

Gehrold, Stefan/Tietze, Lena (2011): Kein Altruismus: Die chinesische Präsenz im Senegal. In: KAS-Auslandsinformationen, 27. Jg., Nr. 11, S. 94–123.

Hu Jintao, „Promote universal development to achieve common prosperity", written statement by Chinese President Hu Jintao at the High-Level Meeting on Financing for Development at the 60th Session of the United Nations, New York, September 14, 2005. In: Brautigam, Deborah (2009): The dragon's gift. The real story of China in Africa. Oxford: Oxford University Press, Appendix 3.

Lütt, Jürgen (2005): Nehru und Indiens Politik der Blockfreiheit. In: Geppert, Dominik/Wengst, Udo (Hrsg.): Neutralität – Chance oder Chimäre? München: Oldenbourg, S. 133–154.

Matthies, Volker (1969): China und Afrika (= Mitteilungen des Instituts für Asienkunde). Hamburg: Institut für Asienkunde.

Meng, Junhong (2010): Die Entwicklungszusammenarbeit der VR China. In: Sangmeister, Hartmut/Schönstedt, Alexa (Hrsg.): Entwicklungszusammenarbeit im 21.Jahrhundert. Baden-Baden: Nomos, S.150–151.

Mulowa, Anthony (2011): Mehr Geld in Euren Taschen. In: E+Z Entwicklung und Zusammenarbeit, 52, Nr. 11, S. 438.

Presseamt des Staatsrates der Volksrepublik China (2011): Die wirtschaftliche Zusammenarbeit zwischen China und Afrika. In: http://german.china.org.cn/pressconference/2011-02/14/content_21919057.htm (Zugriff 10.12.2011).

Sangmeister, Hartmut (2011a): China's development policy engagement in Latin America and the Caribbean. Digital Development Debates, 3. In: http://www.digital-development-debates.org/03-development-cooperation/new-donor-china/chinas-development-policy-engagement-in-latin-america-and-the-caribbean.html (Zugriff: 10.12.2011).

Sangmeister, Hartmut (2011b): China, Lateinamerika und die Karibik – eine etwas andere Art von Entwicklungshilfe (= GIGA Focus Lateinamerika, 7). Hamburg: GIGA Institut für Lateinamerika-Studien.

Sangmeister, Hartmut/Zhang, Yingyi (2008): Die China-Connection: Chinesische Wirtschaftsinteressen in Lateinamerika (= Ibero-Analysen, 22). Berlin: Ibero-Amerikanisches Institut Preußischer Kulturbesitz.

Sasse, Horst (1958): Die asiatisch-afrikanischen Staaten auf der Bandung-Konferenz. Frankfurt am Main: Metzner.

Scheen, Thomas (2008): Chinas Außenpolitik. Die „Umarmung" Afrikas. In: http://www.faz.net/themenarchiv/2.1211/aussenpolitik/chinas-aussenpolitik-die-umarmung-afrikas-1542218.html (Zugriff: 10.12.2011).

Seifert, Andreas (2008): China in Afrika: Positive Effekte? In: Das IMI-Magazin (Informationsstelle Militarisierung, Tübingen), Dezember, S. 27–28.

The State Council of The People's Republic of China (2011): China's Foreign Aid. Beijing: Information Office of the State Council. The People's Republic of China.

Autorinnen und Autoren

Erika Günther, Dipl.-Volkswirtin, wissenschaftliche Mitarbeiterin der Arbeitsgruppe Entwicklungspolitik des Alfred-Weber-Instituts für Wirtschaftswissenschaften der Universität Heidelberg. E-mail: erika.guenther@awi.uni-heidelberg.de

Katja Hilser, M. A., Soziologin, wissenschaftliche Mitarbeiterin der Arbeitsgruppe Entwicklungspolitik des Alfred-Weber-Instituts für Wirtschaftswissenschaften der Universität Heidelberg. E-mail: katja.hilser@awi.uni-heidelberg.de

Hans-Jürgen Kasselmann, Dipl.-Kaufmann, Oberst i. G., Direktor CIMIC Centre of Excellence. E-Mail: kasselmann.h@cimic-coe.org

Michael Krempin, Dr., Politikwissenschaftler, Senior Policy Berater Politik und Strategie der Deutschen Gesellschaft für Internationale Zusammenarbeit (GIZ) GmbH. E-mail: michael.krempin@giz.de

Bernd Lämmlin, Dipl.-Volkswirt, wissenschaftlicher Mitarbeiter der Arbeitsgruppe Entwicklungspolitik des Alfred-Weber-Instituts für Wirtschaftswissenschaften der Universität Heidelberg. E-mail: bernd.laemmlin@awi.uni-heidelberg.de

Stefan Leiderer, Dipl.-Volkswirt, wissenschaftlicher Mitarbeiter des Deutschen Instituts für Entwicklungspolitik, Bonn. E-mail: stefan.leiderer@die-gdi.de

Rainer Öhlschläger, Dr., Leiter des Tagungshauses Weingarten der Akademie der Diözese Rottenburg-Stuttgart; Geschäftsführer des Zentrums für Wirtschaftsethik gGmbH. E-mail: Oehlschlaeger@akademie-rs.de

Julia Rückert, M. A., Politologin, wissenschaftliche Mitarbeiterin der Arbeitsgruppe Entwicklungspolitik des Alfred-Weber-Instituts für Wirtschaftswissenschaften der Universität Heidelberg. E-mail: julia.rueckert@awi.uni-heidelberg.de

Hartmut Sangmeister, Prof. Dr., Dipl.-Volkswirt, Professor für Entwicklungsökonomik der Fakultät für Wirtschafts- und Sozialwissenschaften der Universität Heidelberg; Leiter der Arbeitsgruppe Entwicklungspolitik des Alfred-Weber-Instituts für Wirtschaftswissenschaften. E-mail: sangmeister@uni-hd.de

Alexa Schönstedt, M. A., Dipl.-Volkswirtin, wissenschaftliche Mitarbeiterin der Arbeitsgruppe Entwicklungspolitik des Alfred-Weber-Instituts für Wirtschaftswissenschaften der Universität Heidelberg. E-mail: alexa.schoenstedt@awi.uni-heidelberg.de

Silke Weinlich, Dr. des., Diplom-Politologin, wissenschaftliche Mitarbeiterin des Deutschen Instituts für Entwicklungspolitik, Bonn. E-mail: silke.weinlich@die-gdi.de

Stefan Wilhelmy, Dr., Politikwissenschaftler, Projektleiter für Kommunale Partnerschaften sowie Migration und Kommunale Entwicklungspolitik; stellvertretender Leiter der Servicestelle Kommunen in der Einen Welt der ENGAGEMENT GLOBAL gGmbH, Bonn. E-Mail: stefan.wilhelmy@engagement-global.de